JN304064

MFCA
Material Flow Cost Accounting

実践マテリアルフローコスト会計

神戸大学大学院 教授
國部 克彦 編著
Katsuhiko Kokubu

社団法人 産業環境管理協会

はしがき

　環境と経済の両立にはすべての経営者が賛成するであろう．しかし，それでは「御社はどのような手段を講じて環境と経済を両立されていますか」と問われて，即答できる経営者は何人いるだろうか．環境と経済の両立は日本企業のみならず，経済活動を営む地球上のすべての組織の責務であるが，経済活動そのものが環境を枠外において成立しているという構造上，両者を結びつけることは言葉でいうほど簡単なものではない．むしろ，人間の叡智を結集して，検討すべき難題である．

　経済活動を営む企業にとって環境と経済の両立が難しい理由は，環境保全目的の追求が経済目的の追求と合致しないことに尽きる．この点を克服するには，両者を合致させるしくみを開発しなければならない．環境保全のための経済政策はそのための有力な手段であるが，それだけでは十分ではない．企業が創意工夫を凝らしながら，環境と経済を両立させる手法も同時に必要である．

　本書で解説するマテリアルフローコスト会計（MFCA）は，企業活動現場において，環境保全と経済効率の向上の同時達成を目指す手法である．MFCAは環境管理会計の主要手法としてドイツでそのオリジナルとなる考え方が開発されたが，2000年に日本に導入されてからは，経済産業省の全面的な支援もあって，わが国で独自の発展を遂げ，インプロセス型の環境管理手法として大きな成功を収めている．インプロセス型の環境管理とは，製造プロセスそのものを改善することで環境負荷を低減させることを意味し，エンドオブパイプ型の環境対応よりも抜本的であると同時に，環境と経済の両立を強く結びつけるものである．

　インプロセス型の環境管理会計手法は，廃棄物原価の測定・管理を中心としてMFCAを含めて国連持続可能開発部の環境管理会計専門家会合でも検討され，国際会計士連盟（IFAC）のガイダンスドキュメントの中にも取り入れられている．さらに，日本は，MFCAを国際標準化することによって，先進国のみならず発展途上国にも普及させることを目指して，ISO14000ファミリー

を所轄する ISO・TC207 に MFCA を国際標準化する提案を行った．この提案は 2008 年 3 月に承認され，TC207 内に WG 8 が設置された．WG 8 は，TC207 内で初めて議長（Convenor）と幹事（Secretary）を日本が担当することになり，2011 年の規格発行を目指して活動中である．

　MFCA の国際標準化を成功させ，企業経営における環境と経済の両立をより強固なものとするためには，MFCA の適切な理解と事例の蓄積が不可欠である．MFCA は比較的新しい手法であるため理論的に多くの検討可能性を残しており，現在も発展段階にある．また，実際面での活用にあたっては，適用される組織の規模や業種などによって留意すべきポイントが異なる場合もある．したがって，本書では，現状での MFCA の理論的展開を基礎理論から拡張可能性の点まで含めて解説すると同時に，幅広い業種での MFCA の導入事例を提供することで，MFCA の総合的な理解を高めることを目的としている．

　本書の第 I 部「MFCA の理論」では，MFCA の基礎理論を説明した後に，LCA，TPM，サプライチェーンなどとの関連性を論じて，MFCA の拡張可能性を解説している．MFCA の拡張可能性に関する知識は，すでに MFCA を導入されている企業にとっては，手法の新たな展開可能性を提供するものである．第 II 部「MFCA の実践」では MFCA を導入している中小企業を含めて 13 社の事例が解説されている．これらの企業は業種・業態も異なり，MFCA 導入レベルも様々である．しかし，MFCA から得られる効果や導入にあたってのポイントについてはかなりの共通性があり，これから導入されようとする企業には参考になるであろう．

　このように本書は，MFCA をすでに導入している企業には今後の新たな可能性を提供すると同時に，導入を検討している企業にとってはそのポイントを提示することができるように工夫している．環境部署の方だけでなく，製造，生産管理，品質管理，経理などに携わる部署の方にとっても，環境から見た経済効率追求の方法が良く分かるはずである．さらに環境管理会計をはじめとする隣接領域の研究者や学生の方々にも，有益な情報を提供することを目的としている．

本書は，社団法人産業環境管理協会が発行する月刊誌『環境管理』に 2005 年 10 月から連載が開始された「実践マテリアルフローコスト会計」に掲載された論文の中から上記の目的に沿うものを選んで，その内容を改訂して編集したものである．同シリーズは現在も連載を継続中で，日本における MFCA に関する実務を知る上で不可欠の情報を提供し続けている．本書の分担執筆者の方をはじめとして，同シリーズにご執筆をお願いした方々に心からの感謝の意を表したい．また，日本の MFCA を語る上で経済産業省の支援はきわめて重要であり，同省の効果的な政策が MFCA をここまで成長させたこともここに特記しておきたい．最後になったが，『環境管理』の「実践マテリアルフローコスト会計」シリーズを企画され，本書の編集も担当された産業環境管理協会の浜野昌弘氏の尽力がなければ，本書は生まれなかった．同氏の献身的なご努力に感謝したい．

2008 年 6 月

　　　　　　　　　　　　　　　　　　　　　　　　　　　　　　國部克彦

実践マテリアルフローコスト会計執筆者

第Ⅰ部　マテリアルフローコスト会計の理論

國部克彦	神戸大学大学院経営学研究科教授	1章, 7章
下垣　彰	(株)日本能率協会コンサルテイングチーフ・コンサルタント MFCAセンターマネージャー	2章, 7章
石田恒之	(株)日本能率協会コンサルテイングチーフ・コンサルタント	3章
中嶌道靖	関西大学商学部教授	3章, 4章
大西　靖	帝塚山大学経営情報学部准教授	5章
圓川隆夫	東京工業大学大学院社会理工学研究科教授	6章
東田　明	名城大学経営学部助教	8章

第Ⅱ部　マテリアルフローコスト会計の実践

安城泰雄	キヤノン(株)環境本部　環境企画センター担当部長	1章
河野祐司	東和薬品(株)生産本部生産管理部次長	2章
沼田雅史	積水化学工業(株)R&Dセンターモノづくり革新センター部長	3章
古川芳邦	日東電工(株)サステナブル・マネジメント推進部長	4章
池田　猛	日本シイエムケイ株式会社　経営企画部長	5章
天野輝芳	島津製作所　地球環境管理室長	6章
斉藤好弘	サンデン(株)環境推進本部部長	7章
田島京子	(株)日立製作所　環境本部　環境政策センタ	8章
國領芳嗣	塩野義製薬(株)総務法務部部長	9章
岡島　純	日本ペイント(株)グローバル戦略企画部部長	10章
藤田利和	ウシオ電機(株)ランプカンパニー環境マネジメント推進室主席技師	11章
功刀昭志	富士通(株)環境本部環境技術推進センター環境管理部長	12章
伴　竜二	(財)社会生産性本部コンサルテイング部主任経営コンサルタント	13章
星野　篤	経済産業省環境調和産業推進室課長補佐	14章

(敬称略，執筆順)

目 次

はしがき ………………………………………………………………… i
執 筆 者 ………………………………………………………………… iv
目   次 ………………………………………………………………… v

第Ⅰ部 マテリアルフローコスト会計の理論 ……………………… 1

1章 MFCA の基礎と展開 …………………………………………… 3
1. はじめに ……………………………………………………………… 3
2. MFCA の内外での発展経緯 ………………………………………… 4
3. MFCA の計算原理 …………………………………………………… 5
4. インプロセス型の環境管理手法 …………………………………… 8
5. MFCA の活用可能性 ………………………………………………… 9
   5-1 設備投資面への活用 …………………………………………… 9
   5-2 原材料調達への活用 …………………………………………… 9
   5-3 製品設計・生産計画への活用 ………………………………… 10
   5-4 現場改善活動への活用 ………………………………………… 10
6. MFCA の理論展開と実践事例 ……………………………………… 11
7. MFCA の実践事例 …………………………………………………… 12
8. おわりに ……………………………………………………………… 15

2章 モノづくりの管理・改善における MFCA の活用方法 ……… 17
1. はじめに ……………………………………………………………… 17
2. MFCA の背景と意義 ………………………………………………… 18
3. MFCA のねらいとメリット ………………………………………… 18
4. MFCA 計算の特徴とアウトプット ………………………………… 20
5. MFCA における物量センターの定義 ……………………………… 21

目次

- 6. 資源ロスのタイプとMFCA ……………………………………23
  - 6-1 加工歩留りロス ……………………………………………24
  - 6-2 不良によるロス ……………………………………………24
  - 6-3 工程内リサイクルのロス …………………………………25
  - 6-4 切換えロス …………………………………………………25
  - 6-5 在庫処分ロス ………………………………………………26
  - 6-6 補助材料のロス ……………………………………………27
- 7. MFCAと歩留り管理の違い ……………………………………27
- 8. MFCAを生産性指標として活用する仕組み …………………29
- 9. MFCAの進化と課題 ……………………………………………30
  - 9-1 サプライチェーンを通した適用へのMFCAの拡張 ……30
  - 9-2 MFCAとLCA（Life Cycle Assessment）の統合的な活用 ………31
- 10. おわりに …………………………………………………………32

3章 MFCAのシステム化 ……………………………………………33

- 1. はじめに …………………………………………………………33
- 2. MFCAの日本での導入の実態 …………………………………33
- 3. MFCAを導入・運用する上での課題とシステム化の課題 …35
- 4. MFCAのシステム化の形態 ……………………………………36
- 5. MFCA計算システムの機能要件 ………………………………38
  - 5-1 MFCAプロセスとシステム化対象 ………………………38
  - 5-2 MFCA計算システムの機能構成 …………………………38
  - 5-3 MFCA計算システム構築の要件（システム設計上の条件）………40
- 6. MFCAのシステム化による新たなマネジメント ……………42
  - 6-1 MFCAシステム化による業務の効率化, 管理の効率アップ ……42
  - 6-2 MFCAシステム化による新たなマネジメントの展開 …42
- 7. おわり ……………………………………………………………44

4章　新たな管理会計ツールとしてのMFCAの可能性 …………… 45
1. はじめに ……………………………………………………………… 45
2. MFCAの管理会計的有用性 ………………………………………… 46
3. MFCAと比較した伝統的生産管理情報および管理会計情報の限界 …… 50
　3-1　生産管理情報と製品原価計算との非連携 …………………… 50
　3-2　分割されたマネジメント情報の限界 ………………………… 51
　3-3　コスト情報に依存することの限界 ―資源生産性の軽視― ……… 51
4. MFCAにみる環境管理会計の可能性 ……………………………… 52
5. おわりに ……………………………………………………………… 55

5章　MFCAと経営管理活動への展開 ………………………………… 57
1. はじめに ……………………………………………………………… 57
2. 廃棄物削減と環境マネジメント …………………………………… 58
3. マテリアルフロー情報のコストマネジメントへの活用 ………… 59
4. マネジメントツールの導入に対する障害 ………………………… 61
5. MFCAの社内展開と経営管理システム …………………………… 63
6. おわりに ……………………………………………………………… 65

6章　MFCAとTPM ……………………………………………………… 67
1. はじめに ……………………………………………………………… 67
2. TPMとは ……………………………………………………………… 67
　2-1　TPMの8本柱 …………………………………………………… 68
　2-2　自主保全の7ステップ ………………………………………… 69
　2-3　TPMの組織的導入と賞制度 …………………………………… 70
3. TPMのロス概念とMFCAとの違い ………………………………… 71
　3-1　設備の6大ロスと設備総合効率 ……………………………… 72
　3-2　ロス概念の拡大と削減活動 …………………………………… 73
　3-3　MFCAのロス概念との違い：機会コストと製品コスト …… 73

4. 標準原価計算・品質コストとTPMのロス………………………………74
      4-1 標準原価計算との関係……………………………………………74
      4-2 品質コストと"隠れたマテリアルロス"…………………………75
      4-3 "隠れた品質コスト"の事例………………………………………76
   5. MFCAの改善手法としてのTPM…………………………………………77
      5-1 PM分析となぜなぜ分析……………………………………………77
      5-2 QA・QMマトリックス………………………………………………77
      5-3 DfXとMP設計…………………………………………………………78
   6. おわりに……………………………………………………………………78

7章 MFCAとLCAの統合と活用の意義…………………………………………81
   1. はじめに……………………………………………………………………81
   2. MFCAとLCAの統合計算の考え方………………………………………82
   3. MFCAとLCAの統合計算の手順…………………………………………83
   4. MFCAとLCA情報の統合評価のポイント………………………………85
   5. MFCAとLCAの統合による改善案の評価………………………………88
   6. MFCA－LCA統合評価のための課題……………………………………89
   7. おわりに……………………………………………………………………91

8章 MFCAのサプライチェーンへの展開………………………………………93
   1. はじめに……………………………………………………………………93
   2. グリーン・サプライチェーン・マネジメントの領域………………93
      2-1 資材管理活動…………………………………………………………94
      2-2 取引企業の選定と評価………………………………………………96
      2-3 環境配慮型製品の設計及び製造……………………………………96
   3. グリーン・サプライチェーン・マネジメントにおける情報提供システム……97
   4. グリーン・サプライチェーン・マネジメントを支援するMFCA……99
      4-1 情報の包括性…………………………………………………………99

 4-2　企業間での共同の改善活動……………………………………99
 4-3　企業間でのマテリアルフロー情報の共有…………………100
5．おわりに………………………………………………………………102

第Ⅱ部　マテリアルフローコスト会計の実践……………………103

1章　キヤノン：
職場拠点型環境保証活動〈EQCD一体型実現〉のツール………105
1．はじめに………………………………………………………………105
2．EQCD思想……………………………………………………………105
3．MFCA以前のQCD（原価低減）活動とE（環境保証）活動………106
 3-1　MFCA以前のQCD活動……………………………………106
 3-2　MFCA以前のE活動…………………………………………107
 3-3　MFCA以前のQCD活動とE活動の関係…………………108
4．MFCAによる職場拠点型環境保証活動〈EQCD一体活動〉の実現…109
 4-1　MFCAによるEQCD一体活動……………………………109
 4-2　MFCAによる「資源生産性」の改善………………………109
 4-3　MFCAによる職場拠点型E活動……………………………111
 4-4　MFCAによるEQCD一体活動の事例……………………111
5．おわりに………………………………………………………………113

2章　田辺三菱製薬：全社展開に至るまでの戦略的プロセス………115
1．はじめに………………………………………………………………115
2．MFCAの試験導入……………………………………………………116
 2-1　MFCA導入目的の明確化……………………………………116
 2-2　MFCA導入対象の選択………………………………………117
 2-3　MFCA導入範囲の決定………………………………………117

2-4　MFCA 社内導入プロジェクトの発足……………………118
　　2-5　MFCA データの収集と計算……………………………118
　3．MFCA 分析結果と改善結果……………………………………120
　　3-1　MFCA の導入データ付フローチャートの作成……………120
　　3-2　MFCA の導入による改善結果……………………………120
　4．MFCA の全社展開………………………………………………121
　　4-1　MFCA のシステム化………………………………………122
　　4-2　MFCA システム化による全社展開…………………………123
　　4-3　MFCA 導入の今後の展開…………………………………123
　5．おわりに…………………………………………………………124

3章　積水化学工業：集計全社展開と有効活用への課題……………127
　1．はじめに…………………………………………………………127
　2．MFCA の全社導入について……………………………………128
　　2-1　マテリアルフローコスト導入の目的………………………128
　　2-2　MFCA 集計の仕組み………………………………………129
　3．マテリアルフローコスト活動の推進ステップ………………131
　4．マテリアルフローコスト分析の結果とロスコスト削減テーマ展開について…132
　5．おわりに…………………………………………………………133

4章　日東電工：原価改善と設備投資への応用……………………135
　1．はじめに…………………………………………………………135
　2．MFCA の適用事例………………………………………………136
　　2-1　対象製品……………………………………………………136
　　2-2　データの収集………………………………………………136
　　2-3　推進体制……………………………………………………138
　3．MFCA の分析結果………………………………………………138
　4．企業の競争力を強化するマネジメントツールとしての MFCA：

原価改善から設備投資への応用……………………………………139
　5. おわりに ……………………………………………………………141

5章　ジェイティシイエムケイ：月次経営指標への応用による現場管理……143
　1. はじめに ……………………………………………………………143
　2. MFCA の試行 ………………………………………………………144
　　2-1　製造工程説明……………………………………………………144
　　2-2　MFCA 試行結果 ………………………………………………145
　3. 経営指標への活用 …………………………………………………150
　　3-1　係数の考え方……………………………………………………151
　　3-2　全社 MFCA の作成 ……………………………………………151
　4. 月次管理手法 ………………………………………………………152
　5. おわりに ……………………………………………………………155

6章　島津製作所：無電解ニッケルめっきラインへの適用……………157
　1. はじめに ……………………………………………………………157
　2. 導入の目的 …………………………………………………………157
　3. マテリアルフローモデルの設計 …………………………………158
　　3-1　配賦基準…………………………………………………………158
　　3-2　条件設定…………………………………………………………159
　　3-3　計算ツール………………………………………………………159
　4. 考察 …………………………………………………………………160
　5. 成果 …………………………………………………………………161
　6. MFCA の導入の成功要因 …………………………………………161
　　6-1　技術的側面………………………………………………………161
　　6-2　人材に帰属する要因（高い関心と自発性）…………………163
　　6-3　組織構造に起因する要因………………………………………163
　　6-4　外部環境に帰属する要因………………………………………163

7. おわりに……………………………………………………………………163

7章　サンデン：金属部品加工工場への適用……………………………165
1. はじめに……………………………………………………………………165
2. MFCA の試行………………………………………………………………166
   2-1　試行モデル……………………………………………………………166
   2-2　スクロールの生産工程………………………………………………167
   2-3　物量センターの設定…………………………………………………168
   2-4　データの収集…………………………………………………………168
   2-5　MFCA の計算ツール…………………………………………………169
3. MFCA 実施結果……………………………………………………………170
   3-1　MFCA 計算結果………………………………………………………170
   3-2　コスト改善方法の検討………………………………………………171
4. 導入を通して感じたこと…………………………………………………173
5. おわりに……………………………………………………………………173

8章　日立製作所：ミニディスク製造工程への適用……………………175
1. はじめに……………………………………………………………………175
2. MFCA の適用事例…………………………………………………………176
   2-1　対象の選定……………………………………………………………176
   2-2　分析データの収集……………………………………………………176
   2-3　分析結果………………………………………………………………178
   2-4　成果と課題……………………………………………………………179
3. MFCA の適用効果…………………………………………………………181
4. MFCA 活用の展望…………………………………………………………182
   4-1　データ収集の効率化…………………………………………………182
   4-2　MFCA の活用方法……………………………………………………183
5. おわりに……………………………………………………………………183

9章　塩野義製薬：化学反応を伴う医薬品製造プロセスへの適用 …………185
　1. はじめに ……………………………………………………………………185
　2. MFCA の導入の目的 ………………………………………………………186
　3. 導入の進め方とデータ収集 ………………………………………………186
　4. 化学反応を伴う MFCA の計算方法の検討 ……………………………190
　5. MFCA 情報の結果 …………………………………………………………191
　6. プロセス改善と製造プロセスからの CO_2 の発生の把握と評価 ………192
　7. おわりに ……………………………………………………………………193

10章　日本ペイント：環境配慮型商品製造ラインにおける導入実験 ………195
　1. はじめに ……………………………………………………………………195
　2. MFCA 導入概要 ……………………………………………………………195
　3. MFCA 分析の結果 …………………………………………………………199
　　3-1　物量センターについて ………………………………………………199
　　3-2　MFCA によって得られた情報・結果 ………………………………200
　　3-3　MFCA によって見いだされた手法 …………………………………203
　4. MFCA プロジェクトの意義と評価 ………………………………………204
　　4-1　MFCA プロジェクトの総括 …………………………………………204
　　4-2　プロジェクトの評価 …………………………………………………205
　　4-3　実験後 …………………………………………………………………206
　5. おわりに ……………………………………………………………………206

11章　ウシオ電機：環境生産性向上への適用 …………………………………209
　1. はじめに ……………………………………………………………………209
　2. 導入の背景と目的 …………………………………………………………209
　3. MFCA の試行 ………………………………………………………………210
　　3-1　導入キックオフ ………………………………………………………210

3-2　試行工程の決定……………………………………………210
　3-3　試行実施…………………………………………………211
　3-4　試行の結果………………………………………………215
　3-5　改善への課題……………………………………………216
4. 導入工程の拡大 —見え始めた成果—………………………216
　4-1　御殿場事業所での試行…………………………………216
　4-2　播磨事業所での展開……………………………………217
5. おわりに………………………………………………………218

12章　富士通：
グリーンプロセス活動による環境影響とコスト指標の統合…………221

1. はじめに………………………………………………………221
2. "グリーンプロセス"活動とは………………………………221
　2-1　きっかけ…………………………………………………221
　2-2　概要………………………………………………………222
3. 成果……………………………………………………………227
　3-1　CG指標……………………………………………………227
　3-2　改善事例…………………………………………………228
4. 新たな展開……………………………………………………228
5. おわりに………………………………………………………229

13章　中小企業への導入と効果……………………………………231

1. はじめに………………………………………………………231
2. MFCAと中小企業………………………………………………231
3. 中小企業におけるMFCA導入ステップ………………………232
　3-1　MFCA導入実施手順………………………………………232
　3-2　導入の流れ………………………………………………232
　3-3　導入上の留意点…………………………………………235

4. 中小企業における MFCA 導入の効果 …………………………… 236
　　4-1　産業用機器部品製造業 A 社の事例 ……………………… 236
　　4-2　その他中小企業での参考実施例 ………………………… 240
　5. おわりに ……………………………………………………………… 243

14章　経済産業省の取り組みと今後の展開 ……………………… 245
　1. はじめに ……………………………………………………………… 245
　2. 平成 18 年度の経済産業省における取り組みの概要 …………… 246
　　2-1　MFCA 普及促進活動 ……………………………………… 246
　　2-2　MFCA 高度化研究 ………………………………………… 249
　3. 平成 19 年度の経済産業省における取り組みの概要 …………… 249
　　3-1　アドバイザリーボードの設置と運営 …………………… 249
　　3-2　各地域の事業者団体などと協力した普及促進の実施 … 250
　　3-3　情報提供事業 ……………………………………………… 250
　4. MFCA の国際標準化への取り組み ……………………………… 251
　　4-1　検討経緯 …………………………………………………… 252
　　4-2　主な検討経緯及び今後のスケジュール ………………… 253
　5. おわりに ……………………………………………………………… 253

主要参考文献 ……………………………………………………………… 255
略　　語 ……………………………………………………………………… 261
索　　引 ……………………………………………………………………… 263

第 I 部
マテリアルフローコスト会計の理論

1 章　MFCA の基礎と展開
2 章　モノづくりの管理・改善における MFCA の活用方法
3 章　MFCA のシステム化
4 章　新たな管理会計ツールとしての MFCA の可能性
5 章　MFCA と経営管理活動への展開
6 章　MFCA と TPM
7 章　MFCA と LCA の統合と活用の意義
8 章　MFCA のサプライチェーンへの展開

1章　MFCAの基礎と展開

1. はじめに

　環境管理会計は，企業内部において環境と経済を連携させる技術一般を指す総称であり，環境配慮型設備投資決定，環境配慮型原価企画，環境配慮型業績評価，ライフサイクルコスティングなど，多様なツールが環境管理会計手法として発展してきた．その中でも，マテリアルフローコスト会計（Material Flow Cost Accounting: MFCA）は国内外で顕著な発展を遂げており，環境管理会計の基盤を形成する手法として位置付けられる．2008年からはISO国際標準化を目指して活動が開始されることになり，国際的に新たな局面を迎えている．

　MFCAは，日本では2002年に経済産業省が発表した「環境管理会計手法ワークブック」において紹介されて以来，政府機関の強力な支援もあって，着実に企業間に普及し多くの成功事例が蓄積されつつある．これは，MFCAが他の環境マネジメントの手法と異なり，環境保全を指向するだけでなく，コスト削減による生産効率のアップを指向するため，企業の関心を引きやすく，しかも，大きな成果を実現する可能性が高いからである．

　MFCAは日本に本格的に導入されてから5年以上が経過し，多くの重要な理論的展開が進行すると同時に，実務へも着実に普及してきた．本書ではMFCAの理論的な展開を基礎分野から応用分野に至るまで整理し，重要で実務的な活用事例についてもその特徴を明らかにする形で幅広く収録している．

　本章では，本書を読むための前提として，MFCAの国内外での発展経緯と，基本的な計算原理及び実践面での活用可能性を解説した後，本書の各章において展開される議論について紹介し，本書全体の概要を示すことにしよう．

2. MFCAの内外での発展経緯

　MFCAは，1990年代後半にドイツ，アウグスブルク大学のB.ワグナー教授と同教授が創設したIMU（経営環境研究所）のM.ストローベル博士らが開発した手法で，ドイツでは国家プロジェクトやバイエルン州のプロジェクトとして，多くの企業に導入されて，大きな成果をあげてきた．

　ワグナー教授は元々エコバランスを研究しており，同教授の指導によるクネルト社のエコバランスは，ドイツのエコバランス実務を代表する包括性を備えたものであった．しかし，エコバランスでは，企業への物質投入が重量単位でしか表現できないため，経営者の関心を引きにくいという限界があり，この点を克服するために，ワグナー教授のグループは，エコバランスにコスト情報を統合することによって，MFCAを開発したのであった．

　その後，MFCAは，2003年にドイツ環境省・環境庁が刊行した「環境コストマネジメントガイド」（FEM/FEA, 2003）で，環境管理会計の主要手法として紹介されている．さらに，環境管理会計の基礎をマテリアルのフローに置く考え方は，2005年に発表されたIFAC（International Federation of Accountants）の「国際ドキュメント：環境管理会計」（IFAC, 2005）においても引き継がれており，同書では，MFCAの実践例としてドイツ企業とキヤノンの事例が掲載されている．

　日本では，経済産業省が長年にわたって環境管理会計の手法開発に取り組んできたが，MFCAは2000年から同省のプロジェクトに組み込まれ，2002年の「環境管理会計手法ワークブック」では環境管理会計の主要手法の一つとして解説されている．経済産業省では，その後もMFCAの普及・開発に努力しており，2004年から2005年にかけては，大企業と中小企業への普及プロジェクトに着手し，30社以上へのモデル導入を実施した．2006年にはMFCAに関するセミナーを日本全国で開催し，併せて手法の高度化に関する調査も実施し，2007年以降もMFCAの指導員を育成するプログラムを開始するなど積極的な普及活動を行っており，2008年以降は日本発の提案としてMFCAのISO

国際標準化にも取り組んでいる．

このようにドイツで生まれ，日本とドイツで発展してきたMFCAは，国際的に環境管理会計の基盤としての地位を確立し，国際標準化という新たな局面が始まろうとしているのである．

3. MFCAの計算原理

MFCAを正しく理解するためには，その計算原理の本質をつかむ必要がある．MFCAは，工程内のマテリアル（原材料）の実際の流れ（フローとストック）を投入物質ごとに金額と物量単位で追跡し，工程から出る製品と廃棄物をどちらも一種の製品と見立ててコストを計算する手法である．日本でのMFCA実務では，製品は「正の製品」，廃棄物は「負の製品」と呼ばれる場合もある．

MFCAでは，製造プロセスの廃棄物が生じるポイントで測定することを原則とし，測定ポイントは物量センターと呼ばれる．MFCAを原理的に適用するならば，物量センターごとに，すべての投入物質（マテリアル）のインとアウトを測定し，良品として次工程に引き継がれる部分と廃棄される部分に区別することが必要になる．

さらに，MFCAでは，投入された原材料費であるマテリアルコストだけでなく，労務費や減価償却費のような加工費もシステムコストとして製品と廃棄物に配賦する．これは廃棄物が生じる場合でも，製品と同じく加工が施されており，労務費や設備費がかかっていると考えるためである．なお，マテリアルコスト，システムコスト以外に，廃棄物の配送・処理コストも，MFCAでは重要なコスト構成要素となる．

MFCAの基本的な構造は以上のとおりであるが，その原価計算としての特徴を，通常の原価計算と比較しながら説明しておこう．

まず，原材料の購入原価1,000円，加工費（人件費と設備費）600円で，製品を1個つくる非常に簡単な製造プロセスを想定してみよう．なお，原材料の

投入高(インプット)は100kgで,最終製品は80kgであると仮定するならば,この関係を通常の原価計算で考えると図1.1.1のようになる.

```
インプット                              アウトプット
原材料費(100kg)      生産プロセス         製品  1個
        1,000円  →  <ブラックボックス> →      (80kg)
加工費    600円                           1,600円
```

図1.1.1　通常の原価計算の基本パターン

図1.1.1では,廃棄物が20kg出ているにもかかわらず,そのコストは計算されておらず,インプット段階での投入額の合計が製品原価として計上されている.これは通常の原価計算の目的が,いくらで売れば投下したコストが回収できるかを計算するところにあるため,購入した原材料のうち廃棄された部分も製品コストとして計上しなければ,製品販売によって生じる利益を計算することができないからである.通常の原価計算においては,このように廃棄物の原価を分離して計算する必要はなく,この部分は構造的に見落とされてきたのである.

ただし,通常の原価計算にも,製造工程で発生する仕損や減損を把握する計算手法もあり,その手法は仕損や減損を度外視しない方法ということで非度外視法と呼ばれる.非度外視法を適用すればMFCAと類似の結果が得られる場合もあるが,実務的には非度外視法はほとんど使用されていない.また,非度外視法はマテリアルのインプットとアウトプットの測定方法に関して詳細な規定をもつものではなく,原材料の物質単位のフローとストックを物量と貨幣単位で実測ベースにより測定するMFCAとは手法の目的を異にする.

一方,MFCAでは,上記の事例であれば,図1.1.2.のように計算する.原材料費の1,000円は,製品と廃棄物の重量比に従って800円と200円に配分される.加工費をどのように製品と廃棄物に配賦するかについてはいくつかの方法が考えられるが,最も標準的な方法として原材料の重量比を基準にすれば,480円を製品に,120円を廃棄物に配賦することになる.その結果,製品は

1章 MFCAの基礎と展開

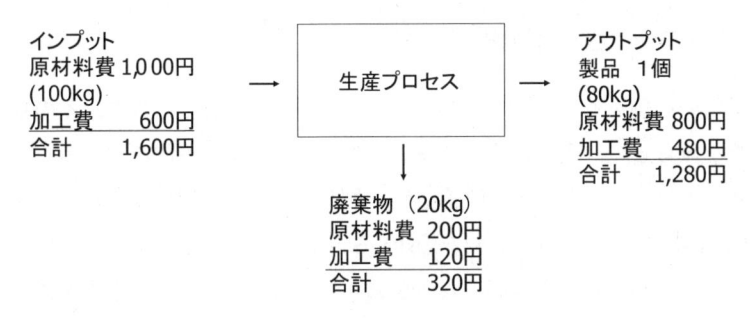

```
インプット                                      アウトプット
原材料費 1,000円    ┌──────────┐    製品 1個
(100kg)            │ 生産プロセス │ →  (80kg)
加工費    600円  → │              │    原材料費 800円
合計    1,600円    └──────────┘    加工費   480円
                          ↓                合計   1,280円
                   廃棄物 (20kg)
                   原材料費 200円
                   加工費   120円
                   合計    320円
```

図 1.1.2　MFCA における計算例

1,280 円，廃棄物は 320 円となる．

　図 1.1.2 で重要な情報は，廃棄物 320 円という情報である．通常の原価計算では，廃棄物は 20kg 相当の物体として理解されていただけだが，MFCA を導入することによって，その物体は 320 円相当であることが明らかとなった．つまり，廃棄物処理費を含まずに 1 個当たり 320 円分（製造原価合計の 20%）を捨てているわけであるから，企業としてはこの部分を何とか削減したいと考えるであろう．実際には，廃棄物処理費もかかるので，廃棄物にかかるコストはこれよりも大きくなる．

　さらに 320 円という金額が明らかになったことで，企業にとっては廃棄物削減のための対策も立てやすくなる．1 個当たり 320 円以下の対策をとって廃棄物を減少させれば，その分コストが節約できて利益が向上するからである（ただし実際には，原材料費や加工費が投入量に比してどのように変動するかについての分析が必要である）．

　このように，通常の原価計算では構造的に見落とされてきた廃棄物の価値を金額で適切に評価し，経営者に対して廃棄物削減を動機付ける点に MFCA の特徴がある．

4. インプロセス型の環境管理手法

廃棄物の原価を適切に計算することがMFCAの目的であるが，その情報は廃棄物を減らして，環境負荷を低減させると同時にコスト削減させるための重要なインセンティブを与え，改善活動を促進するために役立てられる．

MFCAについて，このように説明すると廃棄物の削減はこれまでも十分やっており，リサイクルや有価での引き取りも実施しているという声を聞くことがある．しかし，リサイクルや廃棄物の有価での引き取りは，廃棄物が出た後のエンドオブパイプ型の環境保全活動であり，それらはもちろん重要なことであるが，環境と経済を真に両立させるためには，製造プロセスそのものを改善することによって，廃棄物を減らすことが重要であり，そうすることによって初めて環境と経済は本格的に両立するのである．このことは廃材を有価で販売しても購入価格のわずかなパーセントにしかならないことを考えても分かるであろう．出たものを分別して資源化するよりも，まず出さないようにすることがより本質的である．このようにプロセスそのものの改善によって環境負荷を低減させる方法はインプロセス型の環境改善と呼ぶことができ，MFCAをはじめとする環境管理会計はそのための主要な手法なのである．

日本企業はエンドオブパイプ型の環境改善にはこれまで非常に熱心に取り組んできた．ゼロエミッションを達成したと宣言する工場も多くある．しかし，それらの活動の多くがすでに発生している廃棄物を対象としたエンドオブパイプ型の活動であったことは事実であり，インプロセス型の活動にまでは十分に発展してこなかった．その大きな理由は，環境管理と製造及び生産管理との連携の不備が挙げられる．MFCAはこの限界を克服し，環境保全が生産管理の指標にもなる手法であり，これまでエンドオブパイプ型に傾きがちであった日本の環境管理をインプロセス型に転換する重要な手段である．

さらに，MFCAは廃棄物の削減に有効なだけでなく，すべてのエミッションに対して適用可能であり，マテリアルに加えてエネルギーのフローを分析することによって，地球温暖化の下で重要な課題となっているCO_2の削減にも

有効に活用することができる．

5. MFCAの活用可能性

　MFCAは経営の様々な場面で活用することができるが，特に，①設備投資，②原材料の変更，③製品設計・生産計画の変更，④現場の改善活動，の諸側面で効果をあげることが期待されている．その内容を順にみていくことにしよう．

5-1　設備投資面への活用

　MFCAは，工程における廃棄物の経済的な大きさを正確に把握するので，設備を取り替えることによって廃棄物が減少する場合，その効果を適切に評価することが可能となる．通常の管理手法は，既存の設備を前提として歩留り率などが設定されている場合が多く，設備そのものの非効率性は現場管理の視点では枠外に置かれている場合が多い．したがって，MFCAによって，設備そのものの非効率性を廃棄物の原価という点から把握することによって，代替案との比較が可能となるのである．

　ただし，この場合でも，MFCAで算定される廃棄物には人件費という固定的な原価も含まれているため，廃棄物の物理的な減少がそのままコストの減少につながるかどうかについては注意が必要である．しかし，実際には廃棄物処理には相当の工数がかかるため，その削減は相応の効果を生む場合が多い．

5-2　原材料調達への活用

　廃棄物発生の原因は設備にある場合も少なくないが，納入された原材料の形状や性質に起因する場合も多い．現場で生じる廃棄物の多くは，購入材料を刳り抜いたり，削ったりした結果生じる場合が多いが，このような部分が少なければ少ないほど廃棄物は少なくなり，かつ資源保護にもつながることになる．設備の変更はそれほど頻繁に実施することはできないが，購入材料の形状や性質の変更はより容易な場合もある．ただし，サプライヤーとの交渉が必要である．

　サプライヤーにとっても，形状や性質の変更が有利であると判断すれば，こ

の点での改善が期待できるし，サプライヤーにおいてもMFCAを導入すれば，それをどの程度のコストをかけて実施する価値があるかを計算することができる．この問題は，MFCAのサプライチェーンへの拡張によって，より有効に対応することが可能となる．

5-3 製品設計・生産計画への活用

原材料の変更のみならず製品の設計方法が廃棄物発生の原因になっている場合もある．このような場合にはMFCAの結果得られた情報を，製品の設計開発担当者にフィードバックして改善の可能性を追求することが重要である．特に，環境配慮型原価企画のように，原価企画段階で環境配慮を考慮することを方針としている場合には，環境影響だけでなく，MFCAから得られる情報も加味して，製品の設計開発方法が検討されるべきである．

また，工程で排出される廃棄物の原因の一つに，ラインの段取り替えがある．段取り替えによって，同一の製造ラインから生産される製品の種類を変更する場合，その間に機械の洗浄や試験運転などを行う必要があり，それが原因で廃棄物が発生することになる．この点については生産計画の変更によって廃棄物を減らすことが可能である．

5-4 現場改善活動への活用

MFCAは現場改善活動の中で活用することも可能である．企業の製造現場では，日常的に，生産効率の向上やコスト改善を目指す活動が行われている．日本企業は，TQC（Total Quality Control）やTPM（Total Productive Maintenance）などの現場のグループ単位での改善活動に関して熱心に取り組んでおり，日本企業の競争力の源泉となっている．しかし，これらの活動は，活動単位を超えた全体状況の把握が十分でないことが多かった．

これに対して，MFCAによってこれらの活動を経済単位で統合し，各活動の有効性を相対的に評価することが可能となる．これは現場で働く人々にとっても重要な動機付けとなりうる．また，これまでの現場の改善活動は，機械の休止や作業プロセスの無駄などの生産機会（収益獲得機会）の逸失を対象にすることが多かった．しかし，生産機会の無駄を排除しても，その削減された部

分に対して新たな仕事を手当し,さらに収益が実現しなければ,削減したはずのロスは利益に反映されることはない.これに対して,MFCAでは実際に生じているロスだけを対象にするので,具体的に利益に貢献する手法として,現場活動を活性化する可能性を持つ.

6. MFCA の理論展開と実践事例

　MFCA の手法としての特徴と実践での有効性について一般的な解説を行ったが,MFCA は環境管理の手法としてだけでなく,企業管理や生産管理の手法としての大きな理論的展開の可能性を持っている.本書では,理論的展開については第Ⅰ部で,実践的な活用方法については第Ⅱ部でその最先端の動向を解説するものであるが,その概要をここで紹介しておこう.
　第Ⅰ部では1章である本章も含めて,MFCA の理論的展開を扱っている.1章から3章までは MFCA の基本的な考え方を解説しており,4章以降は MFCA の応用領域についての考察となっている.
　2章「モノづくりの管理・改善における MFCA の活用方法」(下垣)は,経済産業省の MFCA 事業開発のプロジェクトの成果を基に,製造業を対象とした MFCA の活用方法について分かりやすく解説した章である.MFCA を製造現場に導入した場合に直面するであろう問題について丁寧に解説している.
　3章「MFCA のシステム化」(中嶌・石田)は,MFCA を実際に活用する際に避けることのできないシステム化の問題について検討している.MFCA については企業情報システムと連携させてシステム化した事例もあるが,手計算の域を出ていない場合も少なくない.この章ではシステム化を行うためのポイントを解説している.
　4章「新たな管理会計ツールとしての MFCA の可能性」(中嶌)は,管理会計や生産管理の側面からみた MFCA の新たな可能性について考察している.特に,生産管理情報と製品原価計算との非連携やコスト情報の限界という企業現場の構造的な問題を指摘し,MFCA による新しい活路を求めている点は,

企業マネジメントシステムとしてのMFCAを理解する上で重要である．

5章「MFCAと経営管理活動への展開」（大西）は，MFCAを業務管理と経営管理という視点から考察し，アメリカで開発されたシステムズ・アプローチを応用することの有効性を指摘し，さらに予算管理や業績評価とも統合して活用することの重要性を解説している．

6章「MFCAとTPM」（圓川）は，TPMの視点からみたMFCAの意義を解説している．工場現場でMFCAを導入する際には既存の生産管理の手法と統合的に利用することが有効であるが，その際にTPMとMFCAの親和性は特に高いものである．本章では両者の手法としての相違を理解して，統合的に利用するための方向性を示している．

7章「MFCAとLCAの統合と活用の意義」（國部・下垣）は，MFCAとLCAの統合的利用について解説した章である．MFCAは環境負荷低減とコスト削減の同時実現により環境と経済の両立を目指す手法であるが，コスト削減面の測定に比べて環境負荷低減に関する測定技術は改善の余地がある．この点をLCAを応用することによって克服することを試みている．

8章「MFCAのサプライチェーンへの展開」（東田）は，MFCAをサプライチェーンへ拡張した場合の可能性について議論している．MFCAはサプライチェーンにおける環境と経済への負荷がもっとも大きいところから適用することが望ましいが，実際には企業の壁がありなかなか難しい．本章はサプライチェーンへ展開するための方法を整理し，先進的な企業事例を交えて解説している．

7. MFCAの実践事例

第II部以降は，MFCAを実際に適用した企業事例である．全社的に導入した企業もあれば，特定の工程改善に活用した企業もある．MFCAは業種や業態によっても適用方法は異なりうるし，その導入目的や組織体制によっても効果は異なる．MFCAをどのような目的で導入し，どのような効果が得られた

のかという企業事例の蓄積は，MFCA の導入を考えている企業や，すでに導入してその改善を考えている企業にとって，大きな参考になるであろう．

1 章「キヤノン：職場拠点型環境保証活動〈EQCD 一体型実現〉のツール」（安城）は，MFCA の全社的な展開を目指しているキヤノンにおいて，MFCA を生産職場の PDCA サイクルに統合する方法を解説している．MFCA を継続的に活用するためにはマネジメントシステムの中に取り込むことが不可欠であるが，キヤノンの事例はその一つの可能性を示している．

2 章「田辺三菱製薬：全社展開に至るまでの戦略的プロセス」（河野）は，企業情報システム（SAP R/3）と連携させて，MFCA を全社展開した田辺三菱製薬（導入当時は田辺製薬）の事例である．MFCA プロジェクトの試験導入を経て全社展開するプロセスを，システム化と関連させて解説している．同社は日本では MFCA のシステム化の最も進んだ事例のひとつである．

3 章「積水化学工業：集計全社展開と有効活用への課題」（沼田）は，MFCA によるコスト削減目標を公表し，MFCA の全社展開を図る積水化学工業の事例を解説している．積水化学工業では MFCA をモノづくり革新の手段として採用し，生産現場と密接な協力関係を構築して，MFCA を強力に推進して大きな効果をあげている．

4 章「日東電工：原価改善と設備投資への応用」（古川）は，日本で最初に MFCA を導入した日東電工において MFCA がどのように適用され，経営改善に活用されたかが解説されている．特に，原価改善や設備投資決定に MFCA を活用し効果をあげたことは，MFCA の利用事例として重要である．

5 章「ジェイティシイエムケイ：月次経営指標への応用による現場管理」（池田）は，プリント配線版を製造しているジェイティシイエムケイの事例である．同社では，月次の経営目標の中に MFCA の情報を取り入れることによって，現場改善活動を促進することに成功している．

6 章「島津製作所：無電解ニッケルめっきラインへの適用」（天野）は，同社の中で環境影響の大きい無電解ニッケルめっきラインへ MFCA を適用した事例である．島津製作所では，環境負荷やコスト低減だけでなく，適正な製品

価格設定まで視野に置いてMFCAを適用したところに特徴がある．

7章「サンデン：金属部品加工工場への適用」（斉藤）は，コンプレッサー部品工場へのMFCAを適用したもので，MFCAを適用した結果，設計部門に対してVA/VE提案を行うことができた事例である．MFCAによる改善は他部署との協力が不可欠であり，設計部門へフィードバックすることの有効性を示す好例である．

8章「日立製作所：ミニディスク製造工程への適用」（田島）は，日立マクセルのミニディスク製造工程へMFCAを適用した事例であり，MFCAによるロス金額の明確化は，改善の優先順位付けによる改善策の立案や実施に有効であることが示された．

9章「塩野義製薬：化学反応を伴う医薬品製造プロセスへの適用」（國領）は，化学反応を伴う製造プロセスにおけるMFCAの適用事例である．工程で化学反応が生じる場合のMFCAの適用については価格比で按分する方法のメリットとCO_2の評価・削減にまで応用できる可能性が指摘されている．

10章「日本ペイント：環境配慮型商品製造ラインにおける導入実験」（岡島）は，適用した製造ラインが廃棄物の少ない製造ラインを対象にした導入実験において，設備機械ごとのエネルギー管理面でMFCAを活用する際の新たな知見を示している．

11章「ウシオ電機：環境生産性向上への適用」（藤田）は，環境生産性向上という全社的な目標を実現する手段としてMFCAを導入し，隠れたロスを顕在化していくプロセスを説明している．

12章「富士通：グリーンプロセス活動による環境影響とコスト指標の統合」（功刀）は，富士通が開発したグリーンプロセスと呼ばれるコストと環境負荷を統合した管理手法を説明している．グリーンプロセスはMFCAと同じではないが，インプロセス型環境負荷とコストの同時低減を目指す点で一致しており，半導体などのように薬品を多用し工程が複雑に分岐する場合に有効であることが示されている．

13章「中小企業への導入と効果」（伴）は，経済産業省が中小企業基盤整備

機構に委託して実施した平成16年度と平成17年度のモデル事業の成果を基に，中小企業がMFCAを導入するためのプロセスとその事例を解説している．

14章「経済産業省の取り組みと今後の展開」(星野)は，MFCAの普及と開発へ向けた経済産業省のこれまでの取り組みを総括するとともに，国際標準化へ向けた展望を解説している．

8. おわりに

MFCAは，そのオリジナルの考え方はドイツで開発されたものであるが，情報システム構築を中心にMFCAの導入促進を展開してきたドイツとは違って，日本では製造現場の改善ツールとしてMFCAを位置付け，具体的な改善を指向するための手段として位置付けられる傾向が強い．本書ではMFCAの理論的展開を押さえるだけでなく，日本企業の中でMFCAがどのように理解されて，発展してきたのかを分かりやすく伝えることを目的としている．

MFCAは，日本発の提案としてISOで国際規格化が進んでいる．日本企業の先進的な事例は，国内的な事例の域を超えて，国際的なデファクトスタンダードへと進展する可能性を持っている．環境管理の手法は数多いが，インプロセス型の環境管理手法はそれほど多くはない．インプロセスで環境負荷を改善しなければ環境経営ということはできない．その意味でMFCAが環境経営の基盤システムとして機能することは，環境と経済の両立において極めて重要なことである．

(國部克彦)

2章　モノづくりの管理・改善における MFCA の活用方法

1. はじめに

　経済産業省では，MFCA 導入のモデル事業を 2004・2005 年度に実施した．これは，大企業向けのモデル事業と中小企業向けのモデル事業に分かれており，前者は日本能率協会コンサルティングが委託を受け実施した．後者は(独)中小企業基盤整備機構から委託を受けた(財)社会経済生産性本部が実施した．

　大企業向けのモデル事業には，14 社が参加し，19 件の MFCA 導入モデルを構築した（日本能率協会コンサルティング，2005;2006）．そこでの成果を基に，2006 年度の経済産業省の MFCA 開発・普及調査事業（日本能率協会コンサルティング，2007）の中で，MFCA 導入ガイド（経済産業省，2007）を制作するとともに，MFCA の簡易計算ツールを開発した．この事業においては，MFCA ホームページ（http://www.jmac.co.jp/mfca/）を制作・運営しているが，そこには MFCA 導入ガイド，MFCA 簡易計算ツールとその説明書（http://www.jmac.co.jp/mfca/thinking/07.php）などが登録されており，誰でもダウンロードし，利用できるようになっている．

　MFCA 導入モデル事業では，MFCA をモノづくりにおける管理・改善ツールとしての活用方法を，モデル事業参加企業と一緒に研究した．本稿では，このモデル事業をとおして整理された，MFCA の導入・活用のポイントを解説する．

2. MFCA の背景と意義

多くの企業では工場において，その環境配慮の一環として，工場から排出される廃棄物の削減に取り組んでいる．その結果，ゼロエミッション（廃棄物ゼロ）を達成したとする企業・工場も多い．

その取り組みの多くは，製造工程で発生する廃棄物を分別し，リサイクルすることが中心であると思われる．この取り組みは，最終処分される廃棄物を削減し，廃棄物処分場を延命し，廃棄物を安易に捨てないという文化を育んできたということで，高く評価される．しかし，材料のロスによって発生した廃棄物をリサイクルするだけでは，資源の大量消費，大量リサイクルになりかねず，資源の有効利用という意味では疑問が残る．

資源生産性の高いモノづくりを目指す企業であれば，廃棄物になった材料のリサイクルだけでなく，リデュース，すなわち廃棄物の発生そのものの削減に取り組みを強化するべきである．

MFCA は，モノづくりの中で発生する廃棄物に投じたコストを明確にし，その管理・改善による廃棄物発生量の削減や資源効率向上につなげるという狙いがある．これは，コストダウンにもつながる取り組みである．

3. MFCA のねらいとメリット

加工型の製造業においては，廃棄物が発生しやすい．廃棄物は材料のロスである．MFCA は，こうした加工型の製造業において，製造工程などで発生している材料のロスを"見える化"する．

モノづくりにおける材料のロスには，加工歩留りロス，不良によるロス，工程内リサイクルのロス，切換えロス，在庫処分ロス，補助材料のロスなど，様々なものがある．5節で詳述するが，実際の製造現場ではこれらのロスが複合して発生する．

MFCA のコスト計算には，材料費だけでなく，加工費やエネルギー費，廃

棄物処理費なども含まれる．MFCA は，従来はほとんど行われていない廃棄物の経済的な評価を行うことになるが，それは，材料ロス削減を目的とした管理・改善や，設備投資・技術開発などの取り組みを促進させる．

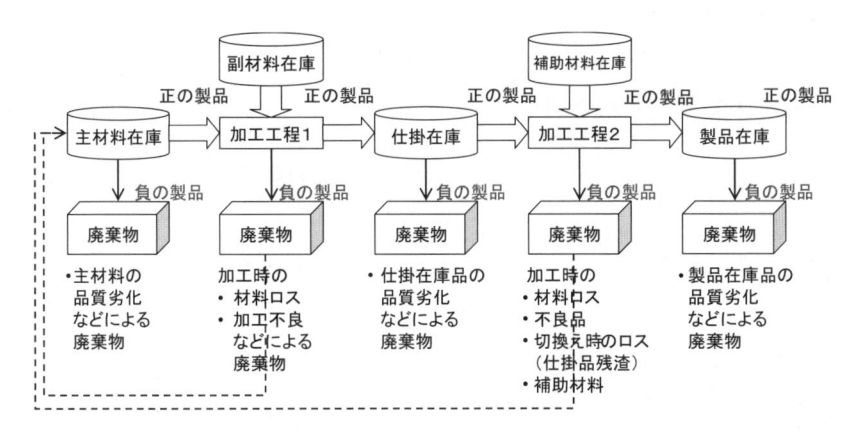

出典：経済産業省（2007）図表-1
図 1.2.1　製造工程で発生する廃棄物

MFCA では，各工程で投入された材料を，図 1.2.1 に示すように，"正の製品"と"負の製品"に分けて，その物量を測定・計算し，それぞれに投入したコストを計算する．図 1.2.2 に MFCA のメリット示したが，MFCA は，これらの材料のロスを物量とコストで"見える化"する．

これは，企業経営者や工場や現場の管理者・製造技術者などに，材料ロスの

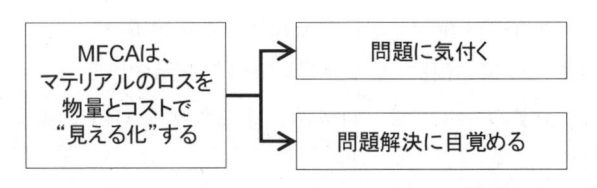

出典：経済産業省（2007）図表-4
図 1.2.2　MFCA のメリット

存在や問題に気付かせる．そして，"負の製品コスト"という生産性の指標によって，そのコスト的な評価がなされ，それらの材料のロスの問題解決に目覚めさせる．MFCA は，モノづくりにおける資源効率向上の取り組みを促進させるための有効な道具でなる．

4. MFCA 計算の特徴とアウトプット

MFCA では，次のような考え方に基づき，製品の製造コストの計算・分析を行なう．

①正の製品コストと負の製品コストに分離し，計算する．
　正の製品コスト：次工程に受け渡されたもの（正の製品）に投入したコスト
　負の製品コスト：廃棄物やリサイクルされたもの（負の製品）に投入したコスト

②全工程をとおして，物量の移動量を把握し，コスト計算を行う．
　正の製品コストは，次工程では前工程コストとして新規投入コストに加え，投入コスト合計としてコスト計算を行う．

③すべての製造コストを4つに分類して，上記の計算を行う．
　MC(Material Cost)：材料費，ただし，最初の工程から投入する主材料だけでなく，途中の工程で追加する副材料・洗浄剤・溶剤・触媒などの補助材料も含める
　SC(System Cost)：労務費・減価償却費などの加工費
　EC(Energy Cost)：電力費・燃料費などのエネルギー費
　WTC(Waste Treatment Cost)：廃棄物の処理費用

図 1.2.3 と図 1.2.4 に，MFCA の計算結果の例を示す．これらは，先に述べた MFCA 簡易計算ツールでは，自動的に作成される MFCA 計算のアウトプットである．

なお，この MFCA 簡易計算ツールにおける MFCA 計算の基本的な考え方は，経済産業省が 2002 年に発表した「環境管理会計手法ワークブック」（経済

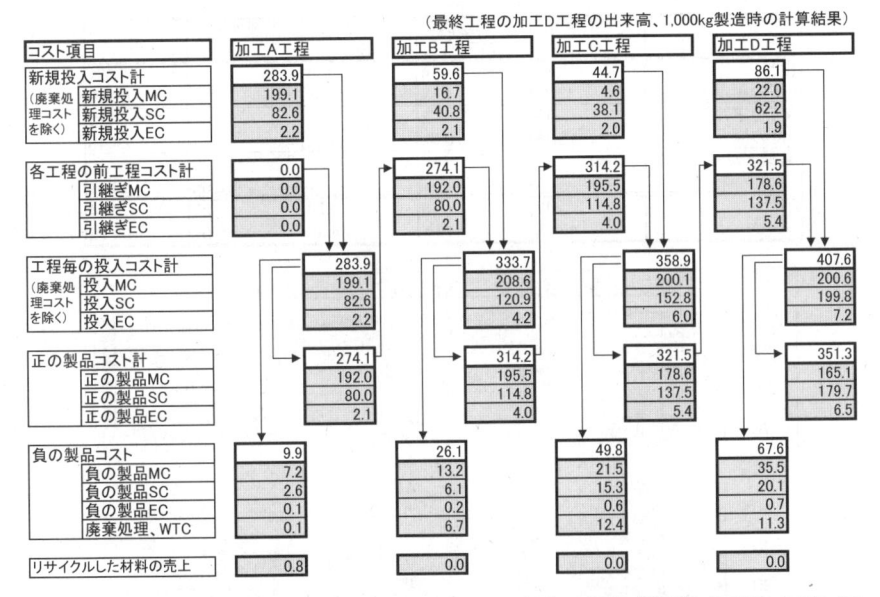

2章 モノづくりの管理，改善における MFCA の活用方法

(最終工程の加工D工程の出来高，1,000kg製造時の計算結果)

コスト項目		加工A工程	加工B工程	加工C工程	加工D工程
新規投入コスト計		283.9	59.6	44.7	86.1
(廃棄処理コストを除く)	新規投入MC	199.1	16.7	4.6	22.0
	新規投入SC	82.6	40.8	38.1	62.2
	新規投入EC	2.2	2.1	2.0	1.9
各工程の前工程コスト計		0.0	274.1	314.2	321.5
	引継ぎMC	0.0	192.0	195.5	178.6
	引継ぎSC	0.0	80.0	114.8	137.5
	引継ぎEC	0.0	2.1	4.0	5.4
工程毎の投入コスト計		283.9	333.7	358.9	407.6
(廃棄処理コストを除く)	投入MC	199.1	208.6	200.1	200.6
	投入SC	82.6	120.9	152.8	199.8
	投入EC	2.2	4.2	6.0	7.2
正の製品コスト計		274.1	314.2	321.5	351.3
	正の製品MC	192.0	195.5	178.6	165.1
	正の製品SC	80.0	114.8	137.5	179.7
	正の製品EC	2.1	4.0	5.4	6.5
負の製品コスト		9.9	26.1	49.8	67.6
	負の製品MC	7.2	13.2	21.5	35.5
	負の製品SC	2.6	6.1	15.3	20.1
	負の製品EC	0.1	0.2	0.6	0.7
	廃棄処理、WTC	0.1	6.7	12.4	11.3
リサイクルした材料の売上		0.8	0.0	0.0	0.0

出典：経済産業省（2007）図表-16

図 1.2.3　データ付フローチャートの例

産業省，2002）に基づいている．

　図 1.2.3 のデータ付フローチャートは，"負の製品コスト" を工程ごと・コスト種類ごとに示しており，工程ごとのロスの大きさを比較・評価するのによく用いられる．図 1.2.4 のマテリアルフローコストマトリクスは，工程全体をとおした "負の製品コスト" をコスト種類ごとに示しており，製品やラインによるロスの大きさを比較・評価するのによく用いられる．また，これらの MFCA 計算を，月次など継続的に行うことで，製造条件の変化に伴うロスや改善効果などを管理することにも用いられる．

5. MFCA における物量センターの定義

　MFCA では，MFCA の計算を行う単位となる工程を，「物量センター」と呼んでいる．物量センターをどのように定義するかは，MFCA の導入に際し

	マテリアルコスト	エネルギーコスト	システムコスト	廃棄処理コスト	計
良品 (正の製品)	165 32.7%	6 1.3%	180 35.6%		351 69.6%
マテリアルロス (負の製品)	77 15.3%	2 0.3%	44 8.7%		123 24.4%
廃棄／リサイクル				30 6.0%	30 6.0%
小計	242 48.0%	8 1.6%	224 44.3%	30 6.0%	504 100.0%

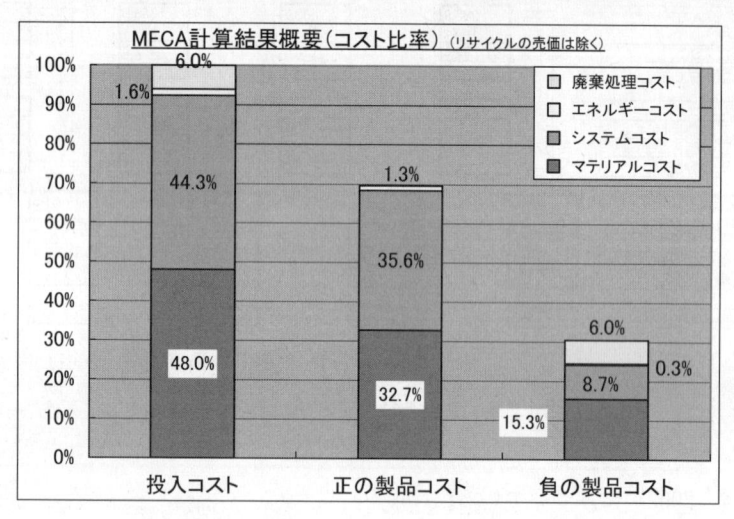

出典：経済産業省（2007）図表-19

図1.2.4　マテリアルフローコストマトリクスの例

て非常に重要な検討ポイントである．

　MFCAでは，通常の原価計算によって部門ごとに配賦されている加工費を，物量センター単位に配分する．加工費には，労務費・減価償却費・電力費・燃料費などが含まれ，通常は部門単位に配賦されている．物量センターの単位が配賦される部門の単位と一致していれば，面倒な計算は少なくなる．しかし部門単位を物量センターとすると，一つのライン全体が一つの物量センターとなることがあるが，そうすると効果的なMFCA計算にならないことが多い．そのような場合には，もう少し細かい単位で物量センターを定義するべきである．

物量センターの定義が細かすぎると，計算精度は高くなるが，加工費の配分計算に手間がかかるようになる．逆に物量センターの定義が粗すぎると，廃棄物の発生工程が複数あっても，一つの物量センターに集約され，廃棄物の発生工程単位に負の製品コストをみえるようにするという，MFCAのメリットが生かせなくなる．

次のような考え方に基づいて物量センターを定義すると，効果的・効率的なMFCAの導入ができると思われる．

① MFCAの物量センターは，必ずしも製造工程どおりの工程と一致させる必要はない．
② 重要な廃棄物の発生している工程は，物量センターとして独立させる．
③ 材料ロスが（ほとんど）発生しない工程は，物量センターとして，別の工程と一緒にしてもよい．
④ 廃棄物の発生が微量で，コスト的にも環境的にも影響が非常に小さいのであれば，複数の工程を一つの物量センターとして計算することもよしとする．
⑤ 考慮する廃棄物は，主材料だけでなく，副材料（途中の工程で，製品に付加する形で投入される材料），補助材料（製品には付加されない材料：溶剤・洗浄剤など）にも注目する．
⑥ 品種の切換え時に廃棄物が多く発生する場合には，通常の加工業務と切換えの業務に分けて物量センターを定義すると，切換えロスの定量化に有効である．

6. 資源ロスのタイプとMFCA

ここでは，MFCAの適用の考え方を，実際の製造現場における資源ロスや廃棄物の発生の場面を想定して解説する．

製造における材料のロスは，加工歩留りロス，不良によるロス，工程内リサイクルのロス，切換えロス，在庫処分ロス，補助材料のロス，の6つのタイプ

に分けられる．実際には，これらのロスが複合したり，トレードオフの関係を持ったりする．

次に，これらのロスを MFCA の適用と関連して説明する．

6-1 加工歩留りロス

加工歩留りとは，加工の際に投入した原材料のうちで製品になった材料のことをいう．材料歩留りロスとは，その逆に製品にならなかった材料である．

加工歩留りロスは，プレス加工や機械加工（切断・切削・穴あけ・研磨など）の端材や切粉，成型加工時のランナーなどの形で現れる．こうした投入原材料（主材料）の加工時の材料ロスは，主材料の使用量・材料費に直結する．したがって，工程ごとの歩留り率などを計算・測定し，管理・改善を図っているところも多い．不良率と並び，最も多くの工場で，材料のロスに関して管理に使用されている項目であろう．

歩留り率は，素材形状・製品形状・加工方法・金型などに依存することが多い．歩留り率を改善するには，製品設計・設備・金型の設計に手を加える必要がある．逆に，製品そのもののコストダウン検討時に，製品の軽量化だけでなく，投入資源の削減という目的で MFCA を適用すると，効果が得やすい．

また，加工歩留り向上のために削り代などを小さくすると，不良率が高くなることがよくある．これには，加工材料や加工ツールの精度・バラツキ，及び設備能力などが関係しており，こうした歩留り向上の改善には加工技術の強化が求められる．

6-2 不良によるロス

不良は，加工後の仕掛品や製品が基準などを満たさないため発生する．

不良率は，工場においてライン別・工程別・製品別に管理し，改善に取り組んでいる場合が多い．不良率が ppm（100 万分の 1）レベルに達して，改善余地がほとんどないこともある．しかし，不良が少なからず発生する場合は，MFCA を使って不良のロスをロスコストとして金額に換算して評価することができ，不良率削減の取り組みを強化するのに役に立つことが多い．不良は，材料費以外に，前工程の労力とコストをすべて無にしてしまうため，従来考え

2章 モノづくりの管理,改善におけるMFCAの活用方法

ていた以上のロスコストであることが分かるからである.

6-3 工程内リサイクルのロス

工程内リサイクルとは,加工歩留りロス・不良ロスの材料を,加工前の工程に戻して再投入することである.

鋳物・樹脂・ガラスなどの成型加工などでは,不良品が出ても前工程に戻され再利用することが多い.このような場合,材料や材料費はロスにならないため,不良を細かく管理していないことが多い.

しかし成型加工では,原材料を高温で溶融させるため,工程内リサイクルはエネルギーのロスである.リサイクルした材料に投入した副材料・補助材料もロスになるし,設備などの稼動ロスでもある.MFCAを使って負の製品コストを計算すると,ロスの大きさに驚くことが多い.MFCAの適用により,改善効果が大きいことが分かり,改善が進みやすい分野の一つである.

6-4 切換えロス

溶融設備や熱処理設備は,立ち上げる際に,設備を昇温させるのに時間がかかる.切換えや設備のトラブルなどで停止している間も,設備を高温に維持したままのことが多い.設備の立ち上げ,切換えなどの稼動時間のロスは,エネルギーのロスに直結している.

また,成型を始める前には,成型条件を調整するために何度か試打ちと呼ばれる成型のテストが行われるが,多くの場合,試打ち品は製品にならず材料のロスとなる.製造する製品を切換える際には,設備内に前の製品の製造に用いる材料が残留していることが多いが,これは廃棄される.また,友洗いと呼ばれる方法で設備を洗浄する場合は,洗浄のために別の材料を投入する.化学系の材料を使用する場合は,洗浄に化学系の薬剤が必要になり,その洗浄廃液の処理にも薬剤が必要になることもある.切換えは,多くの材料のロス,廃棄物を発生させるのである.

少品種の大量生産や24時間連続稼動で生産できる場合は,こうしたロスはそれほど大きな問題ではなかった.しかし,市場が縮小する中で,連続稼動ができなくなったり,多品種少量生産に移行し,切換え頻度が増加したりすると,

加工歩留りロスよりも，この分野のロスの方が問題としては大きくなることがある．

　設備稼働のロス時間は把握していても，ロスコストを正確に評価できている会社は意外に少ない．MFCAを使って，マテリアルコスト・システムコスト・エネルギーコストまで含めて負の製品コストを計算すると，そのロスの大きさに驚くことが多い．

　また，改善には，多品種化や小ロット化に対応した設備の改善や置換え，切換えロスがミニマムになるような生産計画や外段取りなど，様々な手が必要であるが，MFCAを使うと，改善効果を事前に評価できるため，設備投資の判断がしやすい．

6-5 在庫処分ロス

　在庫処分ロスとは，原材料・仕掛品・製品の在庫を廃棄処分することである．

　在庫の原材料・仕掛品・製品は，設計変更や品質の劣化が生じない限り，生産が続いていれば，いつか利用できる．しかし生産や販売が終了すると，在庫の多くはその使い道を失い，廃棄や処分をせざるを得なくなる．別の用途で使用したり転売したりできる場合でも，不利な条件になることもある．

　食品製造などのように，製品や材料に賞味期限や品質保証期限が設定されている場合，あるいはモデルチェンジのサイクルが極端に短い製品では，製造段階のロスよりも，こうした在庫処分ロスの方が，問題として大きいことがある．

　多品種少量化は，製品の生産期間の短期化と，製品や材料の種類の増加をもたらすが，これは在庫量を増加させ，在庫処分ロスを大きくしている．

　MFCAは，今まで述べてきた6-1〜6-4までの，生産時に発生するロスと，生産終了後に発生することが多い在庫のロスを，負の製品コストという一つの指標で評価でき，改善課題や改善効果の大きさを，比較し判断しやすくさせるところにある．

　ただし，特にMFCA導入時のモデル適用では，こうした生産期間終了後の資源のロスを扱うことが少ない．その場合のMFCA計算では，生産中のある期間を対象にして，また，特定の製品群や機種群に絞って計算することが多いためである．生産期間終了後の資源のロスを，上記の6-1〜6-4までの，ロ

スと一緒に評価するには，ある工場やラインで生産する製品全体を対象としてMFCAの計算を行う必要がある．

6-6 補助材料のロス

　機械加工の切削油，装置や部品の洗浄剤，塗装などの溶剤，化学反応の触媒など，製品の加工・製造に使用しても製品に加わらない材料のことを，ここでは補助材料としている．こうした補助材料は，消費した量が廃棄物や排出物となる．

　化学反応の触媒は，反応のスピードや収率を決定する非常に重要な材料であり，また高価な材料を使用することも多い．したがって触媒は，非常に細かくその品質・性能・使用量などを管理していることが多い．

　しかし，上で述べたような切削油・洗浄剤・溶剤などは，比較的大量に消費しても，単価が安いため従来はあまり細かく管理されていないことが多いと思われる．こうした補助材料は，溶剤などの揮発性のものは環境への影響が大きく，回収が必要である．洗浄剤なども化学系のものは，廃液の無害化処理・回収処理が必要である．

　MFCAの考え方に立つと，補助材料の使用は，使用量すべてが負の製品になり，その材料費のロスと同時に，その廃棄物処理にも別の材料とコストが投じられる．したがって，そのロスコストは，廃棄物処理も含めて考える必要があり，従来，認識しているものよりもかなり大きくなることが多い．

7. **MFCAと歩留り管理の違い**

　MFCAを紹介した際に，「従来の歩留り管理と何が異なるのか」とか，「歩留り管理を行っているので，材料のロスで，改善できるものはしている」という話を聞くことがある．

　実際に，歩留り率という管理指標は，多くの製造の分野で材料ロスの指標として使われている．しかし歩留り率の定義には様々な方法がある．実際に使われている歩留り率の定義方法を，表1.2.1に整理してみた．

表1.2.1 歩留り率の定義方法の種類

歩留りの種類	重量数量	工程	材料／製品	ロスの考え方	歩留り率の計算式	備考
① 材料の投入歩留り	重量	単一の工程	主材料副材料	投入した材料の中で、製品に加わらなかったもの	製品に加わった材料の重量÷投入した材料の重量	複数材料の加工品
② 部品の加工歩留り		単一、複数の工程	主材料	主材料加工時の切粉、端材	加工後重量(材料1個)÷加工前重量(材料1個)	単一材料の加工で多い
③ 全工程の加工歩留り		全体の工程	主材料	加工時の切粉、端材、切替時ロス、不良品などすべて	良品(主材料)の出来高重量÷初工程の投入主材料重量	単一材料の加工で多い
④ 工程歩留り(良品率)	数量	単一、複数の工程	主材料製品	不良品、試験品などにより、製品にならなかったもの	良品出来高数量(製品)÷投入数量(主材料)	単一材料の加工で多い
⑤ 製品歩留り(良品率)		全体の工程	製品	同上	良品出来高数量(製品)÷期待される生産数量(製品)	半導体でよく使われる

出典:下垣(2007) 75頁

歩留り率の使われ方として,次のような特徴があると思われる.
①対象工程として単一のものが多い.
②工程全体をとおしてみることもあるが,その場合,対象材料は主材料か製品だけである.
③重量で歩留り率をみることもあれば,数量でみることもある.
④対象にするものが,主材料や製品が多く,場合により副材料も対象になることがある.
⑤補助材料は,製品には加わらない材料のため,歩留り率の対象にされることはない.

これに対してMFCAでは,投入した材料のうち,製品になった材料を「正の製品」,製品にならなかった材料を「負の製品」として,「負の製品」は,すべてロスとみなしている.そしてそこでは,原則として次のように材料の移動量の把握を行う.
①製造工程全体をとおして,材料の投入量とロス量(負の製品物量)を計算する.

②基本的に，主材料・副材料・補助材料のすべてを計算の対象に含める．
③物量（重量）という統一した単位で，材料の投入量とロス量の計算を行う．

実はこの3番目の項目が重要なポイントである．

材料の投入量と出来高の管理は，非常に重要な製造の管理事項である．しかし，製造のプロセスの途中で管理単位が変わることが非常に多い．最初の工程では，材料の投入量や出来高を重量で管理していたものが，工程の途中で枚数・本数・個数などの数量になったり，m^3やLなどの容量に変わったりする．製品となると，ほとんどの場合，管理単位は数量である．このことが，工程全体をとおした物量（重量）の変化の管理を困難にし，工程全体をとおした材料ロスの"見える化"を妨げている．

したがって，従来，歩留り管理をきちんとやっているつもりの会社でも，MFCAを導入することで，新たなロスを発見したり，ロスについての認識が改まったりするのである．

8. MFCAを生産性指標として活用する仕組み

MFCAをコストダウンのツールとして考えると，単発的なMFCAの計算・活用という道もありうる．しかし，モノづくりの生産性指標として考えると，これは継続的・組織的な運用の体制と仕組みが必要になる．

生産性指標としてMFCAを活用するということは，例えば，次のようなことをいう．

①製品・ライン別に，MFCAの負の製品コスト比率などを比較評価する．
②負の製品コスト比率の高い製品・ラインを抽出し，設計・技術・管理・販売などを含んだ部門横断プロジェクトを設け，革新活動を行う．
③製品・ラインごとに，MFCAの負の製品コスト比率などを生産性指標として用いて，ロスの変化を監視する．
④負の製品コスト比率を，製品・ライン・工程ごとに，負の製品コストの目標設定し，改善活動を展開する．

ところでMFCAは，製造工程全体をとおして材料の流れを追跡し，MFCAの計算単位である物量センターごとに，材料の投入量，正の製品物量，負の製品物量を把握する必要がある．これらは生産管理部門が管理しているデータであったり，あるいは製造現場ごとに管理しているデータであったりする．また，加工費やエネルギーコストの把握には経理部門が管理しているデータが必要であるし，廃棄物処理の流れと物量，コストの把握には，環境部門が管理しているデータが必要になる．

したがって，まず，継続的にMFCAの計算を行う，あるいは製品ごと・ラインごとにMFCAの計算を行うためには，こうしたデータを集約する仕組み，あるいはシステムが必要になる．また，製品別・ライン別の負の製品コストなどを比較評価するには，それを担当する部門が必要である．

この部門の役割は，製造の各部門，資材部門，在庫管理部門，環境管理部門などからMFCAの計算に必要なデータや情報を吸い上げ，各部門に改善目標を設定し，改善計画とその進捗状況を管理することが役割になる．

9. MFCAの進化と課題

MFCAは，加工型の工場で，メリットの大きい手法とみなされ普及してきた．しかし，日本の産業全体を見渡すと，資源効率向上を図るべき分野はまだ多く，MFCAやその応用が待たれる．

9-1 サプライチェーンを通した適用へのMFCAの拡張

MFCAは，材料のロスを改善するために，工程全体をとおして材料の流れとロスを把握・評価するための手法である．MFCAの対象工程がシンプルで短い場合，材料のロスは把握しやすいため，それまで認識していたロスと，MFCAで評価するロスには，それほどの差異がないことが多い．しかし，製造工程が長くなると一般に材料のロスは把握しづらくなるため，MFCAの対象工程が長くなるほどその適用の効果は大きくなることが多い．

モノづくりの現場では，様々な分業がなされている．一つの部品をつくるの

にも，多くの企業が工程を分担している．しかし，分業している工場間・企業間で，お互いの工程で発生する材料のロスに関する情報を共有することは，ほとんどない．しかし，産業としての資源生産性を高め，廃棄物の発生量を削減し，資源の使用量を高めるためには，工場間・企業間での材料のロスの情報を共有化し，ロスの削減に努めることが求められる．

取引関係にある工場間・企業間で，こうした内部情報を相互に共有化することには，非常に大きな課題があるのは事実である．しかし，実際の事例もあり，2006年度の経済産業省委託事業「MFCA 開発・普及調査事業」の MFCA 高度化研究 WG1 においては，その調査・研究が行われ，報告されている（日本能率協会コンサルティング，2006 第3部　第3章）．今後の MFCA の進化の課題分野の一つである．

9-2　MFCA と LCA（Life Cycle Assessment）の統合的な活用

MFCA によって，製造現場で発生する廃棄物の経済的な価値を"負の製品コスト"として表すことで，ロスコストの"見える化"ができる．これは，モノづくりにおける廃棄物の排出量削減に向けた取り組みを，より促進させる効果がある．

廃棄物の排出量削減は，原材料の使用量削減に直結し，企業にとっては原材料費や廃棄物処理費の削減などのコスト低減につながる．これは同時に，資源消費量・廃棄物削減という環境負荷の低減につながる．しかし，MFCA における環境面の評価は，通常は材料の投入物量や廃棄物の排出物量だけで，環境負荷の低減効果の正確な評価までは行うことが難しい（國部他，2006）．

したがって，MFCA をモノづくりの経済性向上と環境負荷低減の同時実現をねらった環境管理会計手法としてより進化させるためには，MFCA と LCA を組み合わせることにより，廃棄物削減による環境負荷低減効果を，より正確に測定することが望まれる．

2006 年度の経済産業省の MFCA 開発・普及調査事業の MFCA 高度化研究 WG1 では，このような観点から MFCA と LCA 統合化に関する調査研究を行われ，MFCA と LCA の統合化が有効であることを明らかにした（日本能率

協会コンサルティング，2006).

10. おわりに

　アジア諸国などの経済発展は，大量生産の拠点を日本の製造業からアジア諸国に移管させつつある．したがって日本の製造業は，多品種化・小ロット化・短命化が急速に進展する中で，企業としての競争力を高めることが求められている．あるいは，他社に先駆けた新技術製品の研究開発による差別化が求められている．

　しかし，多品種化・小ロット化・短命化は，切換え時の材料ロスと設備稼働ロスを増加させ，あるいは，材料・仕掛品・製品の在庫処分を増加させ，コスト競争力を低下させる．これは，廃棄物発生量を増加させ，資源生産性の悪化につながる．また，新技術製品はその製造技術が固まっていないことが多く，材料歩留りが悪かったり，不良率が高かったりするなどにより，コストが高くなることが多い．差別化された製品も，そうした改善に時間をかけているとライバル企業に追い越されかねない．

　こうした中でMFCAの手法は，従来は捉えていなかった廃棄物・材料ロスの経済的な価値を，負の製品コスト，ロスコストとして"見える化"し，組織的な資源効率向上の取り組みを促進し，スピードアップさせる．これは企業の競争力強化につながると同時に，製造段階の環境負荷を低減させる．環境への配慮がより一層求められる中で，環境と経済を両立させるためには，MFCAのようなマネジメントの指標・ツールが必要であろう．

　とはいえ，MFCAはまだ発展途上の管理技術であり，その適用領域や適用方法に関しても，まだまだ研究・進化が必要な部分が多いといえる．

〔下垣　彰〕

3章　MFCAのシステム化

1. はじめに

　MFCAは，2000年に日本企業での導入・適用が始まって以来，多くの企業で試行・導入が行われ，効果・メリットが実証された．しかし，その一方で，手計算によるデータの収集や整理，計算の煩雑さなどを理由にして，MFCA計算の実施・活用が，結果として導入した品種やラインだけにとどまっている企業もある．また，MFCAの計算を継続的な月次管理に活用する事例は必ずしも多くない．

　MFCAを企業のマネジメントツールとして，企業の競争力強化と資源生産性向上の取り組みに生かすためには，日常的な管理システムとしてMFCAを位置付け，マネジメントシステムを構築する必要がある．

　「MFCAの企業情報システムや管理手法への連携・組込みによるマネジメントツールとしての強化・展開の検討」を行うことを目的にして，平成18年度の経済産業省委託事業「マテリアルフロスート会計（MFCA）開発・普及調査事業」では，MFCA高度化研究WG（ワーキンググループ）2を設け，調査・研究を行った．

　本章では，上記WG2の検討結果をふまえ，MFCAシステム化の必要性，システム構築（機能要件定義）をスムーズに行うためのポイント，MFCAを企業のマネジメントシステムとしての活用する方向について紹介する．

2. MFCAの日本での導入の実態

　MFCAは，既に数多くの企業で導入が行われ，その有効性が実証されてい

る．特にMFCAのメリットとしては，次のようなものが挙げられている．

①環境負荷改善，原価改善のための新たな着眼点発見ツール

　MFCAはマテリアルフローを詳細に分析して，マテリアルロスがどの工程でどれだけ発生するかを金額で明確にするため，環境負荷の改善，原価改善のための分析ツールとして非常に有効である．

②製造部門の新たな原価管理・環境改善ツール（製造指標と原価データの連動）

　マテリアルロスを，単に負の製品コストとして捉えるだけでなく，不良率や，歩留り率，収率などの物量値指標と関連付けられるため，製造現場や工場全体の日常的な原価管理・環境改善のツールとして非常に有効である．

③真の意味での廃棄物管理ツール

　廃棄物のリユース・リサイクルによる廃棄物低減にとどまらず，廃棄物の発生原因にさかのぼって廃棄物の発生を削減するという，真の意味での廃棄物低減活動を引き起こすマネジメントツールとして非常に有効である．

　わが国のMFCAの導入事例を，次の2つの観点から整理してみることにする．まず一つめの観点は，MFCAの適用の範囲であり，これにはMFCAの部分的適用と全体的適用の2種類があると考えられる．

　MFCAに原則的な適用範囲があるわけではないが，企業全体や工場などのサイト全体を対象とする場合と，その一部分を対象とする場合に区別することができる．したがって，特定の製品の製造プロセス・製造ラインを対象にしてMFCAの計算を行なう場合は，部分的適用と企業，あるいは工場のすべての"マテリアルのストックとフロー"を測定しMFCAの計算を行う場合を，全体的適用と呼ぶこととする．

　日本におけるMFCAの導入事例には，MFCAが聞き慣れないマネジメント手法であることから，その適用効果の確認と検証を目的とするものが多く，MFCAの部分的適用から始める企業がほとんどであった．

　次に2つめの観点として，MFCAの適用期間（サイクル）が考えられる．これには，一時的適用と継続的適用がある．

上記①のように MFCA を改善のための分析ツールとして使う場合，現状分析のツールとして MFCA 計算結果を使い，改善を検討する．この場合，改善後，その成果確認のために MFCA 分析を行うことはあるが，毎月継続してデータを集計する必要は必ずしもない．このような使い方を一時的適用ということにする．これに対して，MFCA を原価管理・環境管理・廃棄物管理などのツールとして活用する場合（上記②及び③の場合），MFCA 計算は，少なくとも毎月繰り返して行う必要がある．このような使い方を継続的適用という．

わが国の MFCA 導入では，MFCA を改善のための分析ツールとして活用する一時的適用（特殊原価調査としての位置付け）のケースが多かった．

3. MFCA を導入・運用する上での課題とシステム化の課題

MFCA 導入企業で，導入時の課題として，次のようなものが挙げられることがある．

①基礎データはおおむね完備しているが，データのある場所が物理的にも点在し，データが連係していない

多くの企業（特に大企業）では，MFCA 計算の基礎となる原価計算データ・不良率データ・歩留りデータなどは，おおむね完備している．しかし，各データの蓄積されているシステムが別々であることが多く，MFCA 計算を行う際にデータの収集に手間がかかる場合がある．

② MFCA 計算の準備に多くの時間をかける場合がある（材料の単位換算，システムコスト及びエネルギーコストの配賦）

MFCA 計算を行う前のデータの整理に手間取る企業が多い．特に，材料の単位換算（枚数・個数・長さなどで管理していた材料を重量値に換算）や，システムコスト及びエネルギーコストを，従来の部門別原価計算データから MFCA 上の物量センター（工程）に再配賦するのに手間取る場合がある．

このように MFCA の導入には工数を要することから，MFCA を水平展開

し全体的適用を行ったり，継続的に活用したりすることを躊躇している企業もある．したがって，MFCAの全体的適用・継続的適用を目指す企業から，より簡単に事務量がかからずにMFCAのデータが収集でき，MFCA計算をタイムリーに，簡単に行えるツールの必要性が挙げられている（これらに応えるため，平成18年度「MFCA開発・普及調査事業」では，表計算ソフトを活用したMFCAの計算ツールを開発した）．

表計算ソフトなどを活用し，データ収集と計算処理の手間を省く工夫をして，MFCAの全体的適用・継続的適用を行っている企業も多いが，今後，企業の基幹システムや既存のデータベースと連動した本格的なMFCAシステムを構築して，企業の定常的な管理システムの一つとしてMFCAを活用していく必要がある．

表計算ソフトなどだけでMFCAを行うと，人手で簡単に改良などができるという柔軟性がある反面，計算のためのデータ収集・整理・加工が属人化し，担当者が異動するとMFCAを行えなくなる可能性も高い．このようなことからもMFCAの計算・活用を行うMFCAのシステム化が求められている．

4. MFCAのシステム化の形態

多くの企業におけるMFCAの活用目的を大別すると，次の2つに分けられる．

① MFCAの計算結果を，改善活動の判断・意思決定に活用する

これは，MFCAを製品ごとの改善を行う際の詳細な分析ツールとして活用する場合や，MFCA計算結果を用いて設備投資の経済計算を行うような場合である．

② MFCAの計算結果を，部門ごと・製品ごとの継続的な管理基準として活用する

これは，MFCAの計算結果を用いて，部門ごとの原価管理・方針管理・廃棄物管理を行う場合や，MFCAの計算結果を，製品ごと・部門ごとな

どの，月々の改善成果の評価尺度に用いる場合である．

上記活用目的のうち，②の場合は，MFCA計算を，例えば月次サイクルで，継続して行う必要がある．それに対して，①のような場合は，MFCAを繰り返して行う必要はない．少なくとも現状把握という意味で意思決定を行う前に一度行えばよく，後は必要に応じて，改善後の現状把握のために改善活動の実施後にもう一度行えばよい．

したがって，①のようなケースは，改善範囲に限定されていることから，繰り返し計算は必要ないので，計算ツールとして表計算ソフトなどで作成したMFCA計算ツールがあれば十分である．MFCAの計算システムが必要になるのは，②のように，月次サイクルでの継続的な管理（継続的適用）が必要な場合である．

また，原価管理・方針管理などは，一般的に部門が管理単位となる．そのため月次の原価管理・方針管理などにMFCAを活用する場合には，特定の製品などだけにMFCAを適用（部分的適用）するのではなく，部門・工場の製品すべてに対してMFCAを適用（全体的適用）することになる．

このように，MFCAの継続的な適用の場合，あるいは全体的な適用の場合にはMFCAのシステム化が必要となる．

継続的にMFCA計算を行う場合に，次のような3つの方法が考えられる．

①全品種の品種別MFCA計算（高次なMFCAシステム）

　MFCAのシステム化を行う場合の本来の姿は，MFCAの全体への適用である．工場で生産しているすべての製品についてのMFCA計算を行い，マテリアルロスの詳細な計算を行い，例えば月次のサイクルで，その推移を把握していくというものである．

②代表品種のみに絞ったMFCA計算（簡便法）

　品種（群）が多くある場合にすべての製品の特性を反映し網羅することは，多くの工数を要する．このような場合に，代表品種（群）に絞ってMFCA計算を行うことも可能である．その場合のMFCA計算システムの簡便法として，代表品種（群）のみの継続的なMFCA計算のシステム

化も考えられる．

③全品種計のみを扱った MFCA 簡易計算（簡便法）

品種数は多くても，各品種の製造方法・製造工程が似かよっている場合には，品種別のデータは把握せず，物量センターごとに，全品種の合計データのみを使って簡易的に MFCA 計算を行う方法も考えられる．これは部門ごとの管理だけを行いたい場合に使われる簡便法である．

5. MFCA 計算システムの機能要件

5-1 MFCA プロセスとシステム化対象

MFCA 計算システムでは，図 1.3.1 に示すように，主に既存のデータベース（DB）やデータなどを整理・抽出し，原単位の変換などを行った上で，月次などを定期的に，製品・品種別・工程別・ロット・オーダー別などの単位で，投入コストや，正の製品コスト，負の製品コストなどの MFCA の計算を行い，管理・改善に用いるデータや報告書を出力する．

5-2 MFCA 計算システムの機能構成

MFCA 計算システムは，主に，下記の 3 つの機能で構成される．

①データ変換／入力機能

企業内の様々な管理システムの DB から，MFCA の計算に要するデータの抽出，データの変換，データの蓄積を行う．

② MFCA 計算機能

製品・品種別，製造工程（物量センター）別，ロット・オーダー番号別の MFCA 計算（投入物量と正の製品物量，負の製品物量の計算，及び投入に関するコスト，正の製品コスト，負の製品コストの計算）を行なう．

MFCA 計算機能は，さらに，オペレーション機能・メンテナンス機能・MFCA 計算エンジン・MFCA-DB 機能の 4 つの機能に分かれる．

・オペレーション機能：マスターデータ・実績データの MFCA 計算エンジンへの取り込み，及び MFCA 計算エンジンでの計算結果を，MFCA

3章　MFCAのシステム化　　　　　　　　　　　　　　　39

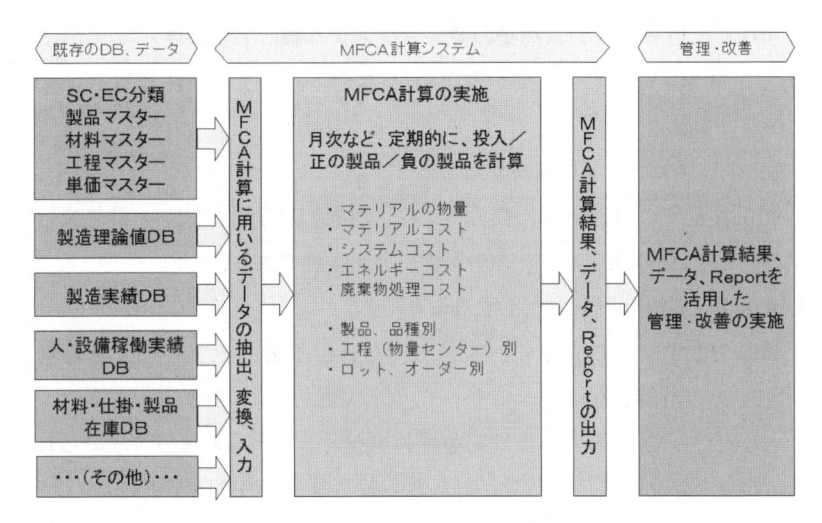

図1.3.1　MFCAシステムとは

モニター・MFCA実績DBへの送付を行なう機能
・メンテナンス機能：投入物量，正の製品物量，負の製品物量のデータ定義方法・計算方法などのルールや基準値の定義・変更の管理，及びシステムコストやエネルギーコストの品種別・工程（物量センター）別の按分ルールの定義，変更の管理，材料の購入単価や廃棄物処理単価などの基準値の定義・変更の管理を行う機能
・MFCA計算エンジン：既存のDBなどから取り込んだデータを基に，MFCAの計算そのものを行う機能
・MFCA-DB機能：MFCAに関する基準値や計算上のルール及び計算結果をDBとして蓄積する機能

③計算結果出力機能

MFCA計算結果DBへのデータ出力を行う．このDBのデータを活用し，定期的なMFCA-管理Reportの作成を行う．また随時，データ品質，異常値などの情報を抽出し，MFCAモニターなどにその結果を出力し，アラーム情報として関連部門に送付する（図1.3.2）．

5-3 MFCA 計算システム構築の要件（システム設計上の条件）

MFCA 計算システムを構築する際の，システム設計上の条件として，次の5項目が挙げられる．

① MFCA コンセプトを実現すること

MFCA 計算のロジックに従って，投入材料の物量とコストの計算を行う．このことは，MFCA のシステム化の必須条件である．

② 適用時の制約条件を少なくすること

製造するすべての製品の，すべての材料が移動するプロセスを対象に，MFCA の計算を行うことによって，負の製品コストが算定できる．

したがって，次のように制約条件の少ないシステムの構築が求められる．

・物量センター（工程）数，材料数，製品数などの制限がない．
・コストセンターを分割した物量センター（工程）の定義ができる．

このためには，コストセンターごとに管理しているシステムコスト・エネルギーコストや，それを分割した物量センター（工程）に配賦するル

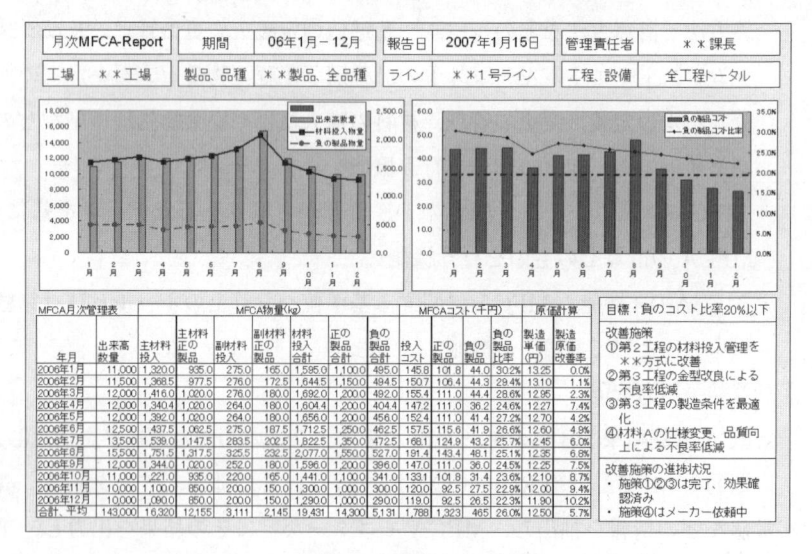

図 1.3.2　MFCA 月次管理 Report のイメージ

ールを，MFCA計算機能に織り込むことが必要になる．
・工程の分岐・集約・戻りなどに，実際のマテリアルフローのタイプに沿ったシステムの構築が必要である．

③適用対象の変化に柔軟に対応すること

企業・工場で生産する製品，製造に使用する材料，製造方法・設備，工程，条件，組織構造・分担部署は，徐々に変化する．競争が激しい業界においては，日々刻々変わることもある．その中で，MFCA計算システムで使用するデータを引き出すDBの場所，マスターデータ，計算のルールや基準といったものも，システムを構築した時点から，常時メンテナンスを行う必要がある．こうしたメンテナンスの容易なシステムを構築しないと，実際に継続的な運用はできない．

④MFCA計算システムの運用（オペレーション，データ運用）を容易にすること

どのようなシステムにおいても，その運用が煩雑であると運用時にミスが発生し，システムに対する信頼性が損なわれるリスクが高まる．システムの運用を容易にするためには，下記に挙げる項目への対応が必要である．
・データ構造を整理し，重複入力・重複定義を避け，内容変更を容易にする．
・入力オペレーションを簡素化して，GUI対応とする．
・既存システムとのデータ連携機能を柔軟に組み込むことができる．

⑤MFCA計算結果の拡張利用が容易であること

MFCAの計算結果のデータは，定型化されたReportとしての出力だけでなく，様々な活用が考えられる．定型化されにくいデータ活用のため，MFCAの計算結果を，必要に応じた項目で出力（例えばCSV形式で出力する）ことができる機能を組み込む必要がある．

6. MFCAのシステム化による新たなマネジメント

本章のまとめとして，MFCAのシステム化（全体的適用・継続的適用）を行うことによる，個別的・一時的なMFCA適用と比べたメリットを整理し列挙することとする．

6-1　MFCAシステム化による業務の効率化，管理の効率アップ

①データ集計，MFCA計算処理の簡素化

MFCAのシステム化を行うと，MFCA計算業務の簡素化が行われる．表計算ソフトなどを活用しても，既存のデータベースのデータの再加工の場合によっては再入力の手続きが必要になる．MFCA導入企業のいくつかでは，MFCA計算を行うことに担当者の労力の多くが割かれ，MFCA計算結果の活用に十分時間を割くことができない状況もみられる．計算の手間を省くシステム化によってこのような問題点は確実に解消される．

②データ集計，MFCA計算の属人化の排除，正確性の確保

MFCA計算を表計算ソフトなどで行っていると，その計算処理の属人化が避けられない．MFCA計算のために，既存データベースのどの部分をどう加工して表計算ソフトのデータとするかという，データ処理のロジック構築においても，担当者個人のスキルに負うところが大きい．このような状況では，人事異動があった場合などに，MFCA計算を行っていくこと．

上記の①，②の問題の解決により，各部門の担当者が，MFCA計算結果に基づく改善活動に専念できるということが，MFCAのシステム化の目的であり大きなメリットである．そして，次に述べるような特徴のあるマネジメントを行うことができる．

6-2　MFCAシステム化による新たなマネジメントの展開

MFCAのシステム化によって，従来のマネジメントでは実現できなかった新たなマネジメント活動の展開が可能になる．

MFCAを全体的適用・継続的適用した場合の特徴としては，MFCA計算の

全体合計は，工場ないし全社の数値と一致することが特徴である．原価数値の側面でいえば，正の製品コスト，負の製品コストの合計は，工場の製造原価（製造費用）と一致するということである．これは，最終的には，工場損益・全社損益に直結する経営トップの意思決定を可能にするということになる．

　また，不良率・歩留りなどのデータは工場全体の廃棄物データなどと連動する．工場全体の環境マネジメントにおいてもMFCAシステム化によって，統一指標による企業全体のコストマネジメントによる，より徹底した管理を行うことが可能になる．

①製品別の販売戦略・製造戦略への活用

　MFCAは製品別のマテリアルフローを追跡して，正の製品コスト，負の製品コストを集計する．このような計算によって，従来必ずしも明確でなかった製品別の製造原価と製品別のマテリアルロス・原価低減余地などが明確になる．多品種少量生産の企業では，製品別の採算計算や，製品別の改善計画，製品別の戦略立案などにMFCA計算結果を反映することができる．

②タイムリーな実績把握による製造部門のマネジメントのレベルアップ

　MFCA計算では，不良率・歩留り率・収率などのマテリアルに関連する各種物量値指標と原価指標を連動させて，正の製品コスト，負の製品コストを算定する．これらの活動を，製品別・ロット別に行っていく．原価算定は一般的に月次で行うが，日々の生産実績による，不良率・歩留り率・収率などをモニタリングすることにより，タイムリーなアクションをとることによって，製造部門のマネジメント活動のレベルアップに役立てることができる．

④生産管理等の管理水準の向上

　製品別・ロット別のマテリアルフローを追跡し，実績を把握することによって，MFCAのシステム化は生産管理システムのレベルアップを行うことが可能である．本当の意味で「必要なものを，必要なときに，必要なだけ生産する」ための，マテリアルの管理を行うことが可能になる．

7. おわりに

　MFCAは一時的なプロジェクトや小さな範囲での導入にとどまらず，日常的なマネジメント情報を提供する手法として導入されたり，工場などのサイト全体やグループ企業全体への導入が検討されたりし始めている．

　本章では，そのような場合でのシステム要件を整理してきたが，具体的にシステムを構築するには，ベースとするソフトを決定後，個別的にカスタマイズ・構築する必要がある．特定のソフトをインストールすると，すぐにMFCAのデータ・分析結果が得られるわけではない．基本となるソフトを自社に合わせて育てることが肝要である．

　MFCAシステムに関して，コンピュータを入れれば，システム構築ができると短絡的に考えることは，MFCAの基本概念の有用性を軽視すると同様に危険なことであり，MFCAシステムを構築する（育てる）ことは，企業のサステナビリティに結びつくものと考えられる．

（中嶌道靖・石田恒之）

4章　新たな管理会計ツールとしての MFCA の可能性

1. はじめに

　MFCA は，既に 100 社ほどが実務的検討を実施したといわれている．当然ながら，その中身は様々で，試験的導入・検討というレベルのほか，サステナブルマネジメントツールとして社内に根付き始めた事例もある．企業に MFCA 導入に関する公表義務がないため限られた情報ではあるが，MFCA は環境管理会計ツールとして導入され，環境負荷の低減と経済性の向上を同時に達成する改善活動や生産革新を導き出し，具体的成果（製造コスト削減）を生み出し始めている．

　例えば，キヤノンの「サステナビリティ報告書 2007」によると，MFCA の導入による経済効果額は 2005 年で 6.2 億円，2006 年で 10 億円と算定されている．

　その一方で，MFCA はこれまでの生産管理手法や管理会計手法とどう違うのか，同じではないのかという意見もある．また，MFCA における環境負荷の低減とは投入材料の最少化など資源生産性の向上であり，環境負荷の一部しか扱っていないという批判もある．さらに，環境管理会計が併せ持つ管理会計的側面，すなわち製造コストの削減効果など経済性の向上に関する有用性という一面だけが注目され，環境負荷の低減と合わせた MFCA の両面性が十分理解されていないことも多い．

　2007 年春に日本政府によって「MFCA の ISO 化提案の検討」が正式に開始され，その後 2007 年 11 月に ISO/TC207 事務局に正式提案されてから（2008 年 3 月に ISO/TC207 で正式に承認され，今後 2011 年発行に向けて検討される．），日本企業は一段と MFCA に注目し始めている．これまでは環境マネジ

メントツールとして理解されることが多く，企業の環境管理担当者の関心がほとんどであったが，最近では環境経営における新たな生産管理手法として生産管理関係者の関心が一段と高まっているように感じられる．MFCAはビジネスの中心（生産活動に代表されるような本業）にかかわる革新的企業マネジメント手法として注目されはじめている．

今後の普及を促進するためにも，先に挙げたMFCAに関する疑問を解消するとともに，伝統的マネジメントが持ち得なかったMFCAの持つ拡張性の高さを十分理解するためにも，理論的な整理が必要である．

本章では，これまでの企業事例研究及び導入経験を踏まえて，MFCAと伝統的な生産管理手法及び管理会計手法とどのように異なり，その結果，MFCAが管理会計手法として発揮する新たな有用性について説明する．そして，環境管理会計，具体的にはMFCAが伝統的な管理会計を超越した「新たな管理会計」を生成し，さらに発展する可能性があることを述べる．

2. MFCAの管理会計的有用性

まず，MFCAの特徴をみることとしよう．

MFCAでは，導入対象を製造工程とすると，まず当該製造工程の物質（マテリアル）フロー図，例えば図1.4.1のようなイメージで，詳細かつ正確にマテリアルフロー図を作成し，次いで，そのマテリアルのフロー情報に応じてコスト評価する．具体的には，当該製造工程の製品にならないマテリアルのフローである「負の製品」へのマテリアルフローとそのコスト額，良品である「正の製品」のマテリアルフローとコスト額に関して，場所別（MFCAでは「物量センター」と呼ぶ）・製品別などに集計し算定する．そして，MFCAの算定結果をマネジメント目的に適合するように有用な形でのコストマネジメント情報に加工し，提供する．

ところで，伝統的原価計算においても，材料の消費に応じて製品の製造原価を算定する．そして，その原価情報を基礎に，管理会計におけるコストマネジ

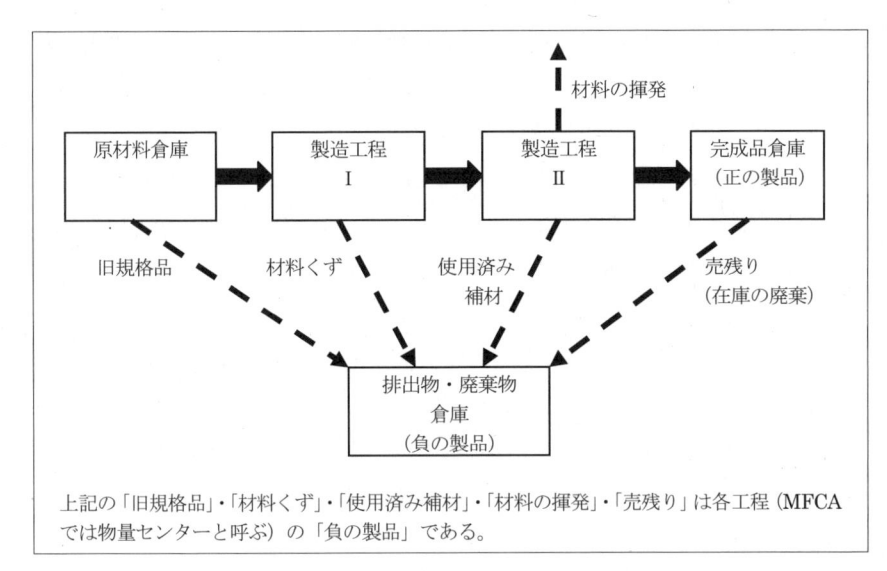

4章 新たな管理会計ツールとしてのMFCAの可能性　　47

図 1.4.1　マテリアルのフローと正負の製品

メントなどに適用する．つまり，MFCAは伝統的な原価計算・管理会計の新たな手法とも解釈できる．コストだけの側面をみれば，製造コストを正と負の製品に区分して配分するというコスト評価の違いだけのようにみえるかもしれない．

　しかしながら，MFCAのコスト評価方法は，伝統的な原価の配賦計算のように，単一の配賦基準（例えば，直接作業時間基準）で原材料の製造原価を按分するのではない．例えば，MFCAによって製造工程を分析し，正負の両製品のマテリアル構成に基づきコスト評価する場合，伝統的な原価計算との明確な違いは，消費された材料の価値転嫁ではなく，加工完了品及び排出物（廃棄物）それぞれを構成する原材料構成に基づいてコストを評価する点にある．また，コスト評価の基礎となる物量データがマスバランスによって収集されることから，伝統的な原価計算，例えば，組別総合原価計算とも異なる．さらに，ABC（Activity Based Costing：活動基準原価計算）は活動を基準（ドライバー）として原価計算することから，非付加価値活動のコストを算定することが

目的で，廃棄物などの資源のムダをコスト評価するMFCAとは全く視点が異なる．

MFCAにおける最も重要な視点は，価値ではなくマスバランスである．例えば，1個の製品製造に主原料100kgが投入されても，必ずしも100kgすべてが製品を構成するわけではない．したがって，製品を構成しなかった主原料は排出物（廃棄物）である．また，図1.4.1で明らかなように，補助材料などは多くの部分が排出物（廃棄物）になる．このような排出物（廃棄物）を「負の製品」として認識し，購入原価などで評価する．例えば，負の製品における材料費の内訳としては，「排出物・廃棄物倉庫」へフローする「材料くず」・「使用済み補材」などがあり，そのマテリアルの物量データに基づきコスト評価され集計されている．（より詳しいMFCAの手法説明及び計算方法は中嶌・國部（2002）などを参照していただければ幸いである．）

その結果，たとえば，MFCAからみた図1.4.1の製造工程の実態が，次の図1.4.2のように正と負の製品原価によって明らかとなる．図1.4.2の場合には，当該製造工程では市場で販売できない負の製品を，17%の製造コストを要して

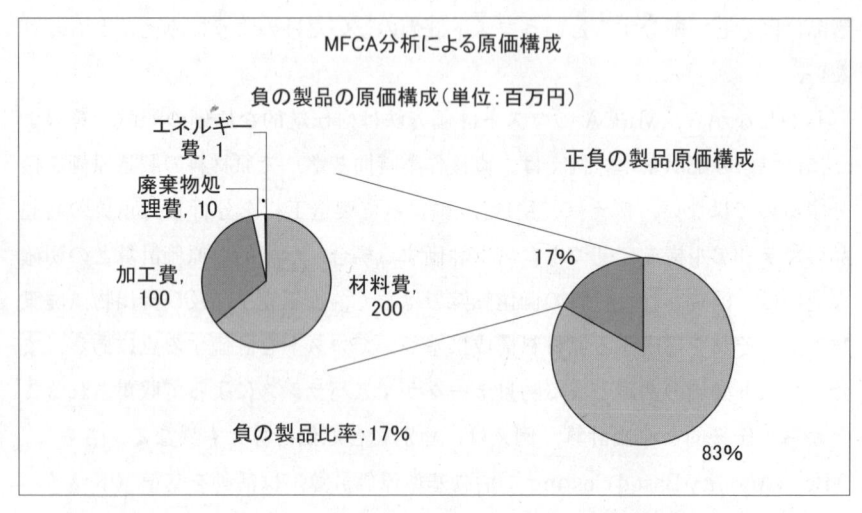

図1.4.2 MFCAで明らかとなる正負の製品原価構成

製造していると評価できる．

　以上，伝統的原価計算との違いからMFCAの基本的な考え方について説明した．しかしながら，MFCAから得られる情報は，製品製造時の工程別の原材料歩留り情報であり，既存の生産管理情報と従来の製品原価計算手法を基礎としたコスト評価手法を融合したものであると，一般的に解釈される傾向がある．また，MFCAで顕在化される負の製品情報は，製品の開発及び製造開始時の設計値の設定時などにおいて既に材料歩留り情報として分析され，さらにコスト評価による費用対効果分析も当然実施されているため，生産管理・工程管理情報という点ではMFCAは新しいものではないと判断されることも多い．

　ところが実際，企業の製造工程においてMFCAを導入し分析すると，これまで生産管理情報として認識されていなかった負の製品が，企業の予想以上の重要課題（そのコスト額の大きさ）として浮かび上がる．さらにはその負の製品を構成するマテリアルの排出を削減する改善が実施され，それによって，例えば，製品単位当たりの投入材料の量を削減することが可能となり，これまでの製造コストを数％下げるとともに，その削減分の製品収益率の向上を達成した企業も存在する．

　例えば，キヤノンの「サステナビリティ報告書2005」によれば，MFCAによって次のような成果を得ている．

　「キヤノン化成では，2004年から全職場にマテリアルフローコスト会計を導入し，職場主体の環境保証活動を展開．ロスの大きさと発生状況（物量と金額，発生工程等）を明らかにし，その改善に小集団活動などで全員で取り組み，大きな成果をあげています．マテリアルフローコスト会計の導入展開による資源生産性向上活動により，2004年は排出量削減1,800トン（40％削減）と処分費用の大幅削減やロス削減に伴う原材料の投入量（購入量）削減効果約1.2億円などの成果を上げることができました．その他，稼働率向上による生産増や設備投資の削減などの派生効果も得られています．」（46頁より引用）

　以上，製品単位当りの投入資源量を減らすことによるコスト削減は，製品収

益率のアップをもたらし，結果として実際の利益額のアップを達成，さらに生産性の向上も果たしたとある．2001年度経済産業省委託事業におけるキヤノンのレンズ工程でのMFCA導入事例をはじめ，ここで引用したキヤノン化成においても，MFCAの導入以前は杜撰（ずさん）な生産管理を実施していたわけではなく，おそらく「乾いた雑巾を絞る」と表現されるような改善活動に励んでいたと思われる．しかしながら，MFCAによって上記のような成果が得られたのである．

3. MFCAと比較した伝統的生産管理情報および管理会計情報の限界

ではなぜMFCAを導入することで大きな改善点が見い出せたのであろうか．推測すれば，既存の管理会計ならびに生産管理手法に限界があり，MFCAがその限界を超えた手法であるからだと考えられる．その限界点とは，例えば，①生産管理情報と製品原価計算との非連携，②分割された物量情報の限界，③コスト情報に依存することの限界などが挙げられる．

3-1 生産管理情報と製品原価計算との非連携

MFCAを導入する場合に，例えば，マスバランス（物質収支）に基づいたインプットとアウトプットの全マテリアルに関する，物量データを理論上必要とする．伝統的な製品原価計算（例えば，工程別原価計算）では，材料費は原材料の消費量とその単価を乗じて算出することから，その消費量であるインプットの物量データは把握されている．しかしながら，例えば，伝統的な原価計算では補助材料などの間接材料費が製造間接費として製造工程全体で管理される．したがって，MFCAに合わせた直接・間接の区別ないすべての材料に関する物量データの収集を別途必要とする．

ところが，実際の導入事例では，MFCAで必要とされるマスバランス情報はほとんど生産管理情報として生産現場などに点在している．ただ，確かにデータは点在するのではあるが，それらのデータは一つの理論，例えば，MFCAのようなマスバランスに基づく一つの体系として整理されているわけ

ではない．すなわち，データが存在するということとそのデータが体系的にマネジメントされているということは異なるということである．これは，マスバランス情報ほどの精度での物量データを，製品原価計算では必要とされないことに起因している．

3-2 分割されたマネジメント情報の限界

　また，例えば，製造工程での物量情報及び貨幣価値情報は，生産管理情報やコストマネジメント情報として存在する．そして，そのような情報を基に経営意思決定が実施されている．しかしながら，このような情報も大きくは職能や機能別に責任単位（範囲）ごとに分割されて管理されていることが多い．このように分割されると，その範囲での物量管理及びコスト管理に終始し，MFCAでみるような企業全体や製造全体という製造の始点から終点まで一貫した範囲での幅広い視野で当該範囲をみるということはできない．また，経営管理者も責任範囲以上の視野を持つことを必要とされていない．

　確かに，製造工程の設計や製品計画の設定時には，製品製造の始点から終点までという視野で，各工程での製造情報が分析され設定される．しかし，日々（時々刻々）の変化に対応するモノづくりへの対応は，この分割された範囲それぞれで実施されるのみで，製造の始点から終点まで一貫した範囲で全体的調整をされることはない．また，設計されたように仕事を果たすことが現場での責任なので，製造全体の不整合が生じたとしても，現場の努力で何かしらの整合性を見いだしているのが現状である．

　ところで，全体最適化は理論としては理解されても，日々の変化に合わせるというのは現実的には困難であるとされる．しかし，今日の情報システム技術の進歩を考えれば，このような調整と，調整を前提としたシステム設計は，可能である．システム化とは，単にコンピュータによる管理を意味するのでなく，全体の最適化を目指すべきである．

3-3 コスト情報に依存することの限界　―資源生産性の軽視―

　生産管理や他の経営意思決定においても，コスト情報に代表される貨幣価値情報は重要であり，意思決定の尺度である．製造工程など企業内部における貨

幣価値情報は,原価計算や管理会計によるコスト評価手法によって算定される.このコスト評価は,マテリアルの消費や作業量など物量データを基礎として金額に評価される.したがって,MFCAのように物量次元での変化や影響を表すものとして理解される.

しかしながら,実際には個別のデータの標準化が実施されており,設計値を前提として現状把握していたり,代表値を使っていることから,時間とともに標準と実態との乖離(かいり)が大きくなる.また,コスト情報は物量と貨幣価値の混在データであることから,単価などの金額面での変化が実態の変化として都合よく誤解される.また,例えば,前述のような標準に基礎付けられた標準原価が製品原価の基礎となっていることから,標準原価こそが原価目標の基準で利益目標の達成に結びつく管理対象となり,MFCAで対象とするマテリアルは二次的な管理対象となり,さらには資源生産性の向上ではなく原価削減(経済性)が目標となる.

このように伝統的な生産管理や管理会計手法ではコスト(貨幣価値)重視のマネジメント情報に傾注されているのに対して,これまで配慮されてきたはずの,現実には隠れた情報である物量データを基礎としたコストマネジメントツールとして,MFCAはコスト削減に役立っている.伝統的生産管理や標準原価計算に代表される管理会計手法も本源的にMFCAのような物量次元でのマネジメント情報は持っていたが,現実的にはその機能が失われているといえる.また,MFCAのマスバランスとコスト評価の融合というコンセプトによってのみ,この物量次元と貨幣価値次元との融合が達成可能であると考えられる.この融合こそが,MFCAが持つ新たな管理会計ツールとしての有用性の源泉である.

4. MFCAにみる環境管理会計の可能性

先にも述べたように,MFCAの管理会計的な有用性は,管理会計の本源的な物量管理と貨幣価値管理の融合という課題に応えたものであると考えられ

る．したがって，MFCA は環境管理会計ツールというよりも管理会計ツールであるということもできよう．

しかしながら，環境管理会計と既存の管理会計とを比べた場合には，環境管理会計，特に MFCA は既存の管理会計を超えるツールであり，新たな管理会計領域を発展させるマネジメントツールであると考えられる．これまで既存の管理会計の領域は，過去計算に対する未来計算，外部報告に対する企業内部利用での有用性などに焦点を当ててきた．ただ現実には，未来計算の一つとして，標準設定による見積計算である標準原価計算は，先にも述べたように過去の標準若しくは架空の現実を反映したものであり，実務において今若しくは将来を表すものであるとはいえない．また，今日ではサプライチェーンなど多企業間なども管理会計の範囲として議論されているが，一般的には個別企業を範囲とした利益最大化という目的達成のための意思決定支援ツールである．

それに対して，MFCA では，「まさに今」のマテリアルフローをどれだけ正確に表すかが作業の第一歩であり，その「今」の姿をコストで評価することによって，今の活動に有用な情報を与えることが目的である．当然のことながら，「今」は刻一刻と将来に向かって変化するので，その変化に応じたマテリアルフローの変化を観察し，変化に対応する MFCA 情報を提供する．このようなジャストインタイムな情報の対応は，システム化によって達成可能であると考えられる．

また，MFCA は環境管理会計という視点から，マテリアルのフローを追跡し，資源生産性を向上させることや，資源の無駄を解消することを目的としている．したがって，本源的に個別企業の利益（貨幣価値）の最大化という限られた範囲設定を前提としていない．ライフサイクルのように，例えば，資源の発掘から製品の廃棄，さらにはリサイクルまでを本来的に対象としている．ただ，現実的には資源生産性の向上を達成する主体を企業と設定し，MFCA を導入することから，個別企業を対象とした MFCA が展開しているのである．

したがって，個別企業での MFCA の導入によって，その分析範囲は自然と個別企業を超えてサプライチェーンへと拡張し始めている．資源生産性が向上

すれば，一般にコストは低減することから，個別企業でのマテリアルの無駄を削減するために，上下流の企業にMFCAを拡張し，無駄の原因を突き止めようという企業活動が広がってきている．ただし，この場合に資源の無駄が発生している場所とその原因となっている場所が，例えば2企業間にまたがっているときに，原因を取り除くためのコスト負担者と無駄が解消したことのベネフィットの享受者がそれぞれ別企業になることがあり，その調整が必要となる．このような調整が必要であることから，MFCAのサプライチェーンへの適用が現実的ではないかのように思われるが，環境配慮という観点から資源生産性の向上を目標に積極的に取り組む事例もある．お互いの壁を破ることで，新たな価値の創造，コスト削減が実現できている．

例えば，キヤノンのレンズ工程でのMFCA導入による派生効果として，硝材メーカとのサプライチェーンにおけるMFCA分析がある．Anjo（2006）によれば，硝材メーカへのガラス材のインプットからキヤノンのレンズ工程の完了のアウトプットまでを，企業の枠組みを超えてMFCA分析している．

その結果，既存のレンズ生産では，硝材メーカのインプットを100％とすれば，キヤノンでのレンズ加工完了品にいたっては約10％にまで目減りすることが判明した．これを両社で改善・革新することにより，約33％がレンズ加

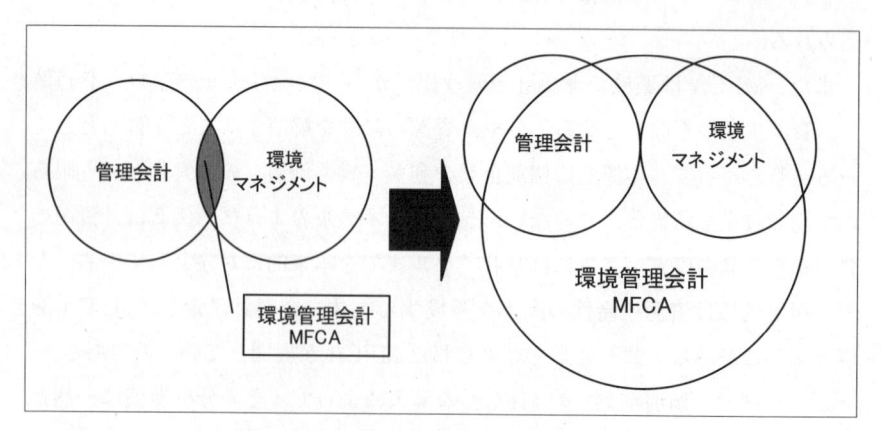

図1.4.3　環境管理会計の位置づけの変化

工完了品となるようになった．

　このことは，硝材メーカ及びキヤノン両社にとって，大きな経済効果をもたらす結果となっている．このようにMFCAはこれまで容易に達成できなかった価値連鎖の中でのサステナブルマネジメントを達成することが可能なのである．

　ところで，これまでは環境管理会計を図1.4.3（図の左側）のように既存の管理会計と環境マネジメントとの接点に位置付け，その有用なツールとしてMFCAを評価していた．しかしながら，本稿で説明したように，環境管理会計，特にMFCAは，図1.4.3（図の右側）で示したように，これまでの伝統的な管理会計の範囲を容易に超え，かつ複数企業間またはサプライチェーンでの利益機会を創造することが可能である．また，マテリアルがフローする範囲にMFCAが導入可能であることから，使用時の主体者である消費者や社会的コストを負担する社会（理論的には国際社会も含む）をも視野に入れた管理会計情報を提供することが可能であると考えられる．その意味では，これまでの管理会計を大きく発展させる契機となるのが環境管理会計の発展であり，その結果，より広範で洗練された管理会計がMFCAというツールとともに形成される．この新たな管理会計が環境管理会計における環境負荷低減という課題を解決する機能を備えたものであることはいうまでもない．

5. おわりに

　本章では，まず，MFCAの特徴と基本的な考え方を説明し，環境管理会計，特にMFCAの管理会計手法としての有用性を説明した．資源生産性の向上をキーポイントとして，環境負荷の低減とコスト削減を同時に達成し，製品の収益性向上が企業への大きな利益貢献となることを具体的事例を踏まえて解説した．今後，経済産業省の委託事業などで実施されるMFCAの普及事業によっても，これまで同様に大きな成果が生み出され報告されるであろう．

　また，MFCAと比較検討した場合の，既存の生産管理並びに管理会計手法

の持つ限界点について述べた．第一点目として，生産管理手法と製品原価計算それぞれで必要とされる物量データが異なり，それぞれが独立に機能しているため，MFCAで対象とされるデータの大部分を企業は持っているにもかかわらず，統合的に機能していないということを説明した．次いで，MFCAは物量次元でのマスバランスを対象とすることから既存の生産管理手法と重なると思われるが，実際には物量データは管理責任単位で分割管理されており，MFCAのようにプロセス全体を見通すような一気通貫で体系的に分析されることは日常的にはないということを指摘した．最後に，企業は利益最大化を目的としていることから，貨幣価値を表すコスト情報に依存若しくは左右されることが多い．本来，標準原価はMFCAと同様にマテリアルフローに基づきコスト設定することから，その標準原価はマテリアルフローを表しているかもしれない．しかしながら，一般的な標準原価は物量及びその変化を忠実に表すことはできず，また，標準設定及び見直しが今を起点に日常的に実施されることでないことから，現実のマテリアルフローと乖離するという限界について説明した．

これまではMFCAを環境マネジメントと管理会計を統合する小さな管理会計の一領域と考えられていたが，そのような限界を持たないMFCAの理論的及び実務的発展によって，管理会計の大部分を包含するまでに拡張していることを述べた．ただ，もともと管理会計に領域設定があるわけでもないことから，既存の管理会計を新たな段階へと進化させるツールとしてMFCAがあり，MFCAを基礎とした新たな管理会計が展開するとも考えられる．

MFCAの環境管理会計は，資源生産性の向上という観点で，環境負荷を削減するという目的を企業が積極的に達成することをサポートしている．今後，より多くの環境負荷削減に向けたMFCAの改良が必要であると考えられる．

まずは，企業実務において高い効果があるMFCAを積極的に試し，その有用性を実感することが，環境経営・サステナビリティ経営の第一歩であると確信している．

（中嶌道靖）

5章　MFCAと経営管理活動への展開

1. はじめに

　経済産業省による環境管理会計プロジェクトを契機に，MFCAが環境経営のための技法として関心を集めつつある．しかし，MFCAを導入してもただちに廃棄物削減に向けた改善活動が活性化するとは限らない．なぜならMFCAは物質及びエネルギーの流れに関する物量と金額の情報提供ツールであり，具体的な改善活動は導入企業自身が遂行しなければならないためである．
　現在の日本では，MFCAを導入している複数の企業が1製品1製造ラインを対象とした導入実験の段階を超えて，継続的な運用と全社的な展開を行う状況にある．その一方で，MFCAの導入に当たって，一時的にせよ困難に直面する事例が存在している．
　MFCAは既存の環境管理会計ツールと異なり，原材料コストのマネジメントを通じて，企業の中心的な活動と環境保全を統合することが可能である点が大きな特徴である．しかし，MFCAに基づく意思決定が企業の中心的な活動への影響が増えるにつれて，製造現場における業務上の意思決定だけではなく，業務活動を支援する経営管理活動との関連が重要となる可能性がある．
　以上のような問題意識から，本章ではMFCAの導入及び社内展開における課題を業務管理及び経営管理という2つの側面から検討したい．まず，環境管理会計の先行研究から，マテリアルフロー情報を活用したマネジメントツールの意義と課題を明らかにする．次に，MFCAの導入及び社内展開を行う際の課題を企業の経営管理システムとの関連から検討したい．

2. 廃棄物削減と環境マネジメント

　環境管理会計ツールとしての MFCA の特徴は，次の 2 点に分類することが可能である．第一点は，物質及びエネルギーの流れを製造全体の視点から追跡する情報システムの構築である．第二点は原材料コストを中心とした廃棄物に対するコストマネジメントである．このうち第二点については，特に 1980 年代後半のアメリカから開発が始まったと考えられる（USEPA, 1988; 大西, 2006）．

　アメリカでは，有害物質排出登録（Toxic Release Inventory: TRI）及び汚染予防法（Pollution Prevention Act）といった環境法規制を背景に，有害化学物質の発生源における削減とリユース及びリサイクルについての取り組み状況と成果を報告することが義務付けられた．

　廃棄物の削減及びリサイクル活動は汚染予防活動と呼ばれており，1980 年前後から汚染予防のための手引き書が複数発行されている．その中で，通常の

表 1.5.1　廃棄物コストの計算例

コスト要素	千ドル/年	千ドル/年
マテリアルコスト		
標準に埋もれたロス	4,026	
マテリアル利用差異（有利差異）	(455)	
スクラップになるマテリアル	198	
在庫ロス	261	
トータルのマテリアルロス		4,030
労働コスト		
スクラップ作業の労働	117	
トータルの労働		117
廃棄物ハンドリングと廃棄処理コスト		
企業内廃棄物ハンドリングの労働コスト	43	
廃棄処理	106	
トータルの廃棄物ハンドリングと廃棄処理コスト		149
廃棄物のトータルコスト		4,296

出所：Rooney (1993) p.268.

原価計算では他の費目に隠れている廃棄物コストの計算（表1.5.1）は，汚染予防活動における実行可能性分析のための手法として位置付けられている．

廃棄物コスト計算はMFCAに近い手法であるが，いくつかの点で違いがある．まず，廃棄物コスト計算では，計算対象となるコストの範囲に製品原価が含まれていない．また，廃棄物に伴うコストは①投入物質のコスト，②廃棄物の内部管理，及び③外部処理コストであり，廃棄物として処理される以前の加工コストは含まれていない．さらに，物量情報の集計方法などの点でも違いがみられる．

しかし，廃棄物コスト計算の開発は，環境会計の領域において非常に重要な意味を持っている．なぜならば従来のエンドオブパイプに基づく環境マネジメントではなく，廃棄物の発生源である製造工程を直接管理することの重要性を，会計数値を用いて明らかにしたからである．

3. マテリアルフロー情報のコストマネジメントへの活用

1990年代後半のアメリカでは，廃棄物コスト計算を利用して，製造部門が廃棄物の削減活動を実施するためのコストマネジメントモデルが開発されるようになった．そのための手法が，廃棄物コスト計算に品質管理ツールを援用したシステムズ・アプローチである（USEPA, 2001）．

システムズ・アプローチは，マテリアルフロー情報に基づく廃棄物コスト計算を用いた環境管理手法であるが，改善活動を実施する際に品質管理ツールを積極的に取り入れている点が特徴的である．品質管理ツールは既に製造部門で使用されており，汚染予防活動の実施に対する抵抗を減らすように設計されている．

システムズ・アプローチを提示したUSEPA(2001)は，企業の中心的な活動において環境保全を考慮すべきであると強く主張している．そのためには，環境保全活動は環境の専門家だけが活動するのではなく，製造プロセスに直接かかわる従業員が主体となるべきであると指摘している．

ただし，製造現場の従業員でも，工場内のすべてに精通しているとは限らない．そのため，マテリアルフロー情報に沿って製造プロセスを分析することで，いままで見落とされていた廃棄物削減のための改善を実行することが可能になるのである（Pojasek, 1996）．

廃棄物削減活動を実施する際には，まずマテリアルフロー情報が図面化される．システムズ・アプローチでは独自の図面化の方法として，プロセスマップが提案されている（図1.5.1）．一般的なマテリアルフロー図は，工程の内容に応じてあまりにも複雑になりかねない．そこで，プロセスマップの作成を通じて，複数の工程をツリー状にまとめて，一度にみる情報量を圧縮することが推奨される．

プロセスマップでは製造工程の作業段階ごとにマテリアルフローの物量情報と金額情報が記録される．さらに個別工程ごとの品質管理文書及び環境管理文書とも連携がとられる．

プロセスマップにおける物量及び金額情報の集計単位ごとに，廃棄物コストの計算が行われる．廃棄物コストの集計では前述の分類に沿って，①失われた原材料のコスト，②廃棄物の社内管理コスト，③外部処理コストが識別・集計される．

システムズ・アプローチに基づいて廃棄物コストを計算する際の一つの特徴は，廃棄物に対する社内管理コストの計算に活動基準原価計算（Activity-

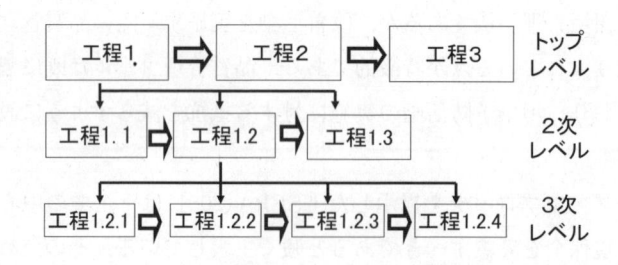

出所：USEPA（2001）p.54を一部改変

図1.5.1　工程マップの階層的な展開

Based Costing：ABC）を援用している点である．製品ごとに発生する廃棄物の種類と量が違うため，これらの処理を間接費として一括して集計するのではなく，個別の処理活動ごとにコストを詳細に計算することが必要とされる．

集計されたコストを基に，改善箇所の優先順位が検討される．そのための手法として品質管理ツールの一つであるパレート図が利用される．パレート図では，廃棄物の発生箇所が金額の大きい順に棒グラフで表示される．USEPA (2001) は，全体の2割の原因が，結果の8割を決定していることが比較的多い（パレート原則）ことを指摘して，重要性の高い箇所から改善を行うべきであると主張している．

その後，個別の改善箇所について特性要因図（フィッシュボーン・チャート）を用いた原因分析が行われ，根本的な分析が行われた後で改善策が立案される．改善策の立案段階では，システムズ・アプローチはブレーンストーミングよりも，自由な討議で出てきたアイデアを書き留めるブレーンライティングを推奨している．

立案された改善案はクライテリア・マトリックスを通じて選択される．最後に汚染予防計画が立案されることになる．

4. マネジメントツールの導入に対する障害

システムズ・アプローチを提示したアメリカ環境保護庁の報告書は，廃棄物削減活動の手引き書であり，システムズ・アプローチの導入に関する法的拘束力はない．そのため，システムズ・アプローチで提示された廃棄物削減のためのマネジメントモデルには，企業が導入する際の負担を軽減するために2つの観点からの配慮がなされている．

第一点は，製造プロセスにおける既存のマネジメントの仕組みをできるだけ変えないようにしている点である．そのため，廃棄物に関するマテリアルフロー情報と金額情報が提示された後の改善活動の段階では品質管理手法を利用している．

第二点は，変更された部分はできるだけ簡素化して直観による理解が容易になるようにしている点である．そのため，マテリアルフロー情報を表示する仕組みであるプロセスマップでは，一度に表示する工程を少なくするためにツリー状に展開できるような表示方法を採用している．

　ただし，上記の2点で導入に伴う問題がすべて解消されたわけではない．USEPA(2001)はシステムズ・アプローチを導入するためのもっとも大きな課題は，企業内の変化に対する抵抗の克服であることを指摘している．

　環境管理会計の導入に伴う組織的な側面の課題を検討した研究は少ない．しかし，例えばサプライチェーンにわたる環境管理会計について議論したアメリカ環境保護庁の報告書（USEPA, 2000）では，環境管理会計の導入プロセスにも言及している．導入を促進するための代表的な事項を要約すれば，以下のようになる．

①職能横断チームの利用
②可能な範囲での経営者の支援
③社内の他の事業所や他社のベンチマーク
④過去の組織変革の試みのレビュー
⑥導入初期の試験導入とその後の社内展開
⑦適切な教育訓練

　さらに，ツールの導入に対する組織的な促進要因と阻害要因に関する研究対象を，一般的な管理会計の領域にまで拡大して検討するならば，谷編（2004）をはじめ管理手法の導入に伴う組織変化に対するマネジメントの研究が参考になろう．

　しかし，MFCAを環境経営の支援ツールとして位置付けるならば，導入プロセスに加えて，もう一つの重要な課題がある．それは，MFCAを利用した廃棄物削減活動を企業のシステムにおいてどのように位置付けるかという問題である．

5. MFCA の社内展開と経営管理システム

　MFCA の特徴は，環境保全活動の枠を超えて，生産活動の意思決定に影響を与えることが可能なことである．しかし通常は，製造部門は標準原価計算に基づいて予算配分や業績評価が行われるため，意思決定も標準原価計算で計算された業績を前提に行っていると想定される．そこで問題となるのは，MFCA をどの程度利用するかという点である．

　MFCA は単独の廃棄物コスト調査プロジェクトとしての利用にも有効であると考えられる．しかし，継続的な利用及び社内展開を目標として MFCA を導入するならば，企業内部の経営システムとの整合性をいかにとるかが課題となる．

　アンソニー他によれば，企業の計画及び管理の機能は，①戦略形成，②経営管理，及び③業務管理という3つの階層から構成される（図1.5.2）（Anthony and Govindarajan, 2003）．上記の機能の中で MFCA の運用及び展開という観点からは，戦略を業務に展開する経営管理活動との関連が重要となる．

　経営管理は，管理者が企業行動のパターンを維持又は変更するために活用する，情報をベースとした公式的な手順と手続き（Simons, 1995）として定義される．代表的な経営管理活動として，予算管理や業績評価が挙げられる．

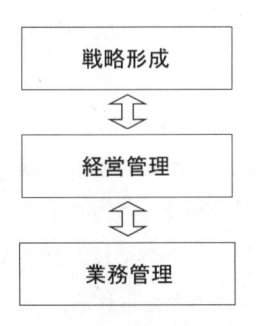

```
┌─────────┐
│ 戦略形成 │
└─────────┘
    ⇅
┌─────────┐
│ 経営管理 │
└─────────┘
    ⇅
┌─────────┐
│ 業務管理 │
└─────────┘
```

出所：Anthony and Govindarajan（2003）p.7 を一部改変
図1.5.2　計画とコントロールの階層

MFCA を導入する日本企業の多くは，1製品1製造ラインにおける廃棄物の物量と金額の調査から導入を開始している．このように初期のプロジェクトとして廃棄物削減活動を実行する場合には，廃棄物削減のための改善案の立案及び実行という，業務管理上の活動が中心になる．

しかし，MFCA をプロジェクトとしての業務から通常の業務としての位置付けに切換える段階で，既存の業務をコントロールしている経営管理システムとの関連が問題となる．なぜならば，多くの企業は，財務会計と連動した標準原価計算による数値を前提に経営管理システムを構築して，意思決定及び業績の評価を行っていると考えられるためである．

従来の標準原価計算による管理思考は，特にロスの概念において MFCA による管理思考とは大きく異なっており，この問題は製造現場において管理可能性の問題として端的に現われる（國部, 2007）．したがって，何らかの方法によって MFCA による管理思考と経営管理システムを整合させない場合には，設備投資案や活動業績の数値が社内に対して説得力を持たず，従業員が改善活動に MFCA 情報を利用するための動機が失われかねない．

このような課題を克服して MFCA を全社で展開する場合には，MFCA によって計算された改善目標及び実績の数値が企業戦略としての環境経営と整合するように，従来の経営管理の内容を部分的に変更することが必要と考えられる．そのための手段として，MFCA に関する会議への経営トップの積極的な参加を通じた情報共有や，MFCA による計算結果が反映されるような予算目標の設定及び業績評価システムの構築が挙げられる．

MFCA は新しい環境会計手法であるため，MFCA を経営管理に落とし込むような事例に関する研究はほとんどない．しかし，例えば田辺製薬では，MFCA の年間の実績報告会に経営トップが参加している（河野, 2006）ように，導入及社内展開に成功している企業では，何らかの形で MFCA と経営管理システムの統合が行われていると考えられる．

6. おわりに

　MFCA は，製品の原材料コストのマネジメントという観点から廃棄物削減の意思決定を支援する，非常に独自性の高い環境管理会計手法である．「環境の視点を企業活動の隅々にまで浸透」(國部, 2004) させるという環境経営の目的を達成するために，製造工程の改善と密接にかかわることができる MFCA が，貢献できる可能性は少なくない．しかし，MFCA は情報提供を目的とした手法であるため，企業の具体的な改善活動を導くためには，マネジメントの側面における仕組みが必要となる．

　本章では，業務管理及び経営管理という2つの観点から MFCA の導入及び展開の課題を検討した．その結果，廃棄物コスト情報をコストマネジメント応用するための手法として，品質管理手法を援用したアメリカのシステムズ・アプローチを提示した．さらに，MFCA の社内展開における課題として，予算管理や業績評価といった既存の経営管理システムとの統合によって，MFCA 情報を利用した廃棄物の削減活動を積極的に評価する必要があることを指摘した．

　MFCA に関する研究では情報システムとの関連や業務改善の事例が特に注目されることが多い．しかし，導入及び社内展開に成功するためには，業務改善を促進する経営管理システムにも注目することが必要である．MFCA は新しい手法であるため，現段階の研究が十分であるとはいえない．しかし，現在は独立した分野として認識されている MFCA と環境予算及び環境業績評価との統合も視野に入れるならば，将来的にこの領域の重要性はいっそう高まると考えられる．

（大西　靖）

6章　MFCA と TPM

1. はじめに

　ロスの"見える化"という点で，TPM (Total Productive Maintenance) は，負の製品コストを"見える化"する MFCA と親和性が非常に高い．また，TPM は MFCA で発見されたロス削減のための具体的方法論を多く提供するものである．さらに TPM のロス概念は，MFCA の発生コストとしてのロスに加えて，資源の活用を時間軸でとらえた機会コスト概念を内包し，MFCA の正の製品コストの中に含まれる"隠れたマテリアルロス"を発見するにも有効である．本章では，TPM の全体像を紹介するとともに，対象とするロス概念とその MFCA との違い，ロス改善手法について解説する．

2. TPM とは

　TPM は，設備保全，特に PM (Preventive Maintenance：予防保全) 活動から始まり，その後事業場全体の取り組みとして体系化され，1971 年に TPM というネーミングがわが国で誕生した．以来 30 年余り，わが国のみならず全世界の生産効率向上に寄与してきた．TPM の本質は，設備から生産システム全体にわたる生産効率の阻害要因を除く活動にある．その基本は，
　①原理・原則に基づくあるべき姿と現状との比較からのロスの顕在化
　②摘出されたロスを排除するための改善努力
　③それを組織・個人で行うためのしかけと人材育成
にある．これを効率的に遂行するためのステップ展開（例えば，自主保全の 7 ステップ）や推進ガイド（例えば，TPM 展開の 8 本柱）がうまく整備され，

改善努力を短期に経営成果に結びつけることができることで知られてきた．

2-1 **TPMの8本柱**

TPM活動の典型としては，以下に示す8本柱を掲げて活動が展開される．

①自主保全：設備を使用するオペレータ自身が，清掃・給油・増締め・点検などの保全活動と，ロスを排除するための改善活動を行うことによって，設備に強い人づくりをする活動である．5S（整理，整頓，清掃，清潔，躾）に始まり，自主保全の7ステップ展開が知られている．

②個別改善：あるべき姿から定義される設備の6大ロス削減や，事業場の特性に応じたロスを発掘・定量化（金額）した上で，それを排除・改善するためテーマ別にプロジェクトを編成し，ロスゼロを目指す改善活動である．

③計画保全：専門保全部門のTPM活動であり，BM（Breakdown Maintenance：事後保全）からPM（予防保全），そしてCM（Corrective Maintenance：改良保全），TBM（Time Based Maintenance：時間基準保全）からPM（Predictive Maintenance：予知保全）あるいはCBM（Condition Based Maintenance：状態基準保全）への移行や，保全費の削減，自主保全支援の活動である．

④品質保全：不良を出す元である設備劣化の復元から始まり，不良の出ない条件設定をし，その条件を維持管理することによって不良をゼロにする活動であり，8の字展開などの方法が知られている．

⑤初期管理：設備・製品の源流管理である．設備では，"使いやすく故障しない設備"をつくり込むために，保全記録などのTPM活動をとおして収集されるMP（Maintenance Prevention）情報を収集し，それを設備設計に反映するMP設計が活動の核となる．

⑥管理・間接効率化：管理間接部門の活動であり，自部門のロス（事務ロス）の削減・改善と，生産計画や決算といった生産などの現業部門を支援するプロセスやシステムで発生するロス（業務ロス）の削減・改善する活動からなる．

⑦教育訓練：TPM活動や業務のレベルアップのための人材育成やモラール向上を図る活動であり，後述する総点検教育や保全道場によるスキルアップ，

機械保全士等の資格取得，多能工の育成などが活動の中に含まれる．

⑧安全衛生・環境：危険予知活動やヒヤリハットの経験から本質安全化を図るために様々なポカヨケ対策や，環境対応ではゼロエミッションや環境負荷軽減を目指した3R（再利用・削減・リサイクル）活動がなされる．

これらの柱ごとに定量化された目標を掲げて，部門横断的な専門部会（プロジェクト）と，重複小集団と呼ばれるトップからオペレータまでの事業場全員をカバーする階層別グループ職制が構成され，ロス削減の目標達成のための活動が駆動される．

2-2 自主保全の7ステップ

人材育成という立場からは，オペレータが自分の設備は自分で守るという自主保全に最大の特徴がある．そのために，

①初期清掃
②発生源・困難箇所対策
③仮基準作成
④総点検
⑤自主点検
⑥標準化
⑦自主管理の徹底

からなる自主保全の7ステップ展開が定型化されている．

まず，設備や機械を分解し清掃することで様々な不具合の発生源や欠陥・劣化が顕在化される．それらの箇所にはエフと呼ばれる紙片が張られ，復元や改善を行うことでそのエフが取られる（エフ付けエフ取り活動）．そしてその後の点検や維持を容易にするために，様々な目でみる管理やポカヨケのための"からくり"が考案される．簡単なものでは，ボルトの緩みが一目で分かる合マーク，設備の中の状況が分かるカバーの透明化，配線や配管の種別が分かるような色管理と中を流れる物質の流れの方向指示表示，設備の発熱を検知するサーモラベル，そして欠品が一目で分かる工具・備品の姿置きなどである．

このような過程で，改善された清掃・点検方法などの一つ一つの事例を，ワ

ンポイントレッスンと呼ばれる1枚のシートにまとめ，それを掲示することで職場全体にその知識を伝達するという教育方法がとられる．そして第四ステップ総点検では，設備の構造，機能を原理・原則の立場から学び，潜在化していた欠陥を顕在化してあるべき姿に復元・改善する力が養われる．機械要素・潤滑・空圧・油圧・電気・駆動・設備安全・加工条件などの項目についてオペレータの教育が行われ，これにより設備だけでなく品質やロス削減にも大きな改善効果が得られる．

また，生産部門だけでなく，間接部門や営業部門では，それぞれの仕事に合った自主保全のステップや，ロスの定義による改善活動が展開される．

2-3 TPMの組織的導入と賞制度

TPMの組織的導入に当たっては，(社)日本プラントメンテナンス協会(JIPM)が組織化しているTPM優秀賞受賞レベルまでの12ステップからなるガイドラインがあり，通常3年程度での達成が期待されている．自主保全でいえば第四ステップのレベルに達していることに相当する．多くの受賞事業場

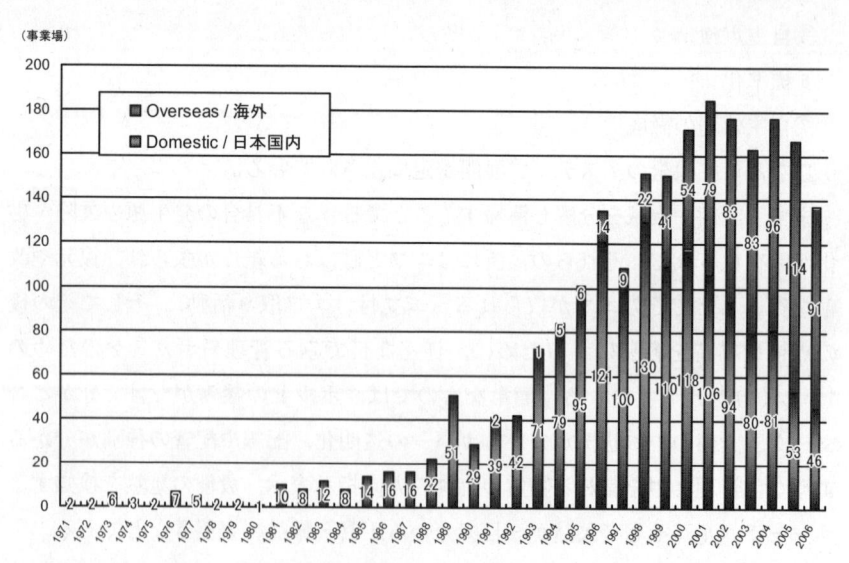

図1.6.1 TPM優秀賞の受賞事業場数の推移（日本プラントメンテナンス協会提供）

はそこまでをパートⅠと位置付け，引き続きパートⅡ，パートⅢとして上位賞を目指して継続する場合が多い．TPM優秀賞には，第1類と，中小企業を対象とした第2類，そしてそれぞれの継続賞に加えて，特別賞，アドバンスト特別賞，さらにワールドクラスなどの上位賞がある．なお，2008年度から賞体系の改定が予定されている．

図1.6.1は，1971年以来，2006年度までの年度ごとの受賞事業場数の推移を，国内と，海外区分とともに示したものである．これまで2283の事業場が受賞し，業種別には激しい競争と厳しい品質・コスト競争にさらされている自動車部品・輸送機器を筆頭に，機械加工組立産業・装置産業のすべての業種に浸透している．特に2000年前後から，毎年150以上の事業場が受賞し，中でも全世界にわたる海外からの受賞事業場が急増していることが分かる．

3. TPMのロス概念とMFCAとの違い

TPMでは，生産効率の極限を追求するという立場から，あるべき姿と現状の乖離(かいり)がロスと定義され，金額換算し，その削減額を改善目標とすることによ

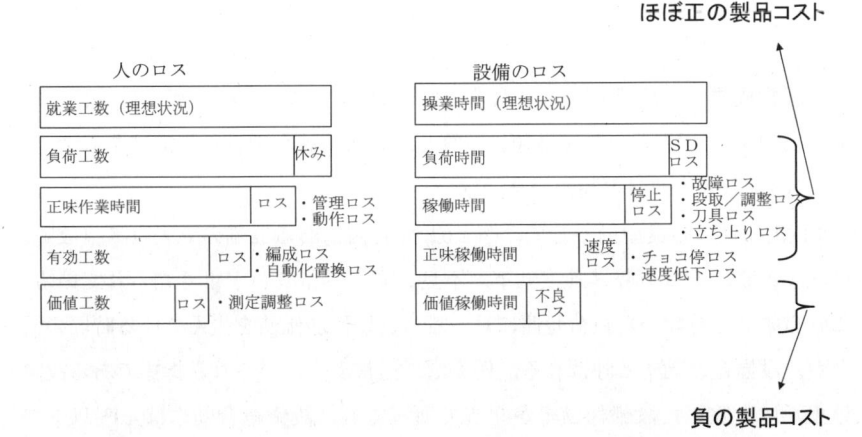

図1.6.2 TPMのロス概念とMFCAの正負の製品コストとの関係

表 1.6.1　TPMにおけるロス削減目標とコストダウン

	ロス項目・指標		00年 BM	03年 目標	ロス排除コストダウン目標（百万円）
一人当生産性 1.5倍	1 故障	故障件数／月	1	1／20	設備
	2 段取調整	時間稼働率（％）	78.8	92.5	
設備総合効率 90％以上	3 チョコ停	チョコ停件数／月	1	1／20	
	4 速度低下	性能稼働率（％）	80.4	99.5	324
設備故障件数 1／20以下	5 工程不良				不良
	6 立上り	良品率（％）	92.0	99.2	85
不良率 1／10以下	設備総合効率（％）		58.3	91.3	
	7 作業	組立作業生産性（指数）	1	1.5	171
クレーム件数 1／10以下	8 在庫	在庫月数（月）	1.56	0.60	107
	9 外注	加工賃低減、内製化			304
納期遵守率 100％	10 管理	事務の効率化とIT活用業務フロー革新			378
	11 設計	MP設計、DFM設計、コンカレント化			195
	12 物流	積載効率改善とルート変更			103
	13 原単位	エネルギー節約、歩留まり向上			97
災害件数 ゼロ	14 クレーム	品質保全強化	1	1／10	50
	15 納期	納期遵守率	95％	100％	32
	15大ロス総計				1846

って経営成果との直結が企図される．図 1.6.2 にロスの定義の概念図を，そして表 1.6.1 に発掘したロスを金額に換算し，ロス削減金額目標設定例を示す．

3-1　設備の6大ロスと設備総合効率

TPM のロスの典型例として，図 1.6.2 の右側にある設備の6大ロス（故障，段取・調整，チョコ停，速度低下，不良，立上歩留り）がよく知られている．これらすべてを除いた負荷時間に対する，真に付加価値を生んでいる時間の割合が，設備総合効率と呼ばれる．例えば，通常よく用いられる指標である故障停止だけを除いた設備稼働率が 95％ であっても，設備総合効率は 40％ 以下であることが多く，これを 85％ 以上にするというような改善目標が設定される．

3-2 ロス概念の拡大と削減活動

最近では，設備の6大ロスに，人のロスやマネジメントのロスを加えた16大ロスというように，事業場の特性を反映したロス概念とその金額換算によって，個別改善を中心とするロス削減活動が展開されることが多い．表1.6.1の例では，15大ロスが定義され，それぞれのBM（基準年）の指標値と，3年後の目標値と，その差を金額換算しロス削減金額目標を掲げている．ロスの金額換算には，ロス・コストツリーと呼ばれるロスとコスト費目との関係を示したマトリックスを用いて，それぞれのロス指標から金額への変換がなされる．

要するに，TPMにおけるロスとは，事業場の全体の資源，すなわち設備・人・マテリアルについて，あるべき姿からみて無駄とされる発生コストに加えて，価値を生んでいない時間，すなわち機会コストをもターゲットとするロス概念である．それゆえ，事業場を取り巻く環境条件を考慮した機会コストとしてのロスを設定しなければ意味がなくなる．例えば設備の6大ロスを削減し設備総合効率を高めても，実際その設備を使用する仕事もそれに応じて増加しなければ，額面どおりのロス削減額は，実際のコスト削減や収益増に結びつかない．

3-3 MFCAのロス概念との違い：機会コストと製品コスト

MFCAが，製品の製造過程を一貫したマテリアルを中心とした実際に発生しているロスに着眼しているのに対して，TPMの場合には，それらを含むが価値を生み出さない時間概念，すなわち機会コストにも着眼している．無論これは目的の違いによるものであり，どちらがよいか，という話ではない．しかしながら，両者の違いを明らかにすることは，互いの手法をより有効にするために役立つと思われる．

図1.6.2の設備のロスは，設備が常に能力どおりに価値を常に生み出している理想状況からの乖離の時間をすべてロスとみなしている．したがって，表1.6.1にあるロス金額に変換する場合には，例えば段取・調整ロスがあれば，時間分の工数レートや減価償却費を乗じることによって算出される．無論，そこでマテリアルロスが生じればそれも加えることもあるが，主目的は時間価値

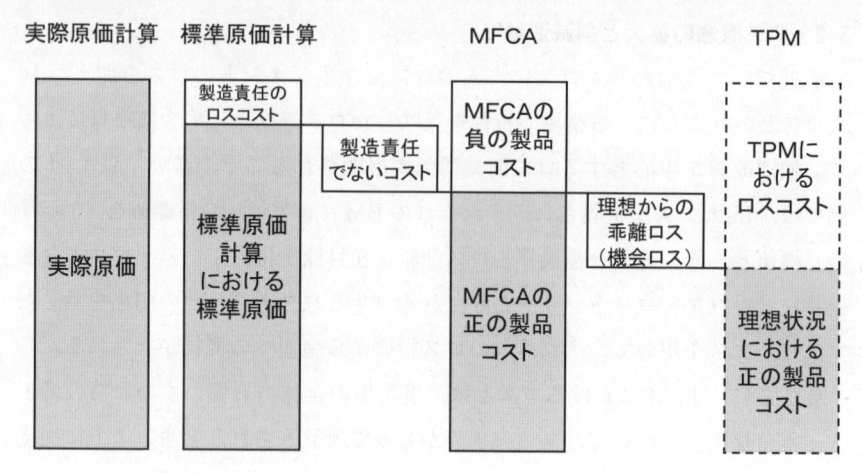

図1.6.3 原価計算とMFCA，TPMのロス概念との関係

の向上である．MFCAの正と負の製品コストの分類でいえば，6大ロスのうち，負の製品コストに相当するものは，不良及び立上歩留りだけであり，残りは正の製品コストに分類されているものである．

もし，MFCAにこのような機会コストも負の製品コストに組み入れようとするならば，例えば，段取・調整を物量センターとして各工程に設定すれば可能になる．しかしながら，少人化や自動化を阻害するTPMでは大変重要な着眼点であるチョコ停や，後述するマテリアルロスを生じさせないための速度低下まで考慮することは非現実的であり，目的に応じて使い分けるというのが自然であろう．

4. 標準原価計算・品質コストとTPMのロス

次に，MFCAに加えて，TPM活動に密接に関係する原価計算・品質コストの立場から，それぞれのロスとの関係を概観しておく．

4-1 標準原価計算との関係

MFCAとTPMの違いに加えて，標準原価計算におけるロス概念の違いを

まとめたものが，図1.6.3である．標準原価計算と実際原価計算の差は，主にバラツキに起因する製造部門原因のロスとして把握される．これに対してMFCAでは，製品にならないマテリアル及びその分に対応する投入されたシステムコスト・エネルギーコストが負の製品コストとして"見える化"される．そこには製品や設備設計に起因する，すなわち，設計部門や生産技術部門が責任を負うべきロスも含まれる．さらにTPMでは，時間概念を加えたあるべき姿としての理想と現実の乖離(かいり)をすべてロスとすることから，現状では正の製品コストのかなりの部分までロスとみなされる．マテリアルの機会コストの代表である在庫（原材料・仕掛品・製品）コストも，当然ロスとみなされる．

ただしこれは概念上の話であり，TPMは会計システムではなく価値向上のための改善であることから，あくまで設備ごとやライン全体としてロスが算出され，製品ごとにこれらのロス・コストを算出することは稀である．その意味で，図1.6.3のTPMの製品コストの部分は点線で示してある．

4-2　品質コストと"隠れたマテリアルロス"

マテリアルの"歩減り"の大きな部分を占める不良コストに関連したコスト管理概念として，品質コストがある．品質コストは，不良あるいは失敗を防ぐための予防コスト，外部への流失を防ぐための評価コスト，そして不良によって発生する失敗コスト（内部で発生するコスト及び外部に流出しクレーム処理に発生するコスト）がある．一昔前の欧米流の考え方では，失敗コストと予防・評価コストをトレードオフの関係ととらえて，品質コストを最小化するというのが主流であった．

環境負荷という立場からは，現在では無論否定されるべきものであるが，それ以前に「品質をよくすればコストも下がる」という考え方を定着させたのは，わが国におけるTQC（Total Quality Control: 全社的品質管理）やTPMであった．TPM活動に要するコストは，予防コストに相当する．TPM活動を導入すると，当初予防コストは増大するが，改善効果が出るにつれ失敗コストが減少し，やがて予防コスト・評価コストも減少し，トータルの品質コストが激減するという経過をたどるのが一般的である．それよりも重要なことは，その

図 1.6.4 の円グラフ部分(機会コストの内訳・品質に係るコスト・ロスの内訳):

機会コストの内訳
- その他 7.69, 2%
- リワーク 8.1, 2%
- 手待ロス 62.79, 17%
- 休止ロス 61.21, 16%
- 故障ロス 2.5, 1%
- 段取・調整ロス 141.18, 38%
- 速度低下 86.3, 23%
- チョコ停ロス 5.16, 1%

機会コスト 計 374.93(百万)

品質に係るコスト・ロスの内訳
- 設計ロスコスト 6.4, 1%
- 予防コスト 69.33, 14%
- 評価コスト 32.52, 7%
- 失敗コスト 11.53, 2%
- 機会コスト(製造ロス) 374.93, 76%

品質コスト
計 494.71(百万円)

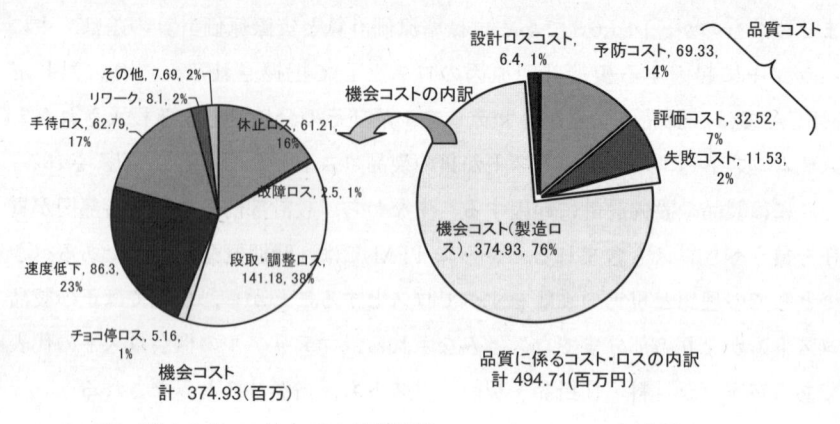

図 1.6.4 K社おける品質関連のコスト・ロスの調査結果

先に従来の品質コスト概念ではみえない"隠れた品質コスト"がみえてくるということである．

4-3 "隠れた品質コスト"の事例

図 1.6.4 は，"儲かる" TPM を旗印に全社で 10 年余りベストプラクティス活動を継続し，あらゆるロス・コストを"見える化"している印刷業の K 社の本社工場の品質にかかわるロスコストの期当たり数値の内訳を示したものである．その総額約 5 億円は，この工場の全操業コストの 41% に相当する大きなものである．品質にかかわるコストのうち，マテリアルロスに相当するものはわずか 2% でしかない．予防コストを含めた品質コスト総額も 23 % でしかない．大きな部分は，ここで製造ロスと呼んでいる機会コストである．なぜ，ここで機会コストが品質にかかわるコストなのであろうか．

一番大きな段取・調整ロスは，一定の品質を確保するための時間ロス（一部立上歩減りも含む）であり，二番目に大きな速度低下は，不良を防ぐために本来の設備の能力よりスピードを遅くすることによる乖離（かいり）分である．いずれもマテリアルロスを防ぐための時間であり，隠れたマテリアルロスである．このように TPM を追求すると MFCA だけでなく，欧米流の品質コスト概念をはるかに超えた"隠れた品質コスト"がみえてくる．

5. MFCAの改善手法としてのTPM

最後に，MFCAで"見える化"されたマテリアルロス削減のための手段としてのTPM手法を簡単に紹介しておこう．

5-1 PM分析となぜなぜ分析

TPMにおける改善活動手法の基本的な考え方は，5Sと加工原理などの物理的な原理・原則の適用を基本とした方法論であり，代表的な手法がPM（Phenomena Mechanism）分析である．

PM分析では，まず不具合現象（マテリアルロス）を発生させるメカニズムに基づき，その現象を成立させる条件が列挙される．次に列挙された項目ごとに，4M条件（設備（machine）・材料（material）・方法（method）・測定（measurement），場合によっては人（man）を加えたもの）との関連からの表現に落し込まれる．それと，実際の4Mの状況を調査することで，NG項目（正しい条件になっていない項目）を探し出すことよって原因の追求とその撲滅対策がとられる．

このように，PM分析を実施するためには，加工原理などの理論が不可欠である．自主保全の総点検での教育が重要になってくる所以である．また，実際にはPM分析を簡略化した"なぜ""なぜ"を繰り返し，原因を追究するなぜなぜ分析などが用いられることが多い．

5-2 QA・QMマトリックス

マテリアルロスとの関連が大きい品質保全については，現状把握から復元，不良を出さない条件設定，そして条件管理などの7つのステップを類型化した8の字展開と呼ばれる手順が用いられる．その過程では，どのような不良がどの工程で発生するかを調査し，それらの不良が，どの工程の設備や方法条件が崩れると発生するのかの関係を示したQA（Quality Assurance）マトリックスが作成される．同時に不良モードごとにPM分析などを用いたゼロ事例（不良ゼロ）を増やすという原因撲滅活動が展開される．

これらの活動をとおして不良を出さない新たな良品条件の設定が行われる．

品質特性ごとに，良品条件を維持する4Mの点検項目の内容を設定しまとめて示したものは，QM（Quality Maintenance）マトリックスと呼ばれる．その中で点検項目の内容で基準値を外れると必ず不良につながる設備部位はQコンポーネントと呼ばれる．当該部位にQコンポーネントであることが一目で分かるような表示と，点検箇所・基準値・点検周期を示したラベルが貼られる．これにより条件管理を徹底させようというものである．

5-3 DfX と MP 設計

また，製品設計や設備設計に起因する問題では，初期管理で対応がなされる．マテリアルロスを発生させた製品設計や設備設計の問題点を分析しその対策をデータベース化した上で，次の製品開発時に対策案を設計に盛り込む活動である．製品設計ではDfE（Design for Environment：環境対応設計）と同様なDFM（Design for Maunfacturability：製造容易性設計）で，そして設備の立場からはMP設計である．また，開発のなるべく源流で潜在的問題点を摘出するDR（Design Review：設計審査）活動，そして同時に開発期間を短縮するためのITによるシミュレーション技術を取り込んだコンカレントエンジニアリングなどがある．

6. おわりに

TPMは，無論環境負荷低減を第一に目指した活動ではないし，また会計手法でもなく，あらゆるロス・ムダを排除する活動である．しかしながら，環境負荷とコスト削減を両立させるMFCAの個々の企業での実践に，機会コストの導入などの様々な付加価値を加えたバリエーションを創造する可能性を与えるものである．そしてMFCAの"見える化"されたロスを改善するための有効な手法を提供するものでもある．

一方，ロスという共通概念の取り組みとして，TPM実践企業においてはスムーズにMFCAの導入が期待できよう．さらに，MFCAの工程を連鎖させた一気通貫的な透視図的な考え方は，ともすればどんぶり勘定的になりがちな

ロスの算出から，TPM活動をより系統的で精緻な取り組みにするために有効と考えられる．

（圓川隆夫）

7章　MFCAとLCAの統合と活用の意義

1. はじめに

　マテリアルフローコスト会計（MFCA）は，製造プロセスにおけるマテリアル（原材料とエネルギー）のフローとストックを物量と金額単位（コスト）で測定し，工程から排出される廃棄物を製品と同等の原価計算を行うことによって，企業経営にとっての経済的な大きさを把握する手法である．

　MFCAによって，製造現場で発生する廃棄物の経済的な価値を"負の製品コスト"として表すことで，ロスコストの"見える化"ができる．これは，モノづくりにおける廃棄物の排出量削減に向けた取り組みを，より促進させる効果がある．廃棄物の排出量削減は，原材料の使用量削減に直結し，企業にとっては原材料費や廃棄物処理費の削減などのコスト低減につながると同時に，資源消費量・廃棄物削減という環境負荷の低減につながる．しかし，MFCAにおける環境面の評価は，通常はマテリアルの投入物量や廃棄物の排出物量だけで，環境負荷の低減効果の正確な評価までは行うことが難しい．

　したがって，MFCAをモノづくりの経済性向上と環境負荷低減の同時実現をねらった環境管理会計手法としてより進化させるためには，MFCAとLCA（Life Cycle Assessment）とを組み合わせることにより，廃棄物削減による環境負荷低減効果を，より正確に測定することが望まれる．

　2006年度の経済産業省委託事業「MFCA開発・普及調査事業」では，このような観点からMFCAとLCAの統合化に関する調査研究を行い，サンデン，キヤノン，田辺製薬及び武蔵工業大学の伊坪氏の協力を得て，各社のMFCA計算事例のLCAを実施し，MFCAとLCAの統合化が有効であることを明らかにした．本章では，その成果を基にMFCAとLCAを統合することの意義

について解説する．

2. MFCAとLCAの統合計算の考え方

　MFCAとLCAを統合的に利用するためには，いくつかの点で，MFCAとLCAの計算の考え方に関する整合をとる必要がある．

　まず基本的に，MFCAはプロセスを対象とし，LCAは原則として製品を対象とする手法である．そのため，両者を，プロセス若しくは製品の，どのレベルで統合するのかを決定する必要がある．

　この点については，プロセスベースでも，製品ベースでもどちらでも可能であるが，MFCAを基準としてLCAを統合する場合には，プロセスベースが基準となる．MFCAの場合，製品を特定して計算を実施するケースがほとんどなので，特定の製品のある一定の生産量全体が統合計算の対象となる．これは複数製品を対象とすることももちろん可能であり，利用目的に応じて選択することができる．

　次に，どのレベルのLCAをMFCAと統合するかという問題がある．LCAは，周知のように，システム境界に含まれるプロセス全体の環境負荷量を環境負荷物質ごとに算出するインベントリ分析と，それらのライフサイクル全体で環境に与える影響を評価するインパクト評価（影響評価）の段階に区別される．

　この点についても，LCAとMFCAとは，インベトリ分析の段階でも，インパクト評価の段階でも統合することは可能である．しかし，MFCAでは，異なる環境負荷物質をコストという経済的価値の単一指標で評価している．したがって，LCAに関しても，異なる環境負荷物質の環境影響を統合化した単一指標で評価すれば，その相乗効果は大きくなると考えられる．経済産業省のプロジェクトでは，環境影響を社会的コスト（企業の外部コスト）として経済的価値に置き換えて評価できるインパクト評価手法であるLIME（Life-cycle Impact assessment Method based on Endpoint modeling）を採用して，

7章　MFCAとLCAの統合と活用の意義

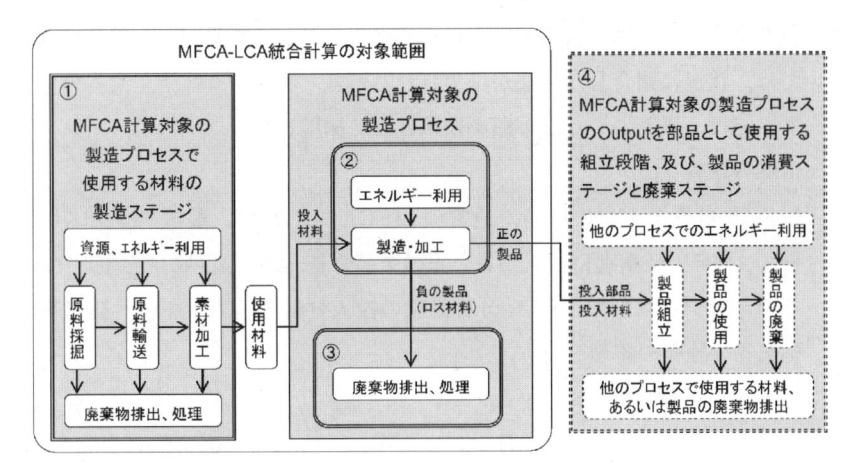

図1.7.1　MFCA-LCA統合計算の対象範囲

MFCAとLCAの統合を試みた.

　もう1点,LCAは,製品ライフサイクル全体を対象とするものであるが,MFCAと統合する場合,ライフサイクルのどの段階までのLCAデータを採用するのかも決定する必要がある.

　理論的には,すべての段階でのLCAデータはMFCAデータと統合可能である.しかし,MFCAを企業単位で適用する場合には,製品の使用・廃棄段階は計算に含まれていない.また,使用段階のLCAの計算は過度に複雑となるおそれがある.したがって,この段階はMFCAとLCAの統合計算からの枠外とし,製造段階(ただし,製造段階に生じる廃棄物処理の段階は含む)をその対象領域とした方が合理的である.

　この点を図示すると,図1.7.1のとおりとなり,①,②,③がMFCAとLCAの統合計算の範囲となる.

3. MFCAとLCAの統合計算の手順

　MFCAとLCAはそれぞれ複雑な計算手順を持つシステムであるため,両

者を統合するためには，ある程度手順を標準化しておく必要がある．この点については，状況に適合した方法が採用されるべきであるが，経済産業省のプロジェクトでは，以下のような手順を標準として採用した．

① 計算の準備

MFCA計算モデルの準備．通常のMFCAであれば，製造プロセスに沿って，材料の種類別に投入物量と正の製品物量，負の製品物量を整理する．そのデータを用いて，LCA分析対象の投入材料・エネルギー・排出物・廃棄物の種類の整理を行う．

② 材料種類別のLCAの実施

LCA分析対象の，投入材料・エネルギー・排出物・廃棄物ごとにLCAのインベントリ分析・インパクト評価を行い，"LIME統合化係数（円／kg）"を算出する．なお，今回のインベントリ分析に当たっては，Ecoinventのデータベースを主に使用した．それは，MFCAが製造段階の環境負荷を削減するという目的の手法であり，Ecoinventのデータベースはヨーロッパにおけるプロセスを基にしたものであるものの，データ量がもっとも多く，また網羅性が高いためである．

③ MFCA計算の各項目についてのLCAの実施

MFCA計算の中で投入する原材料の単価，エネルギーの単価，及び廃棄物処理の単価を，LIME統合化係数に置き換えることで，MFCA計算のLCAを行う．

④ MFCAとLCAの統合評価の実施

MFCA計算結果の中の負の製品コストと，それに対応するLCA計算結果を比較評価し，考察を行う．

なお，MFCA計算の中のシステムコストに関しては，どのように扱うか検討の余地がある．システムコストを対象とすることも不可能ではないが，システムコストの主なものは労務費や設備の減価償却費などであり，それに対応するLCAの対象が製造設備などであり，LCAを行うことは手法上の限界がある．したがって，MFCAとLCAの統合においては，材料段階の統合を中心

とすべきであろう．

4. MFCAとLCA情報の統合評価のポイント

　MFCAとLCAを統合化すると，利用者はMFCA情報とLCA情報の2種類の情報を利用することができる．これらの情報は様々なポイント活用が可能であるが，(1)材料種類別の統合評価，(2)工程別の統合評価，(3)コスト項目別の統合評価の3つがその中心となる．

　以下に，(1)から(3)，及び(1)から(3)を総合的に評価する(4)総合評価について，その内容を説明する．

(1) 材料種類別のMFCA-LCA統合評価

　複数種類の材料で製造する場合，材料のロス（負の製品）を削減することによる製造コストダウンと環境負荷低減への寄与度は，それぞれの材料単価（円／kg）及びLIME統合化係数（円／kg）によって異なる．また，製造方法の変化によっては，ロス物量が減少する材料があっても，別の材料のロス物量が増加することもある．このような場合には，全体の材料のロス物量が少なくなったとしても，LCAを行わない限り，環境負荷が低減したとはいえない．

　したがって，材料ロス削減の製造コストダウンと環境負荷低減へのトータルを寄与度の把握，あるいは製造コストダウンと環境負荷低減に関する優先度の高い材料を明確にするためには，材料種類別のMFCA-LCA統合評価が有効と思われる．材料種類別のMFCA-LCA統合評価は，材料単価は安くても環境負荷の大きい材料の，使用量削減やロス量削減の改善を考えるきっかけになることが期待される．

(2) 工程別のMFCA-LCA統合評価

　複数種類の材料で製造する場合，ロスになる材料の材料単価及びLIME統合化係数によって，工程別の負の製品MC（マテリアルコスト，MFCA値）と，それに対応したLIME値は決まる．負の製品MCのもっとも大きい工程が，負の製品LIME値がもっとも大きくなるのではない．

MFCA 単独で評価すると,製造コストダウンに寄与度の大きい工程だけを注目することがありえる.しかし,工程別の MFCA-LIME 統合評価では,製造コストダウンに寄与度の大きい工程と,環境負荷低減の寄与度の大きい工程が異なる場合,それを明確にするメリットがある.

工程別の MFCA-LCA 統合評価は,製造コストダウンに寄与度の大きい工程と,環境負荷低減の寄与度の大きい工程が異なる場合,それを明確にするメリットがある.

(3) コスト項目別の MFCA-LCA 統合評価

MFCA と LCA の統合においては,原則としてシステムコストを対象外とすることが多いため,MFCA の MC(マテリアルコスト)・EC(エネルギーコスト)・廃棄処理費用と,それぞれに対応した LIME 値を比較することが基本となる.

MC と,それに対応した LIME 値は,図 1.7.1 の①の領域,すなわち使用する材料そのものの製造ステージのもので,使用する材料が特性として持っている環境負荷を表している.EC と,それに対応した LIME 値は,図 1.7.1 の②の領域,すなわち MFCA の計算対象の製造プロセスのもので,製造プロセスそのものが与えている環境負荷を表している.廃棄処理費用と,それに対応した LIME 値は,図 1.7.1 の③の領域,すなわち MFCA の計算対象の製造プロセスから排出される廃棄物の処理ステージのもので,製造プロセスから発生する廃棄物が与えている環境負荷を表している.これらの大きさは,使用する材料・エネルギー・廃棄物処理の単価と LIME 統合化指標,及び,それぞれの物量に依存する.

使用材料の製造ステージの環境負荷低減につながる廃棄物の発生量を削減する取り組みよりも,廃棄物の処理方法の改善,あるいはエネルギー設備の改善に着目した方が,環境負荷を低減する効果が大きいこともある.項目別の MFCA-LIME 統合評価によって,材料のロス物量削減よりも,環境負荷低減の効果の大きい課題の有無を確認できる.

(4) MFCA-LCA 統合計算の総合評価

MFCA では，コスト情報と物量情報をフローコストマトリクスで表示することができるが，表 1.7.1 の例に示すように，このマトリックスにセルを一つ追加して，LCA 値（LIME 値）を挿入することができる．そうすれば，企業プロセス全体での MFCA-LCA の統合による総合的な評価が可能となる．最終的なマテリアルコストの金額全体と LIME 値を比較することによって，全体的な環境面での資源生産性が明らかとなる．

表 1.7.1 MFCA-LCA 統合計算のフローコストマトリクスの例

		マテリアル コスト、LIME値	エネルギー コスト、LIME値	廃棄処理 コスト、LIME値	計
良品 (正の製品)	物量値(kg、電力はkWh)	143,195 kg	257,796 kWh		
	MFCA値(千円、製造コスト)	51,369 千円	3,094 千円		54,463 千円
	LIME環境影響値(千円、LIME値)	14,310 千円	864 千円		15,175 千円
マテリアルロス (負の製品)	物量値(kg、電力はkWh)	25,109 kg	36,213 kWh		
	MFCA値(千円、製造コスト)	13,293 千円	435 千円		13,728 千円
	LIME環境影響値(千円、LIME値)	1,866 千円	121 千円		1,987 千円
廃棄 ／リサイクル	物量値(kg、電力はkWh)			25,109 kg	25,109 kg
	MFCA値(千円、製造コスト)			121 千円	121 千円
	LIME環境影響値(千円、LIME値)			88 千円	88 千円
小計	物量値(kg、電力はkWh)	168,304 kg	294,009 kWh	25,109 kg	
	MFCA値(千円、製造コスト)	64,663 千円	3,528 千円	121 千円	68,311 千円
	LIME環境影響値(千円、LIME値)	16,176 千円	986 千円	88 千円	17,250 千円

表 1.7.1 では，マテリアルにエネルギーや廃棄処理のコストも含めると，MFCA 値の製造コストは合計 68,311 千円，そのうち負の製品と廃棄処理に 13,849 千円（20.3%）．LIME の環境影響値では合計 17,250 千円，そのうち負の製品と廃棄処理に 2,075 千円（12.0%）になっている．これから，廃棄処理も含めた製造プロセス全体をとおして，マテリアルのロス（廃棄物）によって，製造コストのうち 20.3%，環境影響度のうち 12.0%が，廃棄物という無駄なものを作るために投じられたということがいえる．

5. MFCAとLCAの統合による改善案の評価

　MFCAとLCAの統合に当たっては，単に生産情報レベルで比較するだけでなく，改善案を評価することも有効な活用方法である．

　改善前と改善後の結果を図1.7.2のような散布図で表現すれば，MFCAによるコストとLCA（LIME）による環境影響の関係が対比的に理解することができる．改善案のデータによる計算結果を予測値として分析・シミュレーションすれば，その効果を明示することができ，環境負荷低減とコストダウンの両面で効果のある改善を促進するツールとして，活用可能である．

　この散布図では，横軸（X軸：内部影響）がMFCA値（MFCA計算の製造コスト，企業内部のコスト），縦軸（Y軸：外部影響）がそれに対応したLIME値（環境負荷としての被害金額，社会の負担する企業外部のコスト）を示している．LIME値に関しては，ポイントで表す方法もある．

　図1.7.2では，タイプA・B・Cそれぞれの改善前と改善後，合計6つの

（単位：円）

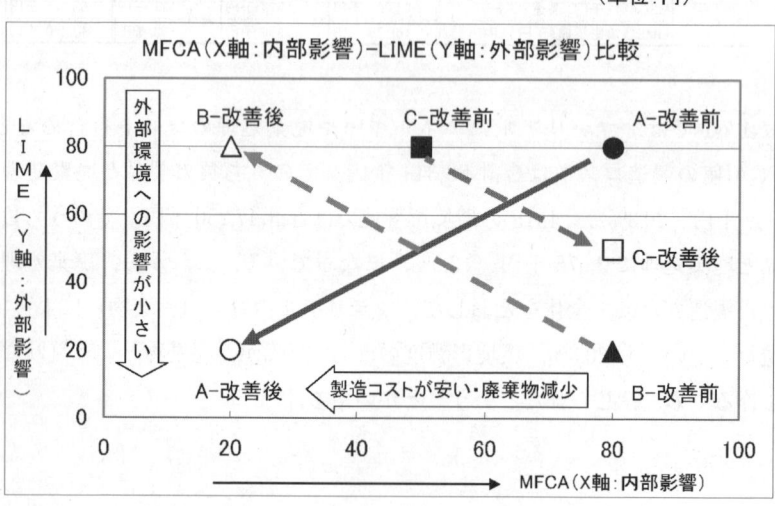

図1.7.2　MFCA-LCA統合計算・評価

計算結果を例に示しており，それぞれ以下のような意味を持っている．

Aは改善により，MFCA値もLIME値も小さくなっており，こうした改善が，MFCAが目指す環境と経済の両立を図るための改善といえる．

Bは改善により，MFCA値は小さくなっているが，LIME値は高くなっている．こうした改善は，環境を犠牲にした経済優先の改善といえ，改善方法として避けるべきものといえる．

Cは改善により，LIME値は小さくなっているが，MFCA値は逆に大きくなっている．環境への影響を削減するためだけに，製造コストが高くなるような改善は，通常はなかなか実施できない．しかし，環境経営を標榜するためには，このCのような改善を積極的に促進することが重要である．ただしそのためには，経営者だけの努力に待つのではなく，このような取り組みを評価し，支援する社会的な仕組みの構築も必要である．

6. MFCA-LCA 統合評価のための課題

MFCA-LCA統合評価の活用は，MFCAの管理ツールとして持つ経済性向上のメリットを，より大きな環境性向上につなげるマネジメントを行う上で，大きな価値を持つと思われる．ただし，MFCA-LCA統合評価の有効性を一層促進するためには，解決しておくべき課題もある．例えば，以下のような点は，現時点での課題であり，それを克服することで，この手法の普及・活用が進むと思われる．

(1) MFCA-LCA統合評価のためのLCAデータの標準化による効率的なLCAの実施

MFCAとLCAの統合評価のステップを実際に進めようとすると，LIME統合評価係数の算出を行うまでのところで，いくつかの問題に直面する．特に，日本では，LCAそのもののデータベースが充実しているというわけではないため，適切なデータを得る点で困難な場合が少なくない．今回はインベントリ分析に関しては，インベントリデータが豊富なEcoinventを活用した．場合によっては，産業連関表を使用することも検討すべきである．

しかし，実際にこのような作業を工程管理のレベルで実施することは非常に困難と思われるので，MFCA-LCA統合評価のためのLCIAデータ（LIME統合化係数）の標準化が望まれる．

(2) 評価視点の明確化による，効果的なMFCA-LCA統合評価の実施

MFCAとLCAの統合評価について，本章では，材料種類別・工程別・コスト項目別の視点を紹介したが，その実際の評価に当たっては，対象とする製品・プロセスの特徴を反映した分析方法の工夫が必要である．例えば，それぞれの製品の材料特性や生産特性などにより，評価結果が大きく異なることが分かったが，一方で，材料特性や生産特性などを整理することで，細かく分析する必要のない評価視点も，場合によってはありえると思われる．

各社の製造で用いる材料種類の特徴や，その製造プロセスの特徴を層別し，そのタイプごとに，どのような視点による評価を行うとどんな結果が得られるかなどの傾向が分かっていると，効果的なMFCA-LCA統合評価が実施できると思われる．またそのためには，MFCA-LCA統合評価は，その適用研究事例を充実することが望まれる．

(3) MFCA-LCA統合評価結果の活用する仕組みの構築

MFCA-LCA統合評価結果は，モノづくりの管理・改善のために，また，製造技術開発やライン開発などの設備投資を行う際に，そこで採用する方法の選択や条件などを検討する上でも，非常に有益な情報を与える．しかし，LCAの評価結果は，MFCAと異なる視点のものである．この手法の普及のためには，LCAの評価結果を，企業の組織の中で生かすために，どのような部門がどのようなアクションを取るべきか，また，MFCA-LCA統合計算や評価を行うタイミングや場面など，その活用方法や仕組みを明確にすることも必要と考えられる．

すなわち，改善の方向が，必ずしもMFCA値とLCA値の両方の削減をもたらさない場合，どのような方法を選択するのかを企業として考えておく必要がある．また，LCAの値をLIMEで経済評価した場合，一般には，MFCAで出る金額情報に比べて低くなる傾向があるが，このような場合，同じ金額単位

ではあるがどのように評価するのか，慎重な検討が必要である（MFCA と LCA を統合評価した事例については，國部・下垣（2007）で解説している）．

7. おわりに

　MFCA は環境負荷低減とコスト削減の両方を目指す手法であるが，測定システムとしてみた場合，コスト削減に関しては統合的な金額評価が可能だが，環境負荷削減については，重量単位でしか把握できないという限界があった．この点を補うには LCA による環境影響統合評価の手法を併用することが有効と考え，本章では MFCA と LIME の統合的利用の可能性を探った．

　MFCA と LCA は手法的に親和性が高く，両者を統合計算することは，計算上の手間を度外視すれば，理論上は統合することは十分に可能である．しかし，例えば環境影響を金額評価することによって統合する手法である LIME と併用する場合，MFCA によるコストと LIME によるコストをどのように利用するかは慎重に検討しなければならない課題である．本章では図 2 に示したように MFCA の情報と LIME の情報を 2 軸にとって関係性を分析する方法を提案したが，これ以外にも活用の余地は大きい．

　ただ，注意しなければならないことに，LIME による金額評価の値は一般に MFCA の値に比べて小さいので絶対量を単純に比較するべきかどうかという問題がある．この点については，MFCA と LCA を統合利用するを促進するための今後の重要な研究課題である．

（國部克彦・下垣彰）

8章　MFCAのサプライチェーンへの展開

1. はじめに

　MFCAの導入企業数や導入年数の増加に伴って，MFCAの新たな発展の可能性がいくつかみえ始めている．その一つがMFCAのサプライチェーンへの拡張である．MFCAを導入したばかりの企業は，まず1製品1製造ライン若しくは1工場というように，限定された範囲のマテリアルフローを対象とする．しかしながら，マテリアルフローとは本来，原材料の元となる資源の採取から始まり，材料や部材への加工，製品の組み立て，販売，消費，リサイクル若しくは廃棄という，製品のライフサイクル全体にわたっている．したがって，環境保全の視点に立てばマテリアルフローを追跡する範囲を拡張するべきであるし，また，範囲を拡張することによって新たな改善ポイントを発見でき，取引企業と共同での改善活動に結びつく可能性がある．
　本章では，サプライチェーンにおいて環境保全活動に取り組むグリーン・サプライチェーン・マネジメントについて説明し，MFCAのサプライチェーンへの拡張とグリーン・サプライチェーン・マネジメントとの関係について考察する．

2. グリーン・サプライチェーン・マネジメントの領域

　MFCAをサプライチェーンへ拡張した場合，それはサプライチェーンでの環境保全活動，つまりグリーン・サプライチェーン・マネジメントであると考えられる．グリーン・サプライチェーン・マネジメントについては，欧米を中心に研究が蓄積されつつある．そこで本節では，欧米の先行研究からグリー

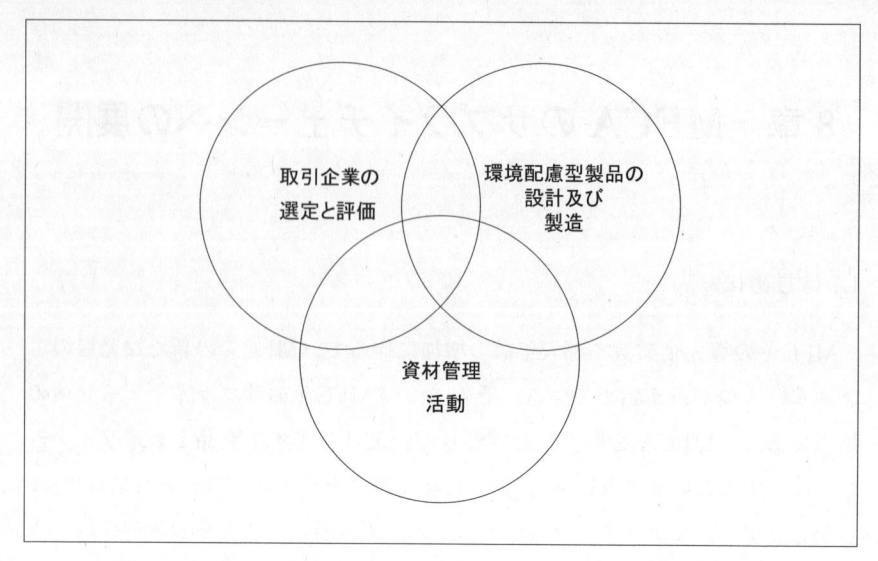

図1.8.1　グリーン・サプライチェーン・マネジメントの活動領域

（取引企業の選定と評価／環境配慮型製品の設計及び製造／資材管理活動）

ン・サプライチェーン・マネジメントの領域を提示する．

　先行研究からグリーン・サプライチェーン・マネジメントの領域として，①資材管理活動，②取引企業の選定と評価，③環境配慮型製品の設計及び製造の，3つを挙げることができる．ただし，図1.8.1に示すようにこれらの活動領域の境界は明確に区別できるものではなく，相互に関連している．

2-1　資材管理活動

　グリーン・サプライチェーン・マネジメントにおける資材管理活動については，アメリカで行われた研究が参考になる．

　アメリカ環境保護庁（USEPA, 2000）は，企業がサプライチェーン・マネジメントに取り組み資材管理の効率化を目指す一方で，多くの場合重要な環境負荷はサプライチェーンマネジャーが管轄する業務に起因するにもかかわらず通常見過ごされているとして，環境情報が考慮されるように企業の意思決定プロセスを変えるためのフレームワークを提示している．このフレームワークは，第1段階の「コストの発見」，第2段階の「代替案の選定」，第3段階の「ベネ

フィットの計算」，そして第4段階の「決定・実施・監視」という4段階で構成される．

　第1段階の「コストの発見」では，施設あるいは工程のどこで大きな環境コストが発生しているかを調べるため，廃棄物のフローを追跡して環境コストにつながる活動を明らかにし，そして各廃棄物や活動にコスト数値を付与する．廃棄物のフローを追跡するためには工程図の作成が必要であり，マスバランス，MRP（Manufacturing Resource Planning：資材所要量計画），投入記録などの情報源から廃棄物を発生させる活動を特定できるとしている．こうしてコストの発生源を発見した後，活動基準原価計算を利用して環境コストを原因となった活動に配賦する．

　次に，第2段階の「代替案の選定」では，環境負荷削減とコスト削減が可能になる代替案が選択される．第3段階の「ベネフィットの計算」では，第2段階で選択された代替案の費用対効果を計算する．ここでは内部利益率法や正味現在価値法などの財務分析手法の利用が提案されている．そして第4段階で代替案が決定され，実施される．さらにERP（Enterprise Resource Planning）などの情報システムを利用して継続的に監視することで，さらなる改善機会が見いだせるとしている．

　一方，アメリカのテラス研究所に所属するストウトンとヴォッタは，バイヤーとサプライヤーの間で化学物質消費量を減らす取り組みとして，化学物質マネジメントサービス（Chemical Management Services：CMS）を紹介している（Stoughton and Votta, 2003）．これは化学物質の消費量を減らすために，購入量によって価格が決まる従来の取引の考え方を見直し，化学物質の機能を提供することで利益を得る仕組みである．例えば自動車会社であれば，塗料を購入するのではなく，塗装工程自体を化学物質を扱う会社に委託するのである．そうすることで，化学会社に化学物質の使用量を減らそうとするインセンティブが働くことを利用している．

　このCMSにとって，化学物質のフローの追跡が重要な役割を果たす．化学物質のフローを追跡することで，工程中で使用するマテリアルの把握と定量化

を行い，コスト評価する．また，化学物質に関連するコストについては，購入価格だけでなく，化学物質のライフサイクル（調達・輸送・監視・報告・収集・廃棄）に関連するマネジメントコストと，緊急時対応や環境負債のような偶発コストについても把握し考慮することが，CMS の契約を行う際に重要であるとしている．化学物質のフロー情報と関連するコスト情報を利用することで，工程のどこでどれだけの量の化学物質が使用されているか，そしてどの工程を化学会社に委託するかについての決定が可能になる．

2-2 取引企業の選定と評価

次に，グリーン・サプライチェーン・マネジメントの第二の活動領域である取引企業の選定と評価について検討しよう．取引企業の選定と評価とは，部品を購入する際の取引企業の選定において，環境に配慮した部品をつくる企業と取引を行うグリーン調達活動や，従来から取引のある企業に対して環境保全活動を推進するように求めることなどが含まれる．アメリカの企業を対象とした先行研究では，環境規制の遵守や有害物質の処理コストといった項目が取引企業の選定に際して考慮されていることが示されている (Zhu and Geng, 2001; Min and Galle, 1997)．アメリカでは汚染の当事者だけでなく，汚染物質にかかわるすべての企業に対して費用負担を求めるスーパーファンド法の影響もあり，環境汚染に関する潜在的債務への関心が強いと考えられる．また，ヨーロッパで 2006 年に EU 域内で電気・電子製品への有害物質の使用を制限する RoHS 指令が制定されたことで，世界中の企業の調達活動に影響が及ぶと推測される．こうした動きは日本企業においても既にみられ，ISO14001 の認証取得を取引企業に求めるケースがみられるように，環境面からの取引企業の選定と評価がさらに進むと考えられる．このような法規制の強化からも，取引企業の環境面からの評価やグリーン調達活動の重要性が高まっている．

2-3 環境配慮型製品の設計及び製造

グリーン・サプライチェーン・マネジメントに関する環境配慮型製品の設計及び製造に関する取り組みとして，ウォルトン他の研究 (Walton et al., 1998) では，環境配慮型製品の設計・開発段階での LCA の実施や購買部門の参加な

どにより，購入材料の変更が行われる例が示されている．しかし，サプライヤーを巻き込んでの環境配慮型製品の設計及び製造に取り組んでいる事例は多くはない．

3. グリーン・サプライチェーン・マネジメントにおける情報提供システム

　前節では，グリーン・サプライチェーン・マネジメントの主要な活動領域として，資材管理活動，取引企業の選定と評価，環境配慮型製品の設計及び製造について，先行研究からその取り組みを紹介したが，これらの活動はこれまで一度限りのプロジェクトとして行われることが多かった．それは，グリーン・サプライチェーン・マネジメントを継続的に実施するためのマネジメントシステムが欠如しているからではないだろうか．グリーン・サプライチェーン・マネジメントを継続的に実施するためには，サプライチェーン内の取引企業と継続的に環境保全活動に取り組むことを可能にするマネジメントシステムが必要であり，その中心はサプライヤーとの共同活動を可能にする情報提供システムであろう．そこでグリーン・サプライチェーン・マネジメントを支える仕組み，特に情報提供システムについて，前節で紹介したようにアメリカ環境保護庁をはじめとしていくつかの重要な研究が存在する資材管理活動に焦点を当て，その方向性を探ってみよう．

　アメリカ環境保護庁（USEPA, 2000）とテラス研究所（Stoughton and Votta, 2003）の2つの研究では，ともにマテリアルのフローを追跡するシステムを採用しており，これによって得られる情報をもとにグリーン・サプライチェーン・マネジメントに取り組む．このことから，マテリアルフローに関する情報がグリーン・サプライチェーン・マネジメントの基礎として重要であると考えられる．

　しかしながら2つの研究には，グリーン・サプライチェーン・マネジメントを継続的に実施していくためには不十分な点もみられる．第一に情報の包括性の問題である．CMSでは，マテリアルとして化学物質に特化している．これ

はCMSの目的が化学物質の使用量を削減することであるためだが，グリーン・サプライチェーン・マネジメントを継続的に実施していくための情報提供システムとしては，対象とするマテリアルは包括的である方が改善活動の可能性が広まり，望ましい．

一方，アメリカ環境保護庁の意思決定フレームワークでは，資材管理の対象となるマテリアルを限定してはいない．しかし，第一段階のコストの発見のために行うマテリアルフローの追跡について，その目的が環境コストを発生させる活動を特定し，その活動に環境コストを負担させることであるので，ここで重要視されていることは，工程内におけるマテリアルのフローというよりは，むしろ廃棄物の発生場所とその量である．このことから，管理対象は実測できる廃棄物が対象になると考えられ，MFCAと比較すると管理対象は限定的であるといえる．

さらに，マテリアルフローを追跡した結果の情報をどのように資材管理活動に生かすかについて考察してみよう．CMSでは化学物質の購入費とマネジメントに関するコストを考慮して，コストの高い工程を化学会社に委託するかどうかを決定する．前節で述べたように，化学物質を利用したサービスの売買という取引形態では，サプライヤーである化学会社側に化学物質の使用量を削減しようとする動機が生まれることを利用している．したがって，ここで化学物質を購入するバイヤーの取り組みは，化学物質関連のコストを測定し，工程を化学会社であるサプライヤーに委託するかどうかを判断することであって，実際にどのように化学物質の使用量を削減するかは，サプライヤーに任されることになる．

一方，アメリカ環境保護庁のフレームワークでは，マテリアルフローの追跡範囲は一つの製造施設とするのが通例で，広くても企業全体としている．つまり自社内で削減することを前提にしており，サプライヤーとどのように共同で活動するかについては十分な説明がない．したがって，これら2つの研究では企業間での共同の改善活動を導けるとはいえない．

以上のように，グリーン・サプライチェーン・マネジメントのマネジメント

システムについて資材管理活動を対象に考察した結果，マテリアルフローに関する情報が使用されており，この情報はグリーン・サプライチェーン・マネジメントの基礎として重要であると考えられる．しかし，マテリアルフロー情報について，対象とするマテリアルとその測定方法に関する情報の包括性について問題がある．さらに，マテリアルフロー情報が企業間での共同の改善活動に結びついていないことも指摘した．なお，共同で改善活動を行うためには，企業間でマテリアルフロー情報が共有される必要がある．したがって，情報共有の問題を含む3点に関して，次節でMFCAとの関係について検討してみよう．

4. グリーン・サプライチェーン・マネジメントを支援するMFCA

グリーン・サプライチェーン・マネジメントにおけるマネジメントシステムの問題点として提示した，情報の包括性，企業間での共同の改善活動，そして情報共有の3点について，MFCAとの関係を考察する．

4-1 情報の包括性

まず情報の包括性の問題であるが，MFCAは投入されるすべてのマテリアルを対象とする．またマテリアルロスについては，インプットとアウトプットとの差額で測定することから，標準管理のように基準値と実測値の差のみを管理対象とする手法では管理対象とならないマテリアルロスを管理対象とすることができる．こうした特徴から，情報の包括性という点では，MFCAはグリーン・サプライチェーン・マネジメントの情報提供システムとして適切であるといえる．

4-2 企業間での共同の改善活動

次に，サプライヤーとの共同活動がMFCAをサプライチェーンへ拡張することで可能になるかどうかについては，企業事例により明らかにする必要があろう．

この問題については，すでに先行研究で報告されている．経済産業省のプロジェクトに当初から参加していたキヤノンでは，マテリアルロスを削減するた

めに上流の材料メーカーと共同で,材料の製造方法の変更に取り組んでいる(産業環境管理協会,2004).また田辺製薬(現:田辺三菱製薬)では,全社展開に際して関係会社である田辺製薬吉城工場(株)(以下,吉城工場(株))にも導入しているが,筆者の調査によると,吉城工場(株)はマテリアルロスを削減するために,田辺製薬と共同で改善活動に取り組んでいる.その一例を紹介すると,段取り替えに併なうマテリアルロスを削減するために,田辺製薬と共同で生産計画の変更が実施された.

4-3 企業間でのマテリアルフロー情報の共有

このように取引企業と共同でマテリアルロスの削減に取り組むためには,企業間で MFCA 情報が共有されている必要がある.全社展開を実施している田辺製薬では,全社展開に併って情報システムである SAP R/3 と MFCA を連携させたシステム化を実施している(河野,2006).これによって,関係会社である吉城工場(株)のすべての MFCA 情報が田辺製薬で管理されている.

こうした田辺製薬の取り組みは,MFCA のサプライチェーンへの拡張を考えている企業に大きな示唆を与えるものである.しかしながら,田辺製薬と吉城工場(株)との関係をみると,田辺製薬が吉城工場(株)の株式を 100%所有しており,また田辺製薬から吉城工場(株)の社長を派遣しているという 2 社の関係に注意しなければならない.

このような 2 社の関係を考慮したときに問題となるのは,田辺製薬と吉城工場(株)の事例でみられた情報共有の仕組みが,MFCA のサプライチェーンへの拡張のモデルを考える際に,一般に適用可能かどうかである.今後の MFCA の発展を考えるのであれば,株式の所有割合が低い関係会社へ導入し,どのように共同の改善活動を行うのかについて考えるべきであるが,その場合,すべての MFCA 情報を企業間で共有することは難しいであろう.それは,MFCA の導入によって得られる情報には,投入材料名,投入材料の単価,マテリアルロスとして表される製造工程の無駄といった,かなり機密性の高い情報が含まれるからである.したがって,例え長期継続的な取引関係にある企業に MFCA を導入したとしても,田辺製薬のように情報システムを連携させる

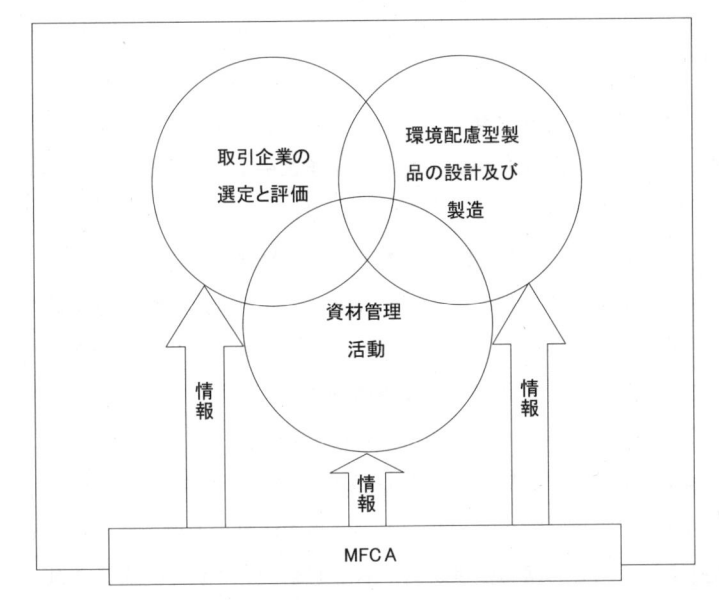

図1.8.2 グリーン・サプライチェーン・マネジメントとMFCAの関係

ことで情報を一括管理することは難しいと考えられる.

このような情報共有の問題に対する対応策として,マテリアルフローに関する貨幣情報(投入物質の購入価格による評価)は共有せずに,物量情報のみを共有するという方法が考えられる.キヤノンは,サプライヤーとキヤノンの2社間のマテリアルフローを明らかにし,マテリアルロスに関する物量情報を共有することで,改善活動につなげた(東田,2008).さらに環境面の評価を適切に行うためには,マテリアルロス削減量に対して,削減された物質が排出された場合の環境影響評価(Life Cycle Impact Assessment:LCIA)を乗じた指標によってマテリアルロス削減量を統一指標で評価し,この情報を共有することも考えられる.

以上の3点についての考察から,図1.8.2に示すようにMFCAはグリーン・サプライチェーン・マネジメントの情報提供システムとして役立つと考えられる.

5. おわりに

　本章ではグリーン・サプライチェーン・マネジメントについて3つの活動領域を提示し，継続的にグリーン・サプライチェーン・マネジメントに取り組むためのマネジメントシステムが欠如していることを指摘した．そして，MFCAが情報提供システムとしてグリーン・サプライチェーン・マネジメントを支援可能であることについて，対象とする情報の包括性と企業間での共同の改善活動を導くことができるかどうかという点から，先行研究と筆者の調査を交えて検討した．特に共同での改善活動については，それを実施するために必要と考えられる情報の共有についても検討した．

　その結果，MFCA情報は包括的な情報システムであることから，グリーン・サプライチェーン・マネジメントの3つの活動のそれぞれに対して，継続的に活動を行うための情報提供システムとして適していると考えられる．また，MFCAを取引企業に導入することで，企業間の共同での改善活動に関する取り組みが既にみられることから，資材管理活動を発展させる上でMFCAは重要であるといえる．さらに，第三の情報共有の問題については，すべての情報を共有する田辺製薬の事例を紹介するとともに，物量情報のみの共有であっても取引企業の環境面での評価が可能となる可能性を示した．

　このように，MFCAはグリーン・サプライチェーン・マネジメントの情報提供システムとして役立つ可能性がある．ただし，本章ではグリーン・サプライチェーン・マネジメントの資材管理活動に焦点を当てたことで，例えば環境配慮型製品の設計・開発におけるMFCA情報の利用可能性など，検討できなかった問題もある．こうした点は今後の課題である．

（東田　明）

第Ⅱ部
マテリアルフローコスト会計の実践

 1章　キヤノン：職場拠点型環境保証活動〈EQCD 一体活動実現〉のツール
 2章　田辺三菱製薬：全社展開に至るまでの戦略的プロセス
 3章　積水化学工業：集計全社展開と有効活用への課題
 4章　日東電工：原価改善と設備投資への応用
 5章　ジェイティシイエムケイ：月次経営指標への応用による現場管理
 6章　島津製作所：無電解ニッケルめっきラインへの適用
 7章　サンデン：金属部品加工工場への適用
 8章　日立製作所：ミニディスク製造工程への適用
 9章　塩野義製薬：化学反応を伴う医薬品製造プロセスへの適用
10章　日本ペイント：環境配慮型商品製造ラインにおける導入実験
11章　ウシオ電機：環境生産性向上への適用
12章　富士通：グリーンプロセス活動による環境影響とコスト指標の統合
13章　中小企業への導入と効果
14章　経済産業省の取り組みと今後の展開

1章　キヤノン：職場拠点型環境保証活動〈EQCD 一体型実現〉のツール

1．はじめに

　キヤノンでは，2001 年に経済産業省の委託事業である産業環境管理協会主催の「環境会計委員会」の WG3 に参加し，MFCA を宇都宮工場のレンズ加工職場にケーススタディとして導入した．その結果を受けて，キヤノンは MFCA を全社に展開することを決め，専任の組織をつくった．以来，MFCA の国内外の生産事業所への導入実践を重ね，職場と一体になって環境負荷の低減とコストダウンの成果を出しながら，MFCA の有効性の実証や導入時の問題点の解決などに取り組んできた．

　このような導入実践の積み重ねから，「MFCA は，職場拠点での環境保証活動を活性化させる」ことが明らかになってきた．従来から生産現場では，原価低減活動として「Q（品質）C（コスト）D（納期）」に取り組んでおり，それぞれのテーマに PDCA サイクルを回し，自立（律）的な活動を行っている．MFCA は，生産職場における QCD（原価低減）活動に E（環境保証）活動を同軸化させるのみならず，E 活動をいままでの取り組みから大きく変えるポテンシャルを持っていることが分かってきた．

2．EQCD 思想

　キヤノンでは，「環境憲章」の中の「環境保証基本方針」で，「EQCD 思想」（図 2.1.1）を打ち出している．これは，「経営＝経済性の追求」のベースに「環境」を置いたもので，経営と環境を同軸で進めようという「環境経営」の

```
┌─────────────────────────────────────┐
│            EQCD思想                  │
│ E:Environment（環境保証）            │
│   環境保証ができなければつくる資格がない │
│ Q:Quality（品質）                    │
│   品質が良くなければ売る資格がない     │
│ C:Cost（コスト）                     │
│ D:Delivery（納期）                   │
│   コスト、納期が達成できなければ競争する │
│   資格がない                         │
└─────────────────────────────────────┘
```

図 2.1.1　EQCD 思想

考え方である．この「EQCD 思想」は 1990 年に，当時の山路社長から出されたものである．いまでこそ「環境経営」，「スリーボトムライン」あるいは「CSR」という言葉や考え方は一般的になってきたが，当時では非常に先進的な考え方であった．

生産現場では，それまで QCD を中心とした原価低減活動を進めていたが，以後「EQCD」という言葉・概念・考え方が定着してきた．

さらに今日，MFCA はこの EQCD を概念だけでなく具体的活動に変え，大きな成果を出しながら職場への定着が進んでいる．以下その状況について紹介する．

3. MFCA 以前の QCD（原価低減）活動と E（環境保証）活動

3-1　MFCA 以前の QCD 活動

キヤノンの生産現場においては，製造原価低減が重要な活動テーマである．「どこよりも良いものを（Q），どこよりも安く（C），どこよりも早く（D）」を念頭に生産活動を行ってきた．そして各職場は Q（品質）C（コスト）D（納期）それぞれについて目標を決め，データをとり，分析し，目標達成に向け生産性向上活動を行っている．つまり QCD については P(Plan)・D(Do)・

C(Check)・A(Act)のマネジメントサイクルを回し，自立（律）的な活動を行っている．

具体的には，品質向上，労働生産性・設備生産性向上，コストダウン，リードタイム短縮などである．そして，そのツールとして，QC（Quality Controll），VE（Value Engineering）やCE（Cost Engineering），IE（Industrial Engineering）やTPM（Total Productive Maitenance）などの手法を駆使してきた．さらに，1998年に開始した「セル生産」を中心とした生産革新活動は，QCD活動を一層活性化し，そして今なお進（深）化を続けている．

このように，QCD活動については，ほぼすべてを網羅して活動していると認識していた．そして，それぞれのテーマについて深化を徹底的に進め，改善効果の極大化に向けて活動を行っていた．しかしMFCAを導入してみると，QCD活動でまだやり残していた未着手の分野があることが明らかになった．

3-2 MFCA以前のE活動

キヤノンの環境への取組みは，1960年代から70年代における，排水・廃棄物の処理を中心とした公害防止活動に始まる．80年代に入ると地球環境保全が中心となり，フロン対策や廃棄物，あるいは梱包資材などの個別テーマに対し他社に先駆けて取り組み，大きな成果をあげてきた．この時期の活動は，トップダウンの取組みであり，この間現場は上からの指示に従うというDo中心の活動であった．90年代になると，リスクマネジメントが中心のテーマとなり（この時期に前述のEQCDが打ち出された），95年に日本で最初にEMS（ISO14001の前身であるBS7750）の認証を取得した．これは事業所単位で環境保証活動にPDCAサイクルで取り組むというもので，これにより一気に環境保証活動が活性化し，その成果も非常に大きいものであった．各事業所においては，推進担当部署が中心となり，活動を強力に進めてきた．また，現場も積極的に参画し成果を収めてきた．

また，キヤノンではこの間生産規模が拡大し，次々に新しい工場や建物を建設し，新しい生産設備の導入をしてきている．このような陽の当たる場面では，

例えば最新の省エネ設備を導入したり，あるいは完全クローズド排水処理技術を導入したりなど，効果的に環境負荷の低減に取り組んできた．

しかし，あらためて職場に入ってみてみると，ISO認証取得から10年以上が過ぎ，活動が一巡も二巡もした現在，新たな活動のネタが中々出てこない状況にある．したがって，活動の維持が中心となっていた．いきおい，現場での環境活動の中心は，ゴミの分別や不用時の消灯などの，いわゆる「紙・ゴミ・電気」などのDoの活動が中心となっていた．また，環境推進担当部門でも，出てきた廃棄物や排水をどう処理するかという「エンドオブパイプ」，つまり無害化・減容化・再資源化・有価物化・埋立てゼロなどの活動が中心となっていた．

3-3 MFCA以前のQCD活動とE活動の関係

この時期のQCD活動とE活動の状況を図2.1.2に表した．

この図から分かるように，QCD活動とE活動は，活動の対象がはっきり分かれていた．つまり，QCD活動は現場のいわば本業であり，PDCAサイクルを積極的に回している．一方，E活動は主に環境担当部署の業務であり，彼らはPDCAサイクルで活動を進めているが，その活動の主たる対象は出たものの処理，すなわちエンドオブパイプの活動である．そして職場にとっては，ゴミの分別や不要時の消灯などで協力するというスタンス，いわばDoだけの活動になっていた．

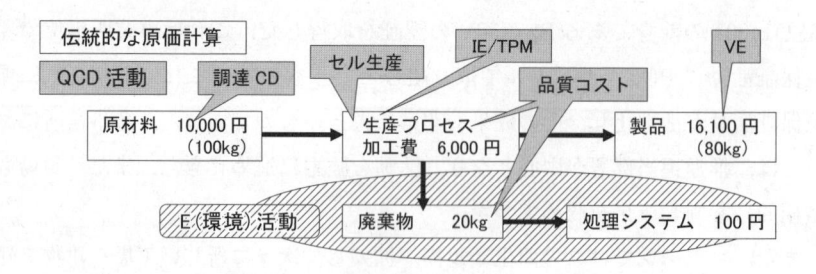

図2.1.2 今までのQCD（原価低減）活動とE（環境保証）活動

4. MFCAによる職場拠点型環境保証活動＜EQCD一体活動＞の実現

4-1 MFCAによるEQCD一体活動

　伝統的な原価計算では図2.1.2に示したように，製品の原価はかかった費用すべてを背負い，廃棄物等は経済的に無価値とされる．MFCAは図2.1.3に示したようにこの無価値な廃棄物等を作るのにかけているコストを明らかにする．これによりMFCAは，それまで上述のように別々の活動であったE活動とQCD活動を一体のものにした．MFCAにより明らかになった負の製品を削減するには，生産プロセスに踏み込んだ活動をする必要があるからである．その姿を図2.1.3に示す．

　負の製品コストを削減するには，廃棄物量を削減する必要がある．これらの廃棄物（負の製品）を購入価格で評価しただけでもかなりの金額になる．そしてこれが削減されることは，材料投入量が削減されることであり，したがって材料費が削減されることになる．また，材料投入量が削減されることにより，生産プロセスはその分小さくて済むことになる．比例とはいわないが，正の相関関係があることは十分理解頂けると思う．このようにして，システムコスト（設備費・人件費など）やエネルギー・水の使用量／費用も削減される．つまり図2.1.4のように，一石三鳥の改善が実現できるのである．

4-2 MFCAによる「資源生産性」の改善

　前述のようにキヤノンにおいては，原価低減のための生産性向上活動は非常

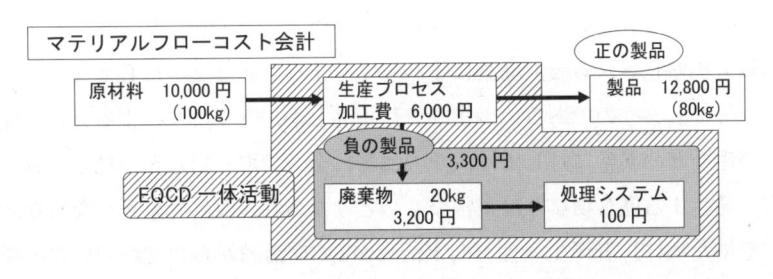

図2.1.3　MFCAによるEQCD一体活動

> **MFCA による一石三鳥の実現**
> - 省マテリアル：{廃棄物＋投入資源（＝削減廃棄物量）} の削減
> - コストダウン：{資材購入費＋加工費＋廃棄物処理費用} の削減
> - 省エネルギー：{CO_2＋電力料} の削減
> ※この CO_2 は加工時のエネルギー使用によるものだけでなく，投入資源が，採掘されてからキヤノンに納入されるまでに背負ってきたエコリュックサックの CO_2 も含む

図 2.1.4　MFCA による一石三鳥

に進んでおり，当然この活動は永遠のテーマであるが，ほぼすべての分野で取り組んでいると認識していた．しかし，MFCA を導入してみると，「資源生産性」の取組みがほとんど未着手であり，しかもそれが非常に大きいことが明らかになってきた．MFCA における負の製品は，現行の原価管理では埋もれてしまっているロスであり，一部そのロスが発生していることは認識されているが，それを正当に評価をしていなかったのである．

原価上，マテリアルのコストは投入時点で決まる．金額だけが一人歩きして，投入されたマテリアルがその先どのようになったかには全く関心がない．つまり，マテリアルバランスの考え方が欠如しているのである．MFCA はコストと物量を 1 対 1 のセットで評価し，この原価計算上の欠点を見事に解決しているのである．

当然，このマテリアルのロスについては，その削減について取り組んではきている．しかし，個別的・単発的な活動となっており，体系的・継続的な活動とはなっていない．いったん生産プロセスが決定・標準化され，マテリアルの使用量も標準化されると，廃棄にまわってしまうマテリアルは必要なマテリアルとなってしまうのである．つまり，仕損品とか，トラブルによる大量の廃棄物の発生などの異常に対しては，その改善に全力で取り組むが，標準工程から通常に発生する廃棄物などは正常なものとみなされ，改善対象とはならなかった．そのために「資源生産性」向上活動が QCD 活動からこぼれていたのである．IE や TPM が労働生産性や設備生産性に対するツールであると同じよう

に，MFCA は，資源生産性に対するツールなのである．

以上のように，MFCA によって E 活動は，いままでの QCD 活動と完全に同軸の EQCD 活動となり，PDCA サイクルでの取組みとなった．しかも環境面（E）での改善成果が同時に実現してくるのである．いわば，MFCA による資源生産性活動は，QCD 活動の Lost Piece of Puzzle であり，今回それが見つかったということである．

4-3 MFCA による職場拠点型 E 活動

このように MFCA は，E 活動を生産プロセスの中に完全に組み込んだ EQCD 一体の活動となった．それにより環境の取組みが大きく変わった．これを表 2.1.1 に表す．

C（コスト）面では，例えば電気代に代表されるエネルギーコストは，せいぜい数％から十数％である．清水資源については井水の場合は，ほぼゼロに等しい．このように C（コスト）面からは非常に小さいため，いままでの QCD 活動ではほとんど見過ごしてきたが，これらは環境面では非常にウエイトの高い項目である．これらについても，積極的に PDCA サイクルを回すようになったのである．

4-4 MFCA による EQCD 一体活動の事例

ここでは，ある事業所の EQCD 活動について紹介する．図 2.1.5 は，MFCA による資源生産性活動の基本形である．

まず，MFCA によって，現状の分析・把握を行い，それを職場の目標・実施計画に落とし込む．このときのキーワードは「職場長のリーダーシップと有

表 2.1.1　MFCA による E 活動の変化

	MFCA 以前	MFCA 以後
活動の進め方	E と QCD が別々 Do 主体の活動	EQCD 一体活動 PDCA サイクルの自立（律）的活動
活動の主体	環境部署	生産現場
活動の対象	エンドオブパイプ	インプロセス
管理の方法	結果の管理	状態の管理

```
        ┌─────────────────────┐
        │ 現状の分析・把握     │
        │ マテリアルフローコスト会計 │
        └──────────┬──────────┘
                   ↓
   ┌──────────→ P：職場目標・実施計画 ──────────┐
   │                                              │
A：横断的分科会に   資源生産性の最大化        D：計画の実施
   よるフォロー    （正の製品割合を高める）
   │                                              │
C：改善報告                                        │
   │          C：分析                             │
   └────── マテリアルフローコスト会計 ←───────────┘
```

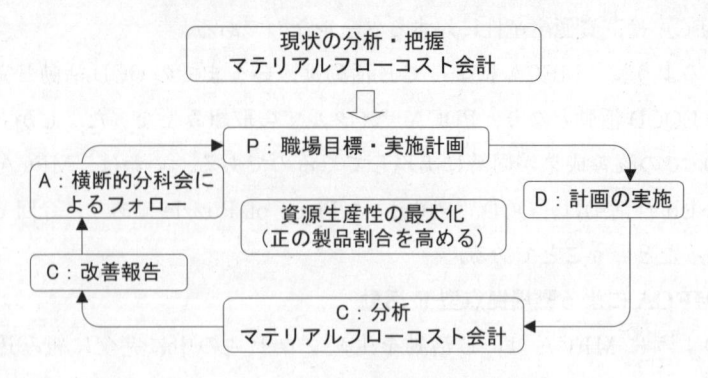

図 2.1.5　職場拠点型環境保証の基本形

言実行」である．実施段階では，小集団活動による全員参加がキーである．結果の分析は MFCA で行い，その結果について定例の経営会議において事業所トップに報告をする．改善活動について大きなテーマには，横断的な分科会組織によるフォローがなされる（図 2.1.6）．

これら PDCA サイクルを「資源生産性の最大化」，ここでは具体的に「正の製品割合を高める」ことを軸に回している．

次にその活動の成功事例を紹介する．

これは事務機のキーパーツの事例である．2003 年 10 月に MFCA 分析を行った結果，正の製品比率は 25％であった．生産現場では，それまでは 5％しかない仕損品の削減に全力で取り組んでいた．しかし，正規工程で通常に発生する材料ロス①・②については，ロスであるという認識をしていなかった．この生産プロセス設計にかかわった生産技術では，材料ロス①についてはロスと認識し改善すべきテーマとしていたが，材料ロス②についてはロスだとは認識していなかった．

この結果を受けて生産現場が中心となって，材料ロス②の削減への取組みを開始した．その結果，1 年後には正の製品比率を 50％まで高めることができた．この活動の成果をまとめると

・成果：正の製品比率 25％→ 50％

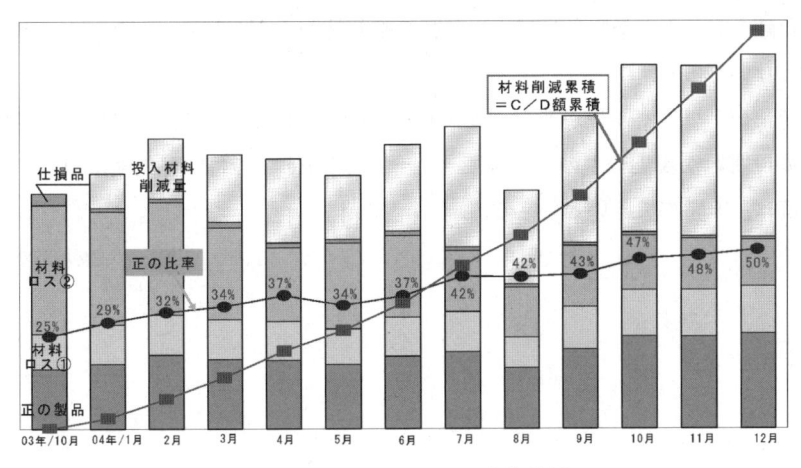

図2.1.6　MFCAによる改善事例

・コストダウン効果：材料費／台　50％減
　　　　　　　　　　稼働率　20％UP
・環境効果：廃棄物 67％削減
・安全衛生効果：材料投入，廃材処理作業などの 3K 作業　57％削減（活人効果もある）　材料スペース 50％削減

など非常に大きなものとなった．

このように MFCA は，生産現場での QCD 活動と E 活動を本業として一体化し，活動を活性化し，定着させるツールである．

5. おわりに

製造業においては，環境負荷が一番多くかかっているのは，生産部門である．部品や原材料・補材・エネルギー・水などを一番使っているのは生産プロセスであり，また排出物を一番多く発生させているのも生産プロセスである．いわば生産プロセスが環境の本丸である．この環境の本丸を直接攻略する最大の武器が MFCA である．MFCA という武器が出現するまでは，城門の前で出て

きた敵を討つか，散発的に城内に矢弾を撃ち込むなどをしていたといって過言ではないだろう．

　産業のグローバル化が進み，コスト競争が一層激しくなった今日，そして地球環境問題が現実のものになってきた今日，MFCAの持つ可能性についての期待は，非常に大きいといえる．

（安城泰雄）

2章　田辺三菱製薬：全社展開に至るまでの戦略的プロセス

1. はじめに

　田辺三菱製薬（導入当時は合併前のため以下では田辺製薬の名称を使用する）は，企業活動のあらゆる面で，地球環境の保全に努めることを重要な経営課題とし，全社的に積極的に取り組んでいる．現在では「環境自主行動計画」の下に，省エネルギー・廃棄物削減・大気汚染物質削減など7つの活動領域で具体的目標を設定し，医薬品製造工程における廃棄物の発生抑制を目的とした製造方法の研究開発，あるいは原材料の使用及びエネルギー消費の最小限化による資源生産性の向上に取り組み，着実な成果をあげつつある．また，2001年3月期から外部環境会計をシステム化の上で導入し，環境保全活動の費用対効果を明らかにし，環境負荷低減と利益向上を同時に目指す環境経営を推進している．

　さらに，2002年度からは企業情報システム（SAP R/3）を導入して，全社の各業務をシームレスに統合するデータベースの構築を進め，それと連携したMFCAによる内部環境会計システムを2003年度に構築し制度化した上で環境経営を効率よく推進するツールとして活用している．このように，田辺製薬は今日に至るまで，外部環境会計と内部環境会計（以下，環境管理会計）の調和的発展を目指した環境会計システムの構築に取り組んできた．

　現在MFCAは，環境負荷の低減とローコスト経営の推進という経営課題の同時実現を目指す環境管理会計であるという点で世界的に注目されているが，経済産業省のミレニアムプロジェクト（1999年度から2001年度までの調査研究）を契機として，導入企業が増加している．

田辺製薬は，この経済産業省のミレニアムプロジェクトに参加した企業の一つであり，MFCAをシステム化の上，全社展開している．以下の項に田辺製薬のMFCA全社展開に至るまでの取り組みについて紹介し，MFCAを成功に導くためのポイントを考察したい．

2. MFCAの試験導入

環境管理会計への取り組みの中で，田辺製薬は，2001年6月に経済産業省から委託を受けた社団法人産業環境管理協会の下，環境管理会計の革新的手法であるMFCAを主力工場である小野田工場（現山口田辺製薬）の医薬品製造工程に試験導入した．

以下の項にMFCAの導入手順を記載する．

2-1 MFCA導入目的の明確化

MFCAを導入する際，最初にその導入目的を明確化することが重要である．導入目的の明確化・共有化を図ることにより，全社協力体制の構築が初めて可能となる．MFCAはコスト低減と環境負荷削減を同時実現するための管理会計ツールであるが，コスト削減を実現したときに副次的に環境負荷削減が行われるため，田辺製薬では以下のとおりMFCA導入目的を明確化した．

「MFCAを医薬品製造工程に導入し，工程別の無駄をピンポイントで発見することにより，費用対効果を明確にし，改善策に対する投資意思決定の判断材料を経営トップやスタッフにタイムリーに提供する．

さらに，改善策を実施することにより，原材料・エネルギーなどの資源生産性向上から，企業コスト削減と環境負荷低減を同時実現させる環境管理会計の実践的環境経営ツールとして活用する」

MFCA導入目的を明確化することにより，自部門及び関係部門への理解を促し，全社横断的プロジェクトの組織化が初めて可能となった．このように，目的の明確化こそが，MFCA導入を成功させるための第一条件である．

2-2 MFCA導入対象の選択

　MFCA導入対象は小野田工場の主力製品である医薬品の1製品群1製造ラインを対象とした．理由は，小野田工場が主力工場であり，当該医薬品が製薬・製剤・包装というフル製造ラインを持ち，生産規模並びに原材料比率が比較的高かったため，有効な実験結果が得られると考えたからである．

　MFCAを初めて導入する場合，原材料比率の高い品目を選ぶことは重要な選択肢の一つとなる．田辺製薬の場合，コストに占める原材料比率が過半数となっており，原材料ロスの算出の可能性が高いことから，導入対象品については生産量が多く，原材料比率の比較的高い品目を選択した．

　MFCA導入対象の選択は成否を決める最も重要な事項と考えている．特に，企業が試験的に導入する場合，導入対象品目を見誤り，費用対効果が小さく改善に結びつかないケースとなった場合，MFCA導入プロジェクトが頓挫することにもなりかねない．このため，MFCA導入対象は費用対効果が大きく，改善の可能性が比較的に高い品目を選択すべきである．具体的には，生産量が大きく，歩留り率の低い品目や生産現場で課題となっている品目，環境負荷量で課題となっている品目などを選択することになるであろう．

2-3 MFCA導入範囲の決定

　MFCA導入対象のデータ集計期間は，1年間（平成12年4月～平成13年3月）とした．その理由として，

　①実験結果における効果を年間で出すことにより，経営トップや工場・研究所に対し，改善の意思決定に実際に役立たせる．

　②月々の生産の操業度が異なるため，1か月や半年で集計するより，財務ベースと同様の1年間を対象とした方がより適正である．

　と判断したためである．

　田辺製薬の場合，データ集計については，1年間といった期間を選択したが，煩雑なMFCAの計算を簡素化して，1ロットの最小生産量で計算することも可能である．

　MFCA導入範囲は，マテリアルコスト・システムコスト・配送／処理コス

トのフルフローコストとし，当該製品の製造原価全体をこの3つのコストに分類した．

ただし，エネルギー費は，マテリアルコストと区分し，配送／処理コストに関しては配送コストを対象外として，廃棄処理コストのみを扱った（注：MFCAの開発国であるドイツでは原材料費と共にエネルギー費をマテリアルコストとしている）．

2-4 MFCA社内導入プロジェクトの発足

MFCAは，原価計算・財務・生産管理・エネルギーデータ・廃棄物処理コストを対象としているため，次の社内導入プロジェクトチーム（計15名）を編成した．

本社　4名
財務経理部（原価計算及びSAP R/3担当）1名
環境管理部（環境会計担当）1名
情報システム部（原価計算及びSAP R/3担当）2名
工場（11名）
総務部（経理担当）3名，環境管理室2名
生産管理部1名，品質保証室1名
製薬部1名，製剤部1名，エネルギー管理者2名

この社内導入プロジェクトにより，様々な問題点の解決や改善策の検討を全体的視点から同時並行的に行い，短時間のうちに処理することができた．このことはMFCA導入を成功させるための大きな要因であったといえる．

2-5 MFCAデータの収集と計算

財務経理部にある原価計算データを情報システム部に依頼してデータをダウンロードし，1年間の原材料費・労務費・間接費・マンアワー（直接作業時間）を収集した．

このようにMFCAデータの収集では，既存のデータに必要最低限のデータ（廃棄処理関連データなど）を加えて，データ収集するのが効率的である．

MFCAの計算については，物理学上の質量保存の法則を前提としたマスバ

ランスに基づき，マテリアルコスト・システムコスト・配送／処理コストのそれぞれについて，物量と金額の両面から良品とロスに区分し計算した．

各コストの計算方法は下記のとおりである．

①マテリアルコスト

田辺製薬では各製造工程におけるマテリアル（原材料）の使用と生産において，理論値と実績値の差額をマテリアルロスとして計算した．ここで，理論値とは，分子量計算から見積もられるロスゼロになる値である．ただし，全額ロスになるものは，個別に直接把握した（主薬・副原料・補助材料・溶媒）．

②エネルギー（水・電気・蒸気）コスト

部門別使用量を物量センター（工程）にマシンアワーで配賦した後，ロスを原材料の重量比で把握した．

③システムコスト

［労務費］

物量センター（工程）別にマンアワーで認識し，ロスは原材料の重量比で把握した．

［設備費］

機械装置の減価償却費と修繕費を対象とし，設備費をマシンアワーで物量センター（工程）別に配賦した．そして，その後，ロスを以下の計算式で把握した．

物量センター別設備費×〔1 − （マシンアワー／24時間× 365日）〕

これは，ロスを原材料の重量比で把握するより，機械稼動時間で直接把握した方がより適正と考えたからである．

［その他システムコスト］

製造間接費から，労務費・設備費・エネルギー費・廃棄費用を差し引いた額である．

その他システムコスト＝（製造間接費）−（労務費＋設備費＋エネルギー費＋廃棄費用）

④配送／処理コスト

配送コストは対象外とし，廃棄物処理コストを対象とした．廃棄物処理コストは廃液処理量・廃液焼却量により物量センター別に計上した．

3. MFCA分析結果と改善結果

3-1 MFCAの導入データ付フローチャートの作成

マテリアルコスト・エネルギーコスト・システムコスト・配送／処理コストを物量センター（工程）別に物量と金額について，良品とロスを計算したデータから，データ付フローチャートを作成した．

3-2 MFCAの導入による改善結果

MFCA分析の結果，廃棄物処理コスト並びに原材料ロスの大きい工程が特定できた．

［合成工程の廃棄物処理コスト　126百万円］
［製薬工程のマテリアルロス　　285百万円］

この特定できた工程に対して，短期的実現可能性の高い廃棄物処理コストの改善にターゲットを絞り，改善策の検討を行った結果を基に，2003年5月にクロロホルム吸着回収設備投資（投資額 約66百万円）とクロロホルムを回収促進する製造方法の変更，さらに廃棄物処理方法の変更を実施し，2003年度実績ベースで計算した場合，以下の成果を得た．

①廃棄物処理方法見直しによる経済効果

工場全体の廃液焼却処理を活性汚泥処理に変更することが可能となり，廃棄物処理コスト低減とクロロホルムの回収再使用により，年間約54百万円の経済効果（うち，省エネ効果　約33百万円/年）を実現した．

②クロロホルム大気排出量削減の大幅達成（環境自主行動計画）

クロロホルムの96%を回収再使用しているが，残りは大気や廃液として排出していた．回収設備投資により，大気排出量をさらに抑制し，環境自主行動計画に掲げた排出削減目標の大幅達成を実現した．（クロロホルム大気排出量を2003年度までに1999年度比10%削減 ⇒ 実績：73%削減）

表 2.2.1　MFCA 導入による省エネ・CO_2 削減効果

省エネ効果は 3,300万円/年
CO_2 換算では 92万円/年 (2,328t/年) 削減

	省エネ効果		CO_2 削減効果 [*]	
焼却処理廃止による燃料費減(LSA重油分)	756kl/年	2,338万円/年	2,048t/年	81万円/年
焼却処理廃止による電力費減	773,015kwh/年	1,082万円/年	315t/年	12万円/年
塩素系溶媒吸着回収装置設置による電力費増	85,731kwh/年	120万円/年	35t/年	1万円/年

* (金額)＝(削減燃料量/電力)×(CO_2 換算係数)×(換算係数)×(金融レート)
CO_2 換算係数 : A重油 2.71t/KL　電力 4.07t/万KWH
換算係数 : 3.73US$/t CO_2 (世界銀行のプロトタイプ・カーボン・ファンドのアニュアルレポートより)
金融レート : 105.69 円/US$ (2004年4月時)

③ CO_2 排出量の大幅削減（環境自主行動計画）

　廃棄物処理方法見直しにより，廃液焼却処理を完全廃止したことから二酸化炭素排出量を 2,328t/年削減した．これは，環境自主行動計画に掲げる 1990 年度比 10％削減目標量（5,647t/年）の 41％を占めている．

　試験導入の結果，この MFCA 手法がロス発見に極めて有効な手法であり，企業利益と環境負荷削減を両立させることが可能な実践的環境経営ツールであることが実証された．

　法的基準を満たし，従来では当然の処理とされていた廃棄物処理方法を抜本的に見直すことにより，経済的利益の向上のみならず，環境管理部門で課題とされていた PRTR 物質の一つであるクロロホルムの大気排出量大幅抑制と地球温暖化防止のための CO_2 排出量の大幅削減を実現した．これは，MFCA 分析結果を受けてからわずか 1 年後の 2003 年 5 月の改善結果である．

4. MFCA の全社展開

　田辺製薬は MFCA の試験導入の成功から，環境経営を効率的に推進するた

め，MFCA を企業情報システムと連携することにより全社展開した．以下に MFCA 全社展開に至るまでの過程について記載する．

4-1 MFCA のシステム化

　MFCA 試験導入時の最大の課題は，MFCA 計算の困難さであった．全社展開するに当たり，多品目生産であり，人的投入も不可能なため，その計算の困難さが障害になることが考えられた．すなわち，大量のデータを扱うことになるため，手計算で一時的に計算できたとしても，継続的かつ他品目に計算対象を拡大するには，人的投入若しくは完全システム化でしか対応できないことが予想されたからである．そこで，ちょうど導入時期にあった企業情報システム SAP R/3 に注目し，MFCA と連携させ，システム化した．

　システム化案は，MFCA のシステム化の段階では MFCA 試験導入時に実際に手計算した経理部門が中心となって策定し，情報システム部にて MFCA のシステム化を行った．システム作成後，理論値などのデータベース作成においては，現存するデータをコピーし，一部不足している理論値について，工場

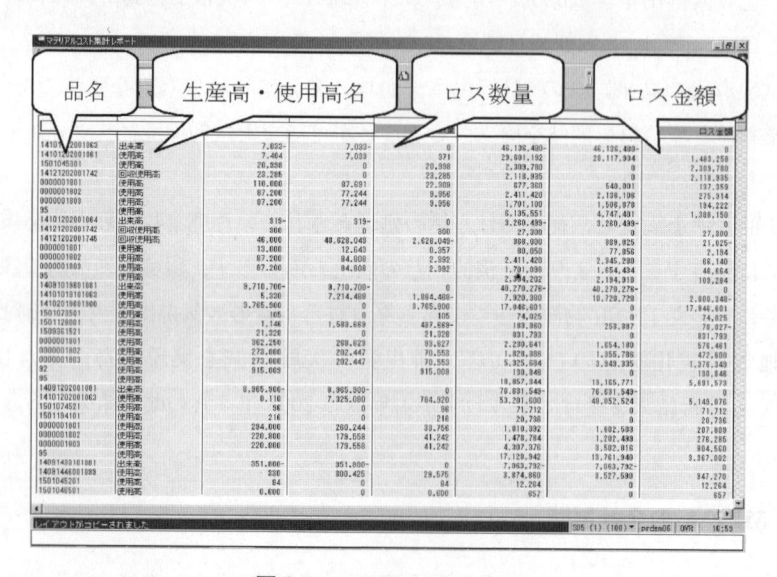

図 2.2.1　MFCA レポート

生産管理課に確認の上，生産現場に負担のないよう経理部門ですべて作成した．MFCA をスムーズに導入するためには，生産現場の負担を最小限に抑える必要があったためである．

結果，MFCA システムが 2004 年 2 月に完成し，2003 年度データより全製品別・容量別の MFCA 分析が月ごとに可能となった．また，図 2.2.1 に示す MFCA レポートを，①物量センター，②生産品目，③使用品目，④製造バージョン，⑤指図書番号別に，月ごとから年次累計に至るまで，提供できるようにした．

以上のようなシステム化により，当初問題視されていた計算の困難さの解決につながったのに加え，データの網羅性・正確性や，環境活動の優先順位明瞭性を高め，環境経営戦略としての経営資源の最適配分と持続可能に向けた環境保全活動の推進が可能となった．

4-2 MFCA システム化による全社展開

MFCA 試験導入では小野田工場の 1 製品群について実施したが，前述のシステム化完了により，国内全工場（小野田工場，大阪工場）と関係会社である田辺製薬吉城工場（医薬品包装工場）の全製品を MFCA 分析の対象とすることができ（2003 年度），現在に至っている．

MFCA 導入に当たっては，各工場長の協力の下，導入事業所ごとに説明会を開催し，MFCA の教育研修を行うとともに，MFCA 分析を実際に行う部署に対して，システム運用説明を行った．なお，運用組織については，図 2.2.2 に示すとおりである．

現在，MFCA のシステム化による生産物のロス削減やエネルギーの効率的使用，廃棄物処理方法の見直しに対する改善案や実施状況について，年に一度 MFCA 運用組織による実績報告会を通じて，情報共有化を図り，継続的改善につなげている．

4-3 MFCA 導入の今後の展開

MFCA の全社展開に当たっては，工場や関係会社といった空間的な広がりに伴う情報量増大といった量への対応と同時に，集められた情報の重要度の順

社長直轄部門	財務経理部長，情報システム部長
信頼性保証本部	環境管理部長
開発本部	CMC研究所長
生産本部	生産企画部長，大阪工場長，ロジスティクスセンター長
関係会社	山口田辺製薬社長，田辺製薬吉城工場社長

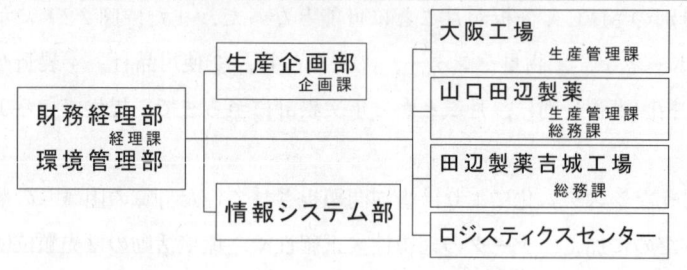

注）山口田辺製薬は，平成17年10月1日付けで田辺製薬小野田工場を会社分割した田辺製薬の100%子会社

図2.2.2　MFCA運用組織

位付けといった質的な対応が必要となる．

　多額の投資を伴う重要案件については，全社的な意思決定が必要であるため，別途本部スタッフ主導の意思決定方式（導入対象製品を事前に意思決定する方法）が必要となる．このため，田辺製薬では，MFCAによる改善を推進するため，システム分析による改善に意思決定方式を加え，運用していくことを考えている．環境経営推進の実践的ツールであるMFCAは，あくまでも分析のツールであり，実際の改善につなげることができるか否かは，企業の意思決定によるところが大きい．今後，企業が本手法を導入し，企業内に制度化して継続的改善を行おうとする場合，本手法導入後の対応も考慮することが重要である．

5. おわりに

　田辺製薬では環境経営を効率的に推進するため，企業情報システムと連携することにより，MFCAの全社展開を図っている．すなわち，国内全工場（小

野田工場，大阪工場）と関係会社である田辺製薬吉城工場の全製品に MFCA を導入した．その結果，各工場での生産物のロス削減やエネルギーの効率的使用，廃棄物処理方法の見直しに対する改善案や実施状況について，情報共有化が可能となった．経営トップほか関係部門による MFCA 実績報告会を通じて，次の新たな目標が制度的に提起され，組織や個人の目標が達成されていく仕組みとなっている．

　コスト低減や環境負荷削減の全社展開は，企業の経営成績や環境経営度に好影響を与え，その結果を社会に報告することにより企業価値を高めるものと考えている．具体的にはコスト削減による利益創出や環境経営推進によるエコファンド・SRI ファンドへの組み入れ，環境経営格付け評価への寄与などである．

　このように田辺製薬は，企業情報システムと連携した MFCA を全社展開するとともに，MFCA 活用による環境負荷削減とコスト低減の同時実現を継続的に実践することにより，環境経営の推進を行い，企業価値を高めながら，持続可能な発展を続けている．

〔河野裕司〕

3章 積水化学工業：集計全社展開と有効活用への課題

1. はじめに

積水化学グループでは，「環境創造型企業」を目指し，環境経営の強化を目標に，2010年を最終年度とする新・環境経営ビジョン「環境トップランナープラン」を策定した．「環境トップランナー」としての目指す姿は「製品を通じて積極的に環境に貢献する環境創造型企業」として継続的に成長できる企業であり，2010年度の環境パフォーマンスに対する数値目標は以下のとおりとした．（2005年4月公表）

①環境貢献製品比率を全製品の40％以上とする．
②CO_2排出量を1990年度比10％削減とする．
③廃棄物発生量を1998年度の3分の1以下とする．

廃棄物削減に関しては，生産工程における徹底した効率的生産を目指し，2004年度からモデル事業所を中心にMFCAの考え方を取り入れる検討を始めた．

2005年度には，国内全34の生産事業所にMFCAを導入し，MFCAの集計，集計結果の分析，分析から廃棄物ロスコスト削減に向けての生産改善，生産革新活動までの一連の内容を「マテリアルフローコスト活動」と呼び，全社活動として位置付けている．「マテリアルフローコスト活動」は生産現場と経営層の共通言語としての，生産事業所の廃棄物削減に寄与する活動としての定着を目指した活動である．

2. MFCA の全社導入について

2-1 マテリアルフローコスト導入の目的

　積水化学グループは，図 2.3.1 の会社概要・売上高表に示すとおり，従業員数約 2 万名，売上高 9,586 億円（連結，2008 年 3 月期）規模の企業で，住宅カンパニー，環境・ライフラインカンパニー，高機能プラスチックスカンパニーの 3 つのカンパニーで構成され，住まいと暮らしに密着した事業を展開している．環境を経営の基軸に置き，環境取り組みは企業経営における重要な要素であるとの認識に立ち事業を進めている．

　積水化学グループのマテリアルフローコストの考え方を，図 2.3.2 に示す．環境と経営の両立をねらいに，生産工程・新築現場から出る廃棄物・CO_2 などの排出に伴うコストを把握し，その削減の方向性を明確化することにより，トータルコスト削減を図ることを目的としている．製造における廃棄物及び廃棄物に由来する CO_2 排出は付加価値を生み出さない費用として明確にし，廃

```
1. 設   立      1947年3月3日
2. 資 本 金     1,000億 200万円
3. 従業員数     約20,000名　（連結ベース）
4. 売 上 高     9,586億円　（連結ベース）
5. 営業利益     430億円　（連結ベース）
6. 事   業      住 宅 事 業
                 環境・ライフライン事業
                 高機能プラスチックス事業
```

売上高（連結）

その他 3%
高機能プラスチックス事業 29%
住宅事業 44%
環境・ライフライン事業 24%

2007年度
9,586億円

セキスイハイム

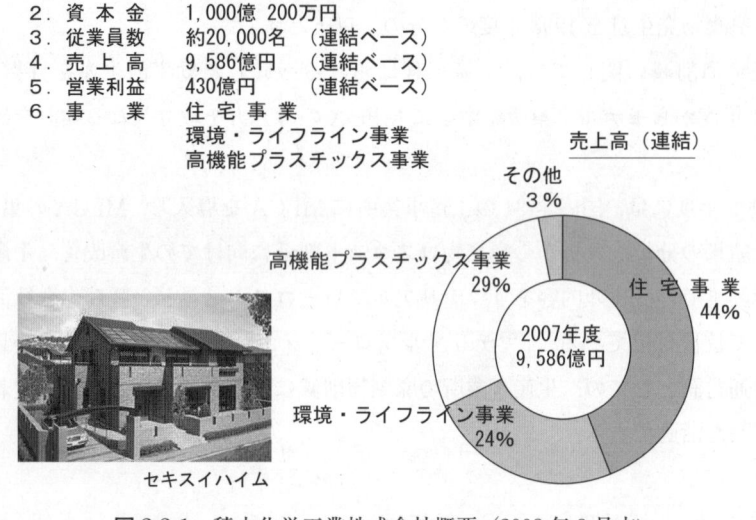

図 2.3.1　積水化学工業株式会社概要（2008 年 3 月末）

3章 積水化学工業：集計全社展開と有効活用への課題　　*129*

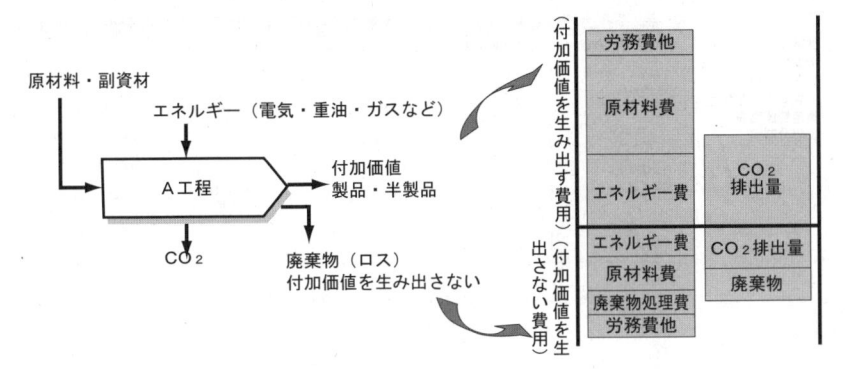

図2.3.2　積水化学グループのMFCAの考え方

棄物をつくるために使った費用のすべてを削減の対象として活動を進めた．

具体的な対象費用としては，廃棄物製造にかかる材料費，電気・ガスなどのエネルギー費，人件費，倉庫費，設備費（減価償却費），廃棄物処理費などである．

2-2　MFCA集計の仕組み

MFCAの考え方としては，従来型の原価計算情報に加えて，良品・廃棄物（ロス）のマテリアル量データと生産管理情報を用いることにより，次の原価構成を明らかにする．

①良品に結びつく原価

②ロスに結びつく原価

また，エネルギーコストや，労務・減価償却コストなどは，各工程で生産される良品量とロス量の比率に応じて算出することとした．

積水化学グループでは，3つのカンパニーはそれぞれ直轄の生産事業所を有し，製造・販売を一貫して行っている．

住宅カンパニーは，東京セキスイ工業(株)，関西セキスイ工業(株)など，全国で8つの生産事業所を持ち，鉄骨系住宅のセキスイハイム，木質系住宅のセキスイツーユーホームのブランドを工場生産率80％のユニット工法で工業化住宅を生産している．生産された住宅ユニットはセキスイハイム東京(株)セキ

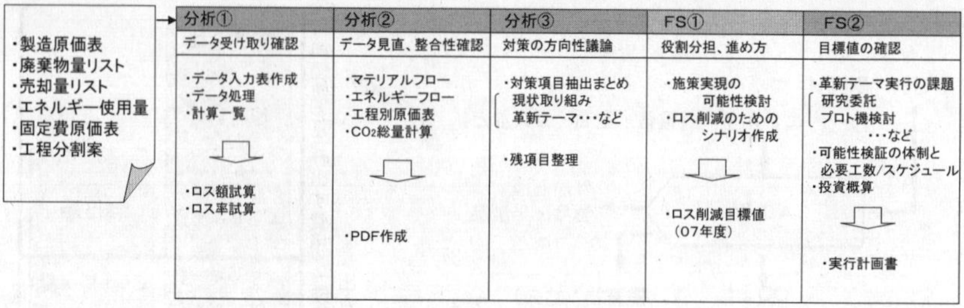

分析①	分析②	分析③	FS①	FS②
データ受け取り確認	データ見直、整合性確認	対策の方向性議論	役割分担、進め方	目標値の確認
・データ入力表作成 ・データ処理 ・計算一覧	・マテリアルフロー ・エネルギーフロー ・工程別原価表 ・CO_2総量計算	・対策項目抽出まとめ 　現状取り組み 　革新テーマ…など ・残項目整理	・施策実現の 　可能性検討 ・ロス削減のための 　シナリオ作成	・革新テーマ実行の課題 　研究委託 　プロト機検討 　　…など ・可能性検証の体制と 　必要工数/スケジュール ・投資概算
・ロス額試算 ・ロス率試算	・PDF作成		・ロス削減目標値 　(07年度)	・実行計画書

製造原価表・廃棄物量リスト・売却量リスト・エネルギー使用量・固定費原価表・工程分割案

図 2.3.3 MFCA の推進ステップ

スイハイム大阪など，全国約 40 拠点の施工・販売会社で現場組立て・施工を行っている．

環境・ライフラインカンパニーは，上下水道，電力・ガス・通信用配管などのインフラ事業分野と雨樋(あまどい)・屋根材・デッキ材・浴室ユニット・浄化槽などの建築材料・設備事業分野の大きく 2 つの事業からなり，滋賀栗東工場・群馬工場・東京工場や，九州積水工業(株)など全国で 10 の生産事業所を有している．

高機能プラスチックスカンパニーは，情報技術（IT）・自動車・メディカル・機能建材などの多岐にわたる分野で，材料・成形加工・評価に関するコア技術を生かした中間素材や機能部品を製造する滋賀水口工場・武蔵工場・尼崎工場や，積水フィルム(株)名古屋工場など，全国に 12 の生産事業所を有する．

積水化学グループとして，MFCA の導入対象は，住宅カンパニーについては生産事業所と施工・販売会社の新築現場拠点すべてを対象にした．環境・ライフラインカンパニー・高機能プラスチックスカンパニーについては，国内すべての生産事業所を対象として，分析，評価，廃棄物コスト削減検討を実施することにした．

分析の各項目は図 2.3.4 に示したとおり，製造ラインの各工程単位で，INPUT と OUTPUT の数量及びコストを洗い出す作業を行う．投入原材料・労務費・製造経費・廃棄物などの各項目については，工程単位で数値を拾い出してマテリアルフローコスト分析を実施し，製品に結びついたコスト，結びつかなかったコストを対象の事業所で把握した．

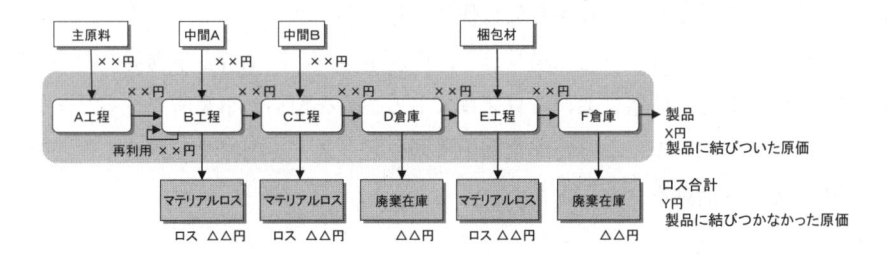

3章　積水化学工業：集計全社展開と有効活用への課題　　　131

図 2.3.4　マテリアルフローコスト分析例

3. マテリアルフローコスト活動の推進ステップ

　活動のスタート時は，コーポレート組織である CSR 部環境経営グループが中心となって推進を図ったが，2006 年 4 月に積水化学グループのコーポレート内に『モノづくり革新センター』を新設し，「モノづくり力＝事業の競争力強化」との理念で，お客様尊重・従業員尊重・環境尊重のモノづくりを目指し，MFCA を成果目標設定，四半期単位でのモニタリングの指標と位置付け，活動を進めることとした．積水化学グループのエンジニアリングを担当する子会社の積水エンジニアリングのメンバーとともに事務局を構成し，図 2.3.3 のようなステップで，マテリアルフローコストの集計・分析から生産の改善を検討（フィジビリティスタディ）し，実行計画書を作成するまでの作業を　「マテリアルフローコスト活動」として推し進めた．

　まず，事務局のメンバーは分担して，マテリアルフローコストの目的や，目標，実施方法について各生産事業所を説明して回った．説明を受けた生産事業所は，対象製造部で製造原価表・廃棄物量リスト・売却量リスト・エネルギー使用量・固定費原価表などから各生産事業所の製造を工程ごとに分割して整理し，生産事業所内でワーキンググループを結成し，事務局とともに分析を精力的に行った．生産事業所ごとに少し差はあるが，分析①から分析③完了までは約 2～3 か月を要する作業量である．分析のためのデータ入力フォーマットを作成し，このフォーマットに従って対象の生産事業所のデータを入力し，事務

局メンバーがフォローしながら分析作業を行った．

分析完了後に分析結果を工場長以下，生産事業所の関係者と事務局との間で報告会を開催し，製造におけるロスコストの議論を個別の事業所で行った．その後，分析で明らかになった廃棄物由来のロスコストを削減するための生産の見直し実施の活動をスタートした．

4. マテリアルフローコスト分析の結果とロスコスト削減テーマ展開について

前項で述べたように国内の全34生産事業所でMFCAとしての分析を実施した．分析結果の代表例として，ある生産事業所の樹脂押出成型の製品を例にとると，図2.3.4のとおりである．図中では省略しているが，分析にはシステムコスト（労務費・減価償却費など）も含む．分析結果からY円のコストが廃棄物製造にかかっていることが分かる．図2.3.5は，ある製造ラインの複数の生産についてロス要素を分類した例である．図2.3.6，は生産における，あるプロセスにおいてロス要因を分類した一例である．

図2.3.7は，全社のロスコスト内訳表である．個別に各製造部の数値を集計し，各カンパニー及び全社集計としてまとめている．集計は年2回行い，ロスコスト削減の進捗状況を計っている．

これらの分析結果を基に，廃棄物由来コスト削減に向けての改善，革新テーマ抽出の検討を各生産事業所単位で行っている．ロスの内訳・内容，削減のた

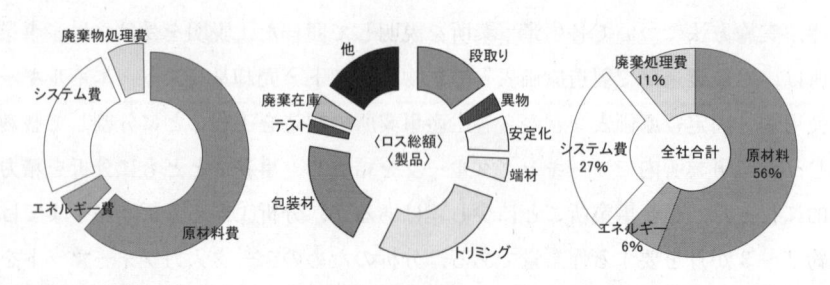

図2.3.5　○○製造ライン総コスト比率　　図2.3.6　△△プロセスコスト比率　　図2.3.7　全社ロスコスト集計

めの課題，具体的対策を一覧表にまとめ，生産改善・革新に向けた詳細検討を実施するための諸条件を整理し，その後，フィジビリティスタディ検討結果を基に，廃棄物由来コスト削減のテーマ実行に移ることになる．

具体的な内容は割愛するが，「マテリアルフローコスト革新シナリオ」として，マテリアルフローコスト活動からみえてきた課題を，改善テーマごとに具体策，効果性の評価（金額），ロス量削減（廃棄物・CO_2），実行するための投資金額を整理し，この中から各カンパニーで実行の優先順位付けを行い，実行計画書を作成する．実行計画書は革新テーマ実行のマスタープランである．

このような進め方で，カンパニー単位の中期実行計画書にマテリアルフローコスト分析からの廃棄物由来コスト削減目標盛り込み，PDCAを回す仕組みを構築した．

5. おわりに

企業が環境に優しいモノづくりを志向するという意味では，当然ながら工場は廃棄物発生量・CO_2発生量の極小化をねらわなければならない．このような環境に配慮された工場で製造し，社会環境も含めて環境に貢献する製品を世の中に出さなければならないと認識している．しかもそれが経営として成り立たないといけない，経営に負担をかけるような環境取り組みはサステナブルではないと考える．

積水化学グループでのマテリアルフローコスト活動は，環境配慮と経営の同軸化を目指す活動そのものとなったと認識している．すなわち，

①環境配慮を行うことにより，新しく利益機会を見いだすことができる．
②みえていなかったコストを環境配慮という視点で顕在化させ，新しくコスト削減目標を設定する．
③環境配慮をしなかったことによる利益機会の損失を顕在化させ，新たな利益向上となる目的を設定する．

などの情報を経営層に提供できる活動となった．活動の成果として，製造現

場と経営層がマテリアルフローコストという同一言語で情報を共有化することができるようになり，意思決定の迅速化に寄与できたと考える．

今後の課題として，製造プロセス全体として，ライフサイクルアセスメント（LCA）とマテリアルフローコストを組み合わせ，コストと使用価値の実現を同時に組み合わせた分析や，「マテリアルロス＝0」を究極の目標とした，マテリアルフローコストの展開が求められると考える．

MFCA 導入から廃棄物由来コストの削減を実現させる一連の活動の中で意志決定された製品やサービスが，サステナブルな製品・サービスとして市場で評価され，その結果，企業競争力・企業価値向上に貢献するものと期待したい．

（沼田雅史）

4章　日東電工：原価改善と設備投資への応用

1. はじめに

　日東電工は，1918年に電気絶縁材料の国産化を目的として創業し，高分子材料の合成・加工・応用技術を中心に，化学・電子・医療などさまざまな先端テクノロジーを複合化・多角化しながら，新機能・新製品を開発している総合機能材料メーカーで，1万種以上の製品を市場に供給している．

　日東電工の環境経営は，かつての出口対策から源流対策・プロセス革新へと変革してきた．そのための研究開発・製造設備の開発を通じて，単なる環境保全だけでなく，環境と事業を両立させる「環境経営」の指標として，2000年度から環境会計を応用した環境予算を導入し，各事業部の責任を明確にしている．その中で，産廃原価の低減を経営課題の一つとして，廃棄物が発生しないように生産方法を見直し，余分な材料購入及び加工費などを最小限にすることで資源生産性を向上させ，トータルコストの低減に取り組んできた．2000年頃経済産業省（当時の通産省）から，「MFCA手法を日本に導入したいが，そのモデル企業をお願いしたい」との話があった．「廃棄物を製造工程ごとに把握，その製造コストを算出し，コスト低減につなげる」手法ということで，2000年度より日本初の経済産業省委託・社団法人産業環境管理協会における「MFCA導入のモデル企業」として，日本への導入可能性及び有効性の検証に取り組んでいる．グローバル競争の時代，MFCAは，コスト・技術・環境を可視化し，問題の所在，追求すべき課題を誰もが分かるようにする支援ツールとして，極めて有効なものとなっている．

2. MFCAの適用事例

2-1 対象製品

　MFCAを実施するに当たって，導入の対象製品を，豊橋事業所の「エレクトロニクス用粘着テープ」とした．その理由は，この製品が日東電工の経営課題の一つである「産廃原価の低減」に取り組むべき代表的な製品であり，さらに戦略的に市場拡大を図る製品と位置付けているためである．「エレクトロニクス用粘着テープ」の基本構造は，「基材」「粘着剤」「セパレータ」の三層構造になっている．基本的な生産工程は，まず粘着剤を配合し，それを基材・セパレータに塗布することでテープの原反をつくるところから始まる．この原反を数種類ある製品規格の幅と長さに合わせて切断して，テープとして出荷することになる．原反の切断は長さ方向と幅方向の2通り行われ，余りの部分がロスになる．また，粘着剤が基材・セパレータに均一かつクリーンな状態で塗布されていることが必要条件であり，この点での品質管理は徹底して行われ，不良品は排除されてロスになる．

2-2 データの収集

　受注から出荷に至る，物と情報をトータルに管理する「日々動態管理システム」を独自に開発し，生産管理及び月次決算に活用している．このシステムが主要な生産・管理工程単位に材料のフロー（イン，アウト，歩留りなど）を管理しているので，その後のデータ収集の観点より，「日々動態管理システム」の管理単位を「物量センター」に設定した．

　具体的には，図2.4.1で示すように，①溶解・バッチ配合工程，②塗工・加温工程，③原反保管，④切断工程，⑤検品・包装工程の5つの物量センターに区分した．①溶解・バッチ配合工程では，粘着剤の配合を行い，これを②塗工・加温工程において塗布し，基材とセパレータを張り合わせる．この際に加温するのは粘着剤を溶かしていた溶剤を揮発させるためである．こうして③原反ができるので，これを④切断工程に送り，製品規格の幅と長さに合わせて切断するとともに，プラスチック製の巻芯に巻き取る．その際，センサーによる

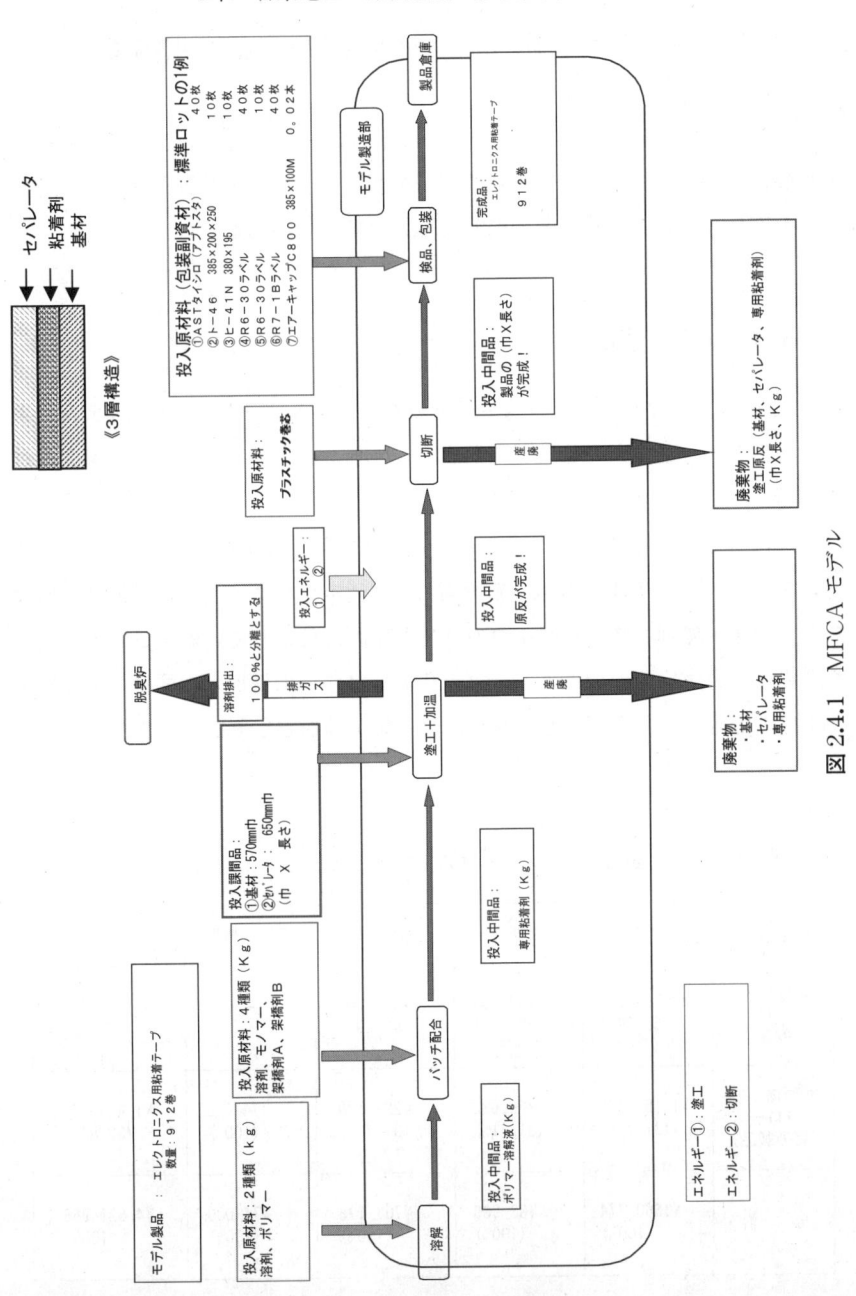

4章 日東電工：原価改善と設備投資への応用

図 2.4.1 MFCA モデル

チェックを行い，不良品を排除する．その後⑤検品・包装し出荷する．

2-3 推進体制

このモデル事業に際し，推進リーダーを決め，その推進リーダーを中心にモデル製造部・環境技術開発部・経理部・情報システム部・品質保証部・資材部などの部長・課長・係長などの緊密な協力体制を構築した．

3. MFCAの分析結果

MFCAは，①マテリアルコスト（材料費・エネルギー費），②システムコスト（人件費・原価償却費など），③配送／処理コスト，の3要素から構成されている．

これに対し日東電工では，①マテリアルコスト（材料費のみ），②エネルギーコスト（マテリアルコストから分離），③システムコスト，④廃棄物処理コスト（配送／処理コスト）の4つのコスト要因に分類している．このようにした理由は，企業実務の観点より，マテリアルフローの把握から後にロス分析につなげる過程がより透明化し，さらに改善施策検討がより的確に判断できると考えたためである．

表2.4.1　フローコストマトリックスの集計

コスト分類	マテリアル	エネルギー	システム	廃棄物処理	合計
製品へのフロー（正の製品）	¥2,499,944 (68.29%)	¥57,354 (68.29%)	¥480,200 (68.29%)	—	¥3,037,498 (67.17%)
廃棄物へのフロー（負の製品）	¥1,160,830 (31.71%)	¥26,632 (31.71%)	¥222,978 (31.71%)	¥74,030 (100%)	¥1,484,470 (32.83%)
合計	¥3660,774 (100%)	¥83,986 (100%)	¥703,178 (100%)	¥74,030 (100%)	¥4,521,968 (100%)

表2.4.2 エネルギーコスト・システムコストの計算

項　目	算出基準	算出根拠
エネルギー費（電力費）	使用電力量	実際の稼働時間より算出
エネルギー費（燃料費）	使用蒸気量	実際の稼働時間より算出
人件費	実際作業工数	実際の賃率より算出
減価償却費	期間配分	年間償却費を月割して算出
その他管理費	配賦	発生額を配賦
廃棄物処理費	発生額	重量を実測して算出

「2000年11月1日から30日までの1か月間」の計算結果を示したのが，表2.4.1である．また，各物量センター（＝製造・管理工程）における各コスト項目の計算基準及び計算根拠は，表2.4.2のとおりである．

エネルギーコストとシステムコストを「製品へのフローと廃棄物へのフローに割り当てる方法」が問題となるが，日東電工の事業体質やモデル製品の製造プロセスなどを総合的に勘案し，マテリアルフロー結果の金額換算ベース：68.29%と31.71%で配分した．

ここでは1か月間の集計結果を表2.4.1に示している．その後，四半期ベース，6か月ベースなどの継続データを集計しており，1か月に換算した平均データはこの結果とほぼ同等であり，本データが経営判断に役立つものであると考えられる．

4. 企業の競争力を強化するマネジメントツールとしてのMFCA：原価改善から設備投資への応用

測定結果は，「正の製品コスト：67.17%」と「負の製品コスト：32.83%」であり，負の製品コストが明らかになった．この情報を基にロスの発生原因分析を行い，どこで，どれだけのロスが発生しているか，そしてその原因は何か，ということを明らかにした．そうすることでロスを発生させている原因と各原因の金額的重要性の大きさが理解できるので，どの問題から対処すべきかの優

先順位を付けやすくなる．また，対策のために設備投資を行う際には，その費用対効果を把握しやすくなるなど，改善に向けた取組を行う上で非常に有益となる情報を MFCA は提供することが可能なのである．

企業実務の観点からみた本手法の最大の特徴は，「良品原価」と「廃棄物原価」を独立・分離させていることである．つまり，本手法は各製造工程に投入されたマテリアルとエネルギーばかりでなく，コスト範囲を人件費・減価償却費などにまで拡大し，製品（良品）の生産に使われた価値と廃棄物を生んでしまった負の価値とを分けている．したがって本手法は，「負の製品コストを"見える化"」し，負の製品コストを低減し，資源生産性の向上を目指し，企業の競争力につなげるマネジメントツールといえる．

2000 年度には 67%であった正の製品の割合も，MFCA 情報を活用した「廃棄物・ロスの発生原因分析」及び「改善施策」の実行により，2004 年度には約 10%の改善が認められた．しかし，いまださらなる改善・改革の余地があり，改善施策を実施しつつ，設備投資アセスメントを並行して行ってきた．そ

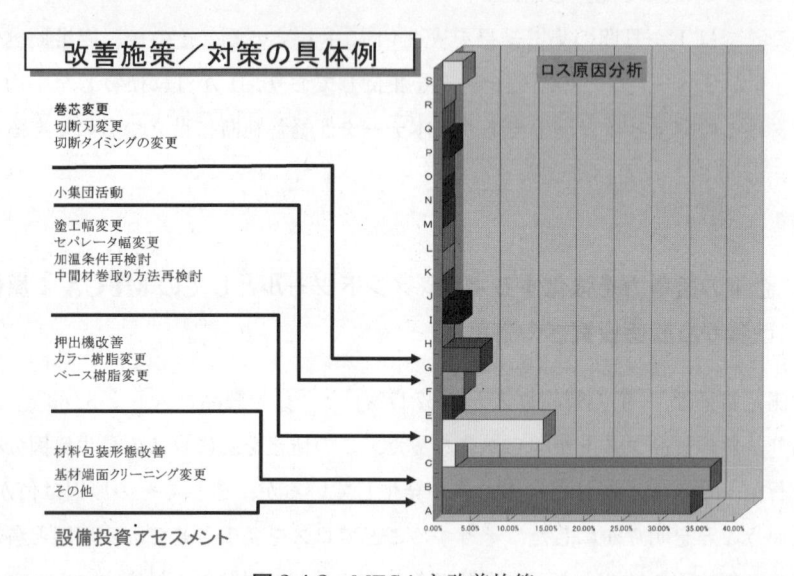

図 2.4.2　MFCA と改善施策

表 2.4.3 MFCA による改善実績と目標

	2001	2004	2008（目標）
正の製品	67%	78%	90%
負の製品	33%	22%	10%
合　計	100%	100%	100%

の結果，製造プロセスを抜本的に見直し，7億円の設備投資を決定し，さらなる改善・改革にチャレンジしているところである．なお，図 2.4.2 は具体的な改善施策を示したものであり，表 2.4.3 は改善実績と目標を示したものである．

5. おわりに

　MFCA から，負の製品コストがみえるようになるだけでは，資源（マテリアル）のロスは改善も削減もできない．したがって，MFCA で出てきた結果のデータを加工し，あるいは意図を持って MFCA のデータをつくり加工することによって，目的としている資源ロスの削減とコストダウンに取り組みやすくできる．

　企業にとっては，①どの製造工程で改善・改革が必要か，課題と解決策が明確になり，②的確な改善施策の実行や，設備投資の実行，設備投資額の確保が可能になる，といった経営判断に有効な手法になる．さらに，その課題を解決し，廃棄物へのフローを製品へのフローに改善できれば，環境負荷の低減ばかりでなく，企業利益の向上に貢献することになる．

（古川芳邦）

5章　ジェイティシイエムケイ：月次経営指標への応用による現場管理

1. はじめに

　ジェイティシイエムケイは，電子部品「プリント配線板」を製造している．親会社の日本シイエムケイでは，環境会計やLCA，また環境報告書の発行などにより，いち早く環境に取り組んでいる．製造子会社には環境専門部署は設置されておらず，親会社の積極的な取り組みに対し，"環境"というカテゴリーの仕事が出現した状態になっており，生産効率を追求している同社では，環境と生産を両立させることが求められた．

　プリント配線板の製造工程は多段階にわたっており，また，様々な要素技術が絡んでいる．主な製造プロセスでは，全面に銅めっき加工を施した製品に対し，回路パターンを表出させるためにエッチングを行い，銅を洗い流すという製造方法自体のロスがある．作業に適したサイズで加工を進めていくが，最終的には最終製品の形状に合わせて，プレスで打ち抜く．そのときに端材となる部分にもインクが塗られている．つまり，プリント配線板の製造は，資源的ロスはみえつつも，多段階にわたる工程により，トータルでのロスは把握できていなかった．

　筆者がMFCAの存在を知ったとき，ロスが把握できることにより製造プロセス改善のヒントが得られるのではないかという点と，経営判断の一つになるのではないか，という2点がポイントであった．試行をした結果，1点目の製造プロセス改善のヒントは従来の延長線上のものであった．しかし，ロスが全工程をとおして数字で把握できるところに大きな魅力を感じた．そこで2005年から簡易的な形で毎月MFCAで計測を行い，月次の経営指標として使用した．

2. MFCA の試行

2-1 製造工程説明

筆者は2005年当時,管理部門から製造部門へ異動し,プリント配線板を直接製造する機会を得ていた.そんなとき,旧知の日本能率協会からMFCA試行について打診を受け,冒頭に説明した興味を持って,試行を開始した.

プリント配線板の製造工程は,図2.5.1に示すとおりである.

① 裁断工程:$1m^2$程度の原板(銅張積層板)を作業に適した大きさ(ワークサイズ)に裁断する.
② 内層回路印刷工程:回路パターンのフィルムを感光させ,現像する.
③ 内層回路表出工程:印刷された回路パターン以外をエッチングして,銅の配線を表出させる.
④ 積層プレス工程:回路を形成させた銅張積層板に,シート状の絶縁材と銅箔を真空プレスで圧着させ,端材を切る.
これで仕掛品"積層ボード"が完成している.
⑤ 導通穴あけ工程:積層ボードを重ね,当て板で挟み,ドリルで導通用の穴をあける.
⑥ めっき加工工程:表面と裏面(並びに内部層)を貫通する穴にめっきを施し,すべての面を導通させる.
⑦ 表面回路印刷工程:めっきを施した材料に回路パターンのフィルムを感光させ,現像する.

材料裁断 → 内層回路印刷 → 内層回路表出 → 積層プレス → 導通穴あけ → めっき加工 → 表面回路印刷 → 表面回路表出 → 絶縁層形成 → 部品実装部表出 → プレス加工 → 表面保護加工 → 検査

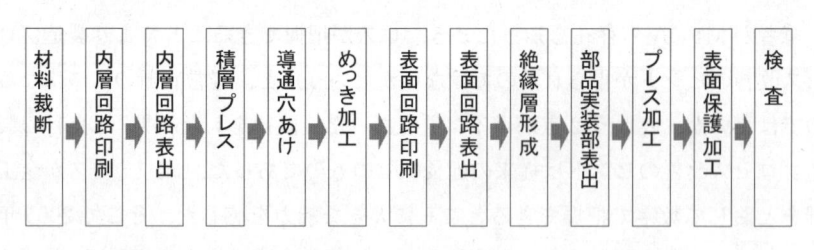

図2.5.1 プリント配線板の製造工程(4層プリント配線板)

⑧表面回路表出工程：印刷された回路パターン以外をエッチングして，銅の配線を表出させる．

⑨絶縁層形成工程：非導電性のインクを噴霧し，乾燥させる．

⑩部品実装部表出工程：部品実装部を隠したフィルムを感光させ，硬化させる．硬化していない部分は洗い流し，表出させる．

⑪プレス加工工程：プレス型で打ち抜き，最終製品の形状・大きさにする．

⑫表面保護加工工程：フラックス処理を行い，防錆処理を施す．

⑬検査工程：導通検査・外観検査を行う．

この状態でお客様に納品し，お客様が部品を実装するのである．このようにプリント配線板の製造は，原板をワークサイズ（おおよそ500mm × 500mm）に裁断し，銅を積層した仕掛品"積層ボード"に，様々な材料の付加と削除を繰り返している．

2-2 MFCA 試行結果

ここで実際に試行した内容について簡単に説明したい（詳細については，http://www.jmac.co.jp/mfca/case/01_16.php 参照）．

MFCA の試行では，製品サイドからのアプローチを行ったため，製品種類を1種類にする必要があり，ここでは4層プリント配線板という種類の製品で行っている．

(1) データ収集期間・方法

　①MFCA のために，1か月間の生産量・廃棄物量・経費のデータを収集した．

　②システムコストの物量センター（工程）への配賦においては，直接労務費と設備費に関してはできるだけ工程別の把握を行ったが，その他の費目はできるだけ簡便に行うことにした．

(2) 製造に関する考え方

　①プリント配線板は積層ボードにインキを吹き付けたり，めっきやエッチングを行い，他の材料を加えたり取り除いたりしている．穴あけ加工時に用いるアルミの当て板やベークライト板は，その後の工程で取り除い

②積層ボードと一体化していない投入材料（上で述べたアルミ板・ラミネートフィルムなど）は，積層ボードとは別の材料として，最初から最後まで，別々に物量の変化を把握した．

③同製品は，使用する最終製品により，大きさ・形状が異なり，プレス工程で発生する端材の量が大きく変動する．いままで積層ボードとして手間とコストをかけたものが，プレスで打ち抜くことにより，いきなり端材すべてがロスになる．

しかし，製品により違う端材の量をいちいち測ることで，全体像がみえにくくなるおそれがあり，特定機種の端材の大きさを利用した．また，積層ボードは，様々な材料で構成されている．本来のMFCAの考え方に従うと，積層ボードを構成している材料の種類別に，最後の工程まで，投入した材料の各工程の投入物量，次工程へ引き継がれる物量，廃棄される物量を正確に把握する必要がある．

そこで，簡便な計算を行うために，積層加工を行った以降の工程では，積層ボードという一体化した材料として扱い，その物量変化を把握した．なお，その仕掛品の物量値を，構成されている材料別の物量値に置き換えるのであれば，

表 2.5.1　フローコストマトリックス（試行時）

	マテリアルコスト	システムコスト	エネルギーコスト	廃棄物処分コスト	計
正の製品	104,000	181,500	7,750	0	293,250
	26.4%	46.0%	2.0%	0.0%	74.4%
負の製品	51,400	47,140	2,245	0	100,785
	13.0%	12.0%	0.6%	0.0%	25.6%
廃棄/リサイクル	0	0	0	327	327
	0.0%	0.0%	0.0%	0.1%	0.1%
小計	155,400	228,640	9,995	327	394,362
	39.4%	58.0%	2.5%	0.1%	100.0%

※数値はMFCA計算の一部を，架空の数値に変更して表したものである．

表 2.5.2　工程のコスト変化（試行時）

コスト分類	投入コスト			正の製品コスト			負の製品コスト			
コスト項目	マテリアルコスト	システムコスト	エネルギーコスト	マテリアルコスト	システムコスト	エネルギーコスト	マテリアルコスト	システムコスト	エネルギーコスト	廃棄処分コスト
内層回路	23,500	6,500	250	21,000	6,250	250	200	260	10	10
積層プレス	49,200	28,750	1,240	42,000	27,300	1,150	6,100	1,450	60	-10
導通穴あけ	80,900	66,400	2,400	74,000	65,200	2,400	6,300	1,230	45	-500
めっき加工	64,300	64,300	3,000	61,000	63,500	3,000	3,000	650	30	-30
表面回路印刷	52,000	56,000	2,800	49,000	56,500	2,800	2,500	200	10	2
回路エッチング	51,700	61,500	3,000	43,000	54,500	2,600	7,500	7,000	350	90
絶縁層形成	70,000	85,800	4,300	67,000	85,600	4,300	2,500	350	20	150
プレス加工	141,400	208,000	10,300	122,000	180,000	8,900	19,000	28,500	1,400	500
検査	107,350	186,600	8,050	104,000	181,500	7,750	4,300	7,500	320	115
全工程合計	161,350	225,000	9,940	104,000	181,500	7,750	51,400	47,140	2,245	327

※数値はMFCA計算の一部を，架空の数値に変更して表したものである．
※廃棄処分コストがマイナス表示の場合は，売却益が出ていることを表す．

重量構成比率によりすぐに換算可能である．

今回の MFCA は簡易版とも呼べるものであるが，当初目的は充分満たせるものであった．

(3) データ分析結果

MFCA の計算結果をフローコストマトリックスとして表す（表 2.5.1）．

製品全体としてみると，負の製品コストが 25.6%になっている．投入コストの 4 分の 1 がロスである．またマテリアルコストよりシステムコストの方が大きく，エネルギーコスト比率は比較的小さい．

続いて，主な工程ごとのコストの変化をみてみる（表 2.5.2）．

この表から，負の製品コストが多く発生しているのがプレス工程で，続いて穴あけ工程，エッチング工程，積層プレス工程の順となっている．また，各工程の物量投入量を統一させると，ロスが多い順に積層プレス⇒エッチング⇒プレス⇒穴あけとなった．

(4) 計算結果の考察（ロスの考察，改善着眼点）

今回の試行の分析結果，及びその考察の結果，次のような改善の方向性がみえてきた．

① 生産量から考えると，プレスで発生する端材が，ロスに対する影響が大きい．

②エッチング工程で使用するエッチング液の使用量が多く，改善効果も大きい．

③穴あけ工程でのロスは，穴をあけるドリル切り粉と積層ボードを挟む際の当て板である．

④積層プレス工程のロスは，絶縁材料が流れ出すのを受け止める銅箔が考えられる．

(5) 改善点検討結果

改善点を検討した結果，2％のコスト削減が可能であることが分かった．改善方策の一例として，プレス工程での端材の削減策のイメージを，図 2.5.2 に示す．

図 2.5.2 のように，ワークサイズに余裕がある場合がある．このような場合，ワークサイズに製品を面付けする間隔を狭め，より多くの製品がとれ，端材が少なくてすむようにした．また，面付数が増やせない場合は，製品の向きを変え，ひと回り小さいワークサイズを使用することで，端材が少なくてすむはずである．

ただし，今回検討した改善項目は，従来から手がけているものも多く，改善余地が少ないものが大多数であり，またすべての製品が改善対象になる訳では

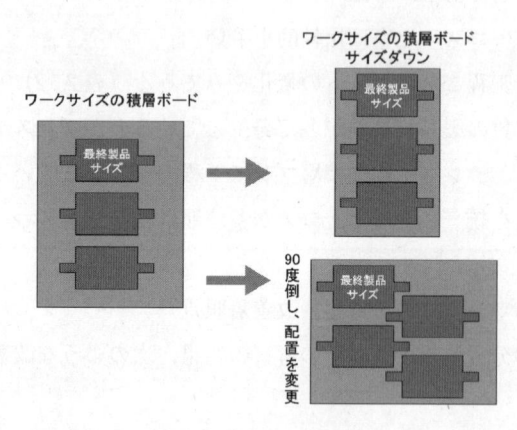

図 2.5.2 プレス加工時の端材削減イメージ

ない．よって，改善の着眼点としては，次のようなことが考えられる．

①製品サイズは受注時に決定しているので，新規受注時にロスをなくせるように提案する．

②不良品発生によりマテリアルのロスと同時にシステムコストもロスしている．廃棄コストも増えている．不良をなくし，歩留り100％とすることの重要性を啓発していく．

③設備の停止時間を減らし，設備稼働率を向上させていく．

(6) MFCA適用のメリット

MFCA適用のメリットとしては次のようなことがあげられる．

①工程ごとのマテリアルロスが目にみえ，改善の着手ポイントが明確になった．どの工程での改善を優先させるか，どの材料を対象にするのかが明確になる．

②MFCA分析にあたり表計算ソフトを利用した．これにより，材料調達コスト（量と価格）の製品コストに与える影響が分かり，サイズダウンとコストダウンによる提案ができるようになった．様々な素材が値上がりし，自分達の活動によるコストダウン効果が分かりにくくなっており，アイデア活用に有効である．

③様々な経営指標やデータを作成していたが，活用されていないものもあった．MFCAでは各種指標が取り込め，現場の経営指標として活用できる．生産量・品質のみならず，コスト指標として工程ごとに管理ができる．

(7) MFCA適用の課題

MFCA適用の課題としては下記のような点が考えられる．

①現場のバックアップ

環境側面からの説明より，コスト低減や効率化が目的といった捉え方の方が，製造現場での定着が早い．しかし，一旦分析結果が出れば，環境への理解も促進される．

②正確な数値の追求

多品種を取り扱い，多工程で対応している場合は正確な数値が求められな

い．簡易的な数値となるので，追求すべきポイントと割り切るポイントを見極める必要がある．

③改善余地の開発

プリント配線板のように，最終顧客の前段階のメーカーへ提供する製品は，仕様・形状はメーカーによって決定される．この場合ロス削減の提案が行えない場合も多い．また，改善は従来からも行っており，改善余地が少ない工程も多い．

3. 経営指標への活用

ジェイティシイエムケイでは，ISO14001の2000年版への移行を踏まえ，紙・ごみ・電気の環境活動から，本業をとおしての環境活動を展開すべきであると考えていた．そこで，事業所全体のMFCAを月次で把握し，負のコストを低減することにより，本業に即した環境目標の達成を目指した．これは試行で行った単品のMFCAを，事業所全体のMFCAに変換することを意味した．

試行では，ある特定の4層プリント配線板を計算していたが，実際には両面（2層）プリント配線板や6層・8層プリント配線板といった製品も生産しており，当然重さも変わってくる．そこで，数量を把握するため，製品別に重さを算出した．そこに試行で作成した4層プリント配線板のデータに係数を掛けている．環境目標とするために，数値を確定させるのであるが，いま存在している数字をスタート点として，毎月の変化量を調べる形式とした．製造部門では，毎月の変化量の理由を把握し，理由に対してアクションをとることとした．主な目的が，試行時の製造プロセスの改善から，マネジメントに変わったのである．

もともとは，製造部門への過度の負担を減らすつもりであったので，精緻なものをつくりあげるために工数をかける気はなかった．月々の変数が変われば，前月に比べて差が発生する．その差が良い方向なら，その理由を確認する．悪い方向ならその理由と対策を報告してもらうという使い方をしたかったので，

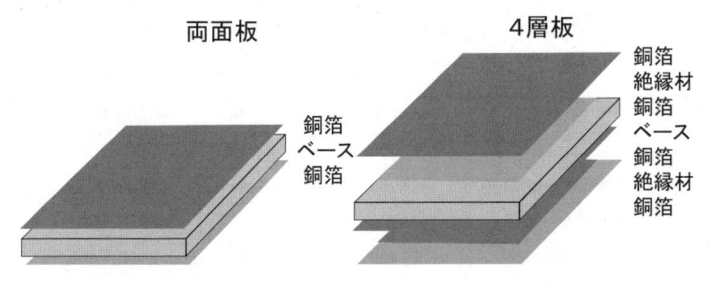

図 2.5.3 プリント配線板の構造（考え方であり，実際の製造方法とは若干異なる）

これで充分だった．

3-1 係数の考え方

試行では事業所内すべてが，4層プリント配線板を製造したと仮定して数値を設置した．しかし，実際には両面プリント配線板が多く生産されているが，6層・8層の製品も生産されている．層が増えることにより，導通面であるコア材が増え，重量が増え，逆に両面板は重量が減り，値段は下がる（図2.5.3）．

両面板は4層板に比べ，銅箔2枚・絶縁材2枚が少ない．逆に8層は，4層に比べ，銅箔4枚・絶縁材3枚が多いという構造になる．4層から算出した重さを使い，両面・6層・8層の重量を計算し，物量値を整えた．プリント配線板は積層ボードになれば，製品種類が違っても，それ以降の製造プロセスは同じである．重さの違う製品が同じ工程をとおっていくことになる．

次に，外部加工工程の調整である．ジェイティシイエムケイでは繁簡に合わせて外部業者に加工を委託している．加工する内容は同じであるが，材料の購入値段や固定費は当然違ってくる．ここでは社内と同じデータを使用した．これで，工程間の量のバラツキと，重さのバラツキが修正された．

3-2 全社 MFCA の作成

2005年2月のデータを使用し，全社としてのMFCAを作成した（表2.5.3）．試行時と比較して分かることは，事業所全体のMFCAとしては，製品の約3割を負の製品としているという事実であり，負のマテリアルコストが16.7％にもなるという事実である．これは全数4層プリント配線板を生産したと仮定

表 2.5.3 単一製品と事業所全体の MFCA 比較

		4層プリント配線板のみのデータ		事業所全体のデータ	
正の製品	マテリアルコスト	104,000 千円	26.4%	75,000 千円	21.6%
	システムコスト	181,500 千円	46.0%	165,000 千円	47.5%
	エネルギーコスト	7,750 千円	2.0%	5,800 千円	1.7%
正の製品合計		293,250 千円	74.4%	245,800 千円	70.8%
負の製品	マテリアルコスト	51,400 千円	13.0%	58,000 千円	16.7%
	システムコスト	47,140 千円	12.0%	40,000 千円	11.5%
	エネルギーコスト	2,245 千円	0.6%	1,600 千円	0.5%
	廃棄物処分コスト	327 千円	0.1%	2,000 千円	0.5%
負の製品合計		101,112 千円	25.6%	101,600 千円	29.2%

※数値はMFCA計算の一部を,架空の数値に変更して表したものである.

した数字に比べ悪化しており,改善の必要性は高まっているということである.

当時の経営課題の一つとして,生産性の向上があった.MFCA試行時に様々なデータを収捨する必要があったのだが,比較的簡単に収拾できた.唯一なかったデータは,ラインの稼働率であった.データがないということは管理できていないということであり,実際工場を回っていても,あと1枚多くつくろう,あと1分多く流そう,というしつこさは感じられなかった.

従来は納期を遵守するために工程に余裕を持たせ,瞬発力を持たせるためにこれでよかった.しかし,各種材料が値上がりし始めており,生産性の高めることが利益につながる動機があったのである.つまり,生産性の指標としてラインごとの稼働率をつくる.そのライン稼働率を高めることでMFCAにおけるロスが減らせ,収益の拡大にもつながるというサイクルがつくれると考えたのである.製造現場の負担を減らそうと思っていたが,この点だけは現場に負担を強いることとなった.

4. 月次管理手法

2005年の上期は,数値決定のためにあらゆる試行錯誤を行った.データの

とり方や表計算ソフトの使い勝手の改良をした．外注量の変動や材料の単価変更に対応するための手法である．例えば，当初検査工程での仕上がり数を全社の総生産量としたが，社内での仕上がり数だけを追っていた．その結果，総生産量が極端に少なくなった．これは，事業所内で工数を掛けて付加価値を高めてきたものが，最終工程を外部に委託したので，総生産量に反映されなかったためである．検査工程は外部と社内仕上げを合算することで問題は解決した．

また，プリント配線板は平面であるので数量のカウントは m^2 で行っている．しかし，MFCA は重さで入力するので，すべての kg あたりの材料単価を，$1m^2$ あたり単価に変更して，社内でなじみやすい m^2 単位に仕上げたのである．他にも，製品構成は毎日変わるので，両面板が多い月と少ない月では比較ができなかった．プリント配線板は層が増えると格段に重くなる．これは見逃せない誤差であった．そこで製品比率を固定して比較できるようにした．

上期のデータをつくりあげ，平均値をとったところ表 2.5.4 のようになった．ここで通常の指標として使っている，$1m^2$ あたりの単価と大きな開きがないことを確認して，初めて使える基準値が誕生したのである．この基準値を管理するために，ここでは 2 つの目標を使った．一つは $1m^2$ あたり 1％の製造コスト低減であり，一つは負の製品比率 1％低減である．

製造コストの低減は全社で向かうべき指標である．どこかの工程が悪化すれ

表 2.5.4　2005 年の上期平均値

2005 年4月から9月平均		
事業所全体	製造コスト	11,500 円/㎡
事業所全体	正の製品コスト	71.4%
	負の製品コスト	28.6%
第一製造課	正の製品コスト	84.1%
	負の製品コスト	15.9%
第二製造課	正の製品コスト	91.5%
	負の製品コスト	8.5%

※数値はMFCA計算の一部を，架空の数値に変更して表したものである．

ば全社の最終製造コストは上昇する．逆に工程から排出する負の製品は，工程で責任を持って対応できる数字である．不良の削減や改善による排出物の低下などである．工程の責任者には，自分の工程からロスをつくらないことと，生産性を高めて全社の製造コストを低減することを求めたのである．

実際には，図 2.5.4 のような書式をつくって運用している．

ここでは，工程の責任者である主任が，数値の変化に対する理由を挙げ，来月にどのような行動をするかを報告することとした．主任を統括する課長が，課の行動を取りまとめる．そして，課を製造部長が取りまとめて社長に報告する体制にした．つまり，数値の変化から行動が生まれ，行動することによって全社の数値に反映できるという，行動の連鎖を体系付けたのである．

このレポートは毎月開催される経営会議にて発表され，収益状況と MFCA の結果が対比できる場となった．そこでは，MFCA と収益には相関関係があ

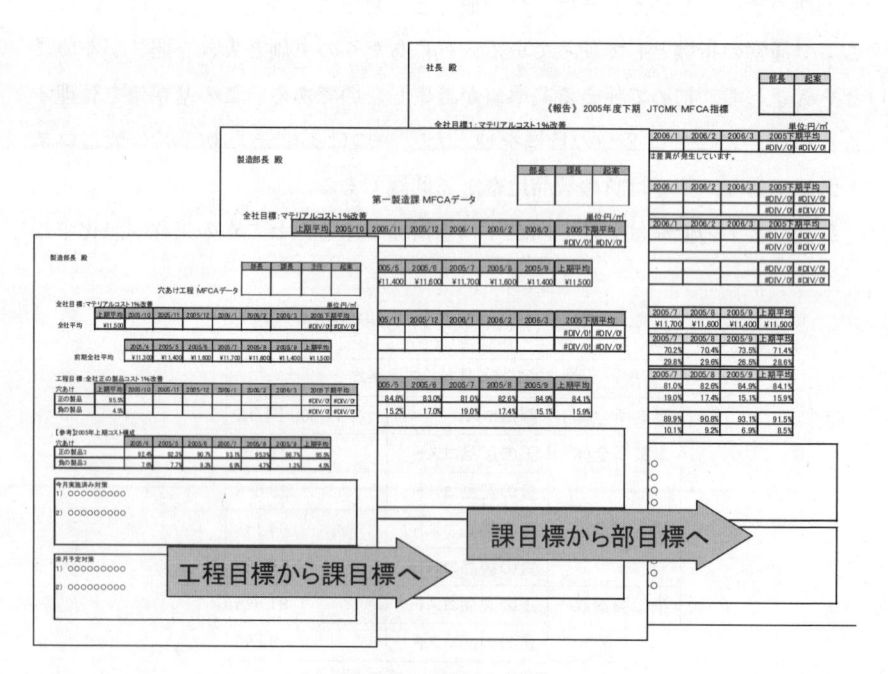

図 2.5.4　MFCA 指標

ることも確認できた．最終的には，MFCA指標での製造コストは2.3％の減少，負の製品比率は1.6％減少し，環境目標を達成したのである．

5. おわりに

　製造現場へは，QCサークル活動やTPM・改善提案・個人面談などありとあらゆる課題が降りかかってくる．現場の長に新しいことを持って行くと，「またか」という捉え方をされることが多い．MFCAは，手法を覚えればあらゆることに活用できる柔軟性があり，各種活動の結果が数値として把握でき，統合できる可能性を秘める．
　また，数値化という点が，製造現場では受けいれられる素地を持つ．現に，環境活動の新手法と説明するより，数値化による課題解決のマネジメントツールとして説明した方が，理解を得られた．
　今回は環境目標を達成できた．しかし，銅をはじめとする原材料の高騰がプリント配線板のコストに大きな影響を及ぼしている．いままでは稼働率を高めることでロスを抑えていたが，原料価格が上昇すると当然ながらコストは増加傾向になる．稼働率の向上でコスト削減できる局面は終わったと思われる．しかしながら視点を変えれば，稼働率以外の新たな視点がみえるはずである．MFCAによる"見える化"は，使い手とともに成長するものである．

（池田　猛）

6章 島津製作所：無電解ニッケルめっき
　　　ラインへの適用

1．はじめに

　島津製作所は創業132年目，京都市中京区に本拠地を置く精密機械製造メーカーである．2008年3月期連結決算では，売上高2900億円，従業員8,300名，主力製品は，分析計測機器，医用機器，航空，産業機器である．

　環境への取り組みは，1997年6月にISO14001の認証を取得してから大きく前進した．2007年5月には，認証取得後10年目を迎えた（3度目の更新審査をパス）ところである．

　MFCAが導入されたモノづくりセンター（表面処理職場）の無電解ニッケルめっきラインは，ISO14001の環境影響評価で，毎年，著しい環境影響を及ぼす側面としてリストアップされており，外部の環境審査でも毎年現場審査を受ける部署である．この生産ラインにおける油圧機器の部品（スプール）及びターボ分子ポンプのロータ（羽部分）の表面処理に適用されているが，それに先行して，活動基準原価計算（ABC）の枠組みと環境影響評価の指標をコストドライバーに活用した環境管理会計を，試験的に導入している（天野, 2003）．

2．導入の目的

　排水の自動監視装置や排水処理装置，逆浸透膜（RO）を使った排水のリサイクルシステムなどを導入しているが，環境影響の低減（リスクの低減）と製造原価を環境影響の視点から見直し，原価低減につなげるだけでなく，環境コストを含め，製品の適正な価格設定を支援することも目的とする．

3. マテリアルフローモデルの設計

　MFCAモデルを構築するプロセスとしては，最初にMFCAの適用範囲（生産ライン工程範囲）を設定し，適用範囲の見取り図となるマテリアルフローモデルを作成する．当社の事例では，スプールの受け入れ検査から，出荷検査までを適用範囲としている（今回は，原材料費は除き，加工費のみに着目した）．

　また，めっき処理工程に付随する排水処理工程についても，MFCAの適用範囲としてコスト計算・環境負荷測定が行われた．マテリアルフローモデルが，図2.6.1である．続いて，製造ライン上の適当な工程において，それぞれマスバランスをとるポイント（物量センター）を定義する必要がある．当社におけるスプールのめっき工程については，11の物量センターを定義した．物量センターは図2.6.2で「工程」として示す．

3-1　配賦基準

　一般的な管理会計システム同様，MFCA分析を行う上での課題として，しばしば挙げられるのが間接費の配賦基準である．当社のMFCAの特徴は，配賦基準の決定方法に，ISO14001の環境影響評価の指標とABC（活動基準原価

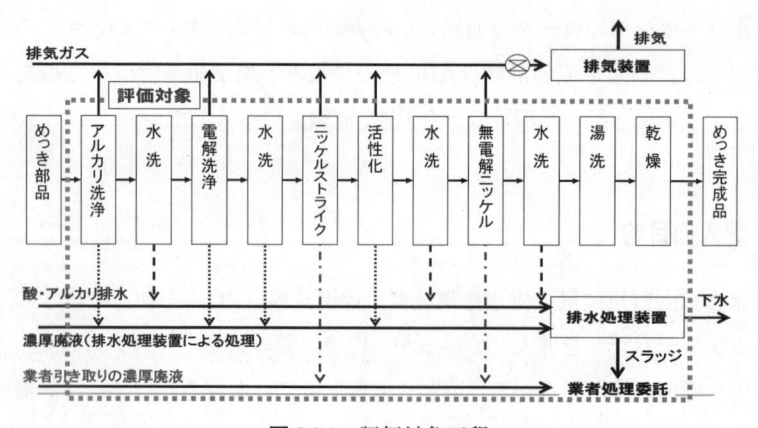

図2.6.1　評価対象工程

6章 島津製作所：無電解ニッケルめっきラインへの適用

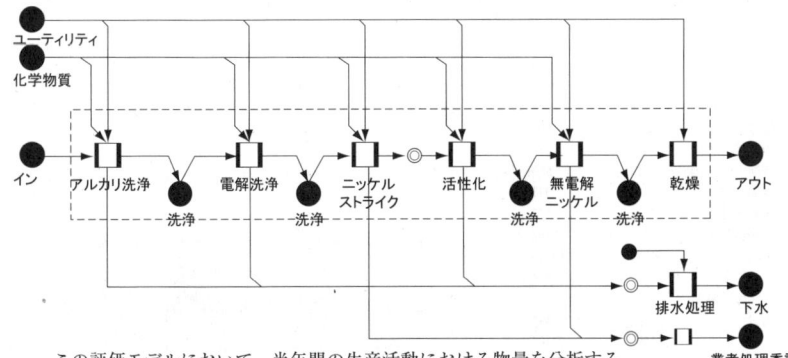

この評価モデルにおいて，半年間の生産活動における物量を分析するポイント（物量センター）を11箇所定義した（上図の黒丸部）．
ポイントの設定は任意だが，投入出の物量の変化が生じる箇所に設定

図2.6.2 評価対象のマテリアルフローモデル

計算）の手法を応用した環境コスト識別法を採用している点だ．2002年にこの環境コスト識別法が適用されたスプールのめっき工程が持つ課題を解決する上で，MFCAの有用性が期待できると考えたためである．

3-2 条件設定

MFCAを導入する条件設定は下記のとおりとした．

①製品A（油圧機器の部品スプール），製品B（ターボ分子ポンプTMPのロータ）

②製品A：製品B：排水・廃液の物量比は，1：2：0.1とする（0.1は数量×環境影響の発生の可能性×環境影響の重大性の総合点による環境影響評価の指標を利用して，めっき工場全体の環境影響評価指標の合計のうち，めっきライン分の配分率を使った）．

③排水・汚泥処理費は製品には配分しない．

④システムコストは排水・廃液には配分しない．

3-3 計算ツール

ドイツのifu Hamburg GmbH社が開発したマテリアルフロー・ネットワーク・モデリングソフトウェアUmbertoの日本で代理店となっている(株)山武

160　第Ⅱ部　マテリアルフローコスト会計の実践

	A	B (単位：千円)
電気	683	1365
水	327	655
ガス	782	1564
硫酸ニッケル	489	2651
硫酸	366	1988
水酸化ナトリウム	244	1326
珪酸ナトリウム	122	663
備品	81	328
排水薬品	92	183
減価償却	796	1592
労務	4046	10114
環境労務	337	674
排水汚泥処理	200	400
廃液	3240	7391
	11805	30894

（単位：円）

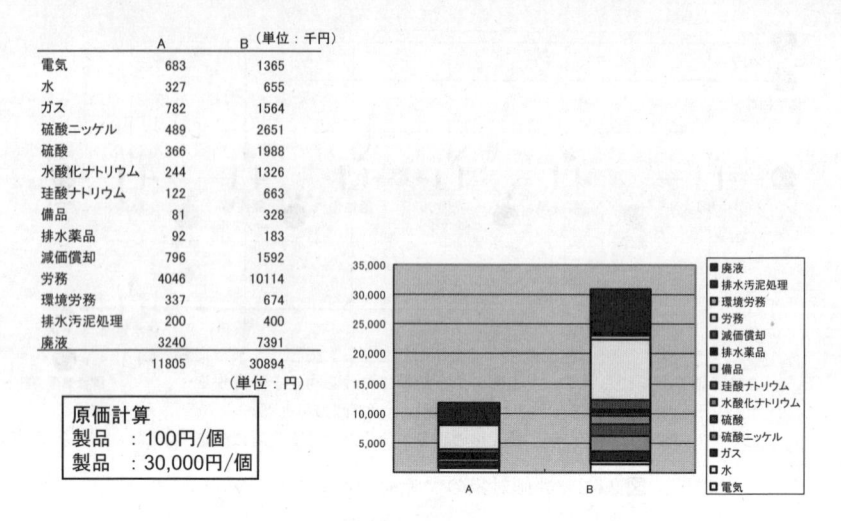

原価計算
製品 A：100円/個
製品 B：30,000円/個

図 2.6.3　コスト構成（製品ごと）（数値は仮想）

の協力により，無電解ニッケルめっきラインの上記 2 種類の MFCA を簡易に計算することができた．製品 A（スプール），製品 B（TMP ロータ）として図 2.6.3 に示す．

4. 考察

MFCA を導入した結果，以下のようなことが明らかとなった．
①製品売価の設定
　MFCA により計算した製品の原価は，A100 円，B30 千円となった（仮想値）．この原価に従って，モノつくりセンターから事業部門への売価を設定することができた．これ以前には，環境コストを考慮した価格設定のためのツールは，存在しなかった．
②工程の廃棄物コスト（6 か月間）
　以下のとおり，工程の産業物コストが判明した．
　排水：約 100 万円．

廃液：約50万円

排水・廃液を減らすことで，年間300万円までのコスト削減が可能となることが判明した．

今後の設備投資実行の判定根拠を提供した．

③原価に占める廃棄物コストの割合

製品A：約20％

製品B：約5.5％

廃棄物（排水・廃液）削減の効果は，製品Bの原価低減に比較的大きく寄与する．

5. 成果

MFCAの導入の成果としては，以下の4点を挙げることができる．

①スプール及びTMPロータの環境コストを含めた価格設定の適正化

②原価構成の把握による原価・環境負荷の削減目標の明確化

③環境設備投資シミュレーションへの活用

④従業員のコストや環境に対する意識及びスキルの向上

6. MFCAの導入の成功要因

ロジャースのイノベーション普及理論の枠組みを使った加藤（2006）によれば，同社のMFCA導入の成功要因は，技術的要因，人材に帰属する要因，組織構造に起因する要因，外部環境に帰属する要因の4つの側面から評価される（表2.6.1）．

6-1 技術的側面

①相対的有利性

2002年以前に，既にABCと環境影響評価の指標を利用した内部環境管理会計を試行していたこと（めっき工場全体の環境影響の10％が無電解ニ

ッケルめっきラインが占め，直課が難しい配分比率に10%を利用すること）．

②両立性

環境マネジメントで把握している物量を金額に換算し，環境活動をいかに経営に近づけるかという環境管理部門の価値態度・欲求と一致したこと．

③複雑性

現場のデータ収集は，ISO14001の外部審査や内部監査への準備により，それほどわずらわしいものではなく，またシステムコスト，特に業務支援コストなどは過去のリエンジニアリングで培った業務の棚卸しのノウハウが存在したこと．また，計算の複雑性を克服するため山武の技術サポートを得たこと．

④試行可能性

環境管理部門には，無電解ニッケルめっきラインの机上でシュミレーションするだけの基礎データがある程度揃っていたこと．

⑤成果の可視性

従来，みえなかった工程ごとの環境コスト（廃棄物・排水コスト，分析，

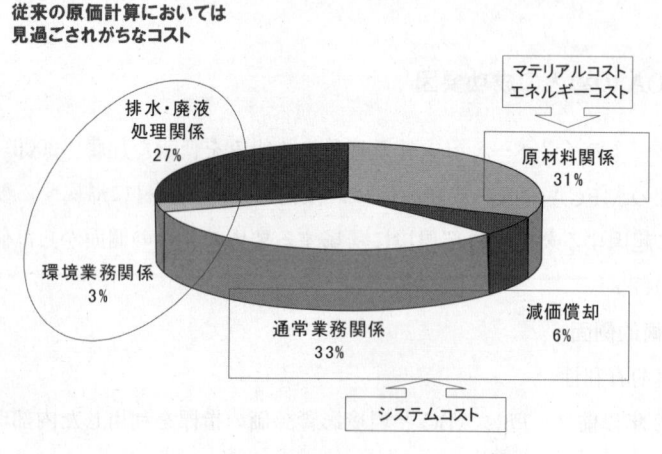

図 2.6.4　工程全体のトータルコストの構成

監視コスト）などが，明らかになったこと．

6-2 人材に帰属する要因（高い関心と自発性）

MFCAの導入開始期において，地球環境管理室担当者の次に挙げる積極的な変化への対応が重要な役割を果たしている．

①環境管理システム開発導入の数年前に，リエンジニアリングの実験対象部署となったこと．

②様々な経営データの棚卸をするが，その経験をとおして得たデータ管理能力は，環境コスト識別法・MFCAの双方の開発・導入において活用されたこと．

③モノつくりセンターの担当者が長年生産管理や環境管理業務に携わって得たスキルや知識を有効に活用して，自立的に職務を遂行したこと．

6-3 組織構造に起因する要因

1997年からのEMS導入により，環境管理部門の権限及び裁量の大きさが導入促進に有利に働いた．環境管理会計システム自体は小規模なもので，小さい成果を積み重ねていき，少しずつ社内に展開していこうとする姿勢が功を奏した．

6-4 外部環境に帰属する要因

環境管理会計の普及を推し進める外部の専門家との交流が成果の大きな要因である．MFCAや管理会計の第一人者である神戸大学大学院の國部克彦教授や，谷武幸教授（現桃山学院大学大学院教授）の指導を受けることができたことは大きな成功要因の一つである．

7. おわりに

MFCA導入において上述のように大きな成果を挙げたが，下記のような問題点や今後の課題も明らかになった．

①製品A・製品Bとも今後増産が予想されるが，価格設定は外部の外注先との競合になるため，MFCAの結果だけでは解決できないという限界も

ある．
②より精度の高い評価結果を得るためには，各工程ごとのインプット・アウトプットの物量及び金額の把握が必要であるが，費用対効果の面から評価する必要がある．
③無電解ニッケルめっきラインでのMFCAの導入は，当初の目的を達成できたが，他の工程（航空機器のオーバーホール工程など）で成功する確証があるわけでない．事前のシミュレーションが必要になる．

(天野輝芳)

7章　サンデン：金属部品加工工場への適用

1. はじめに

　サンデングループは，1943年に群馬県伊勢崎市で創業し，"冷やす・暖める"技術を活用した，自動車機器システム事業・流通システム事業・住環境システム事業を展開している．"お客様の近くでのモノつくり"のコンセプトから，グローバル化へも積極的に取り組み，現在23か国，52拠点での事業を行っている．
　サンデンでは，従来から公害防止活動を実施していたが，1997年のISO

1. 創　　立　　1943年7月
2. 本　　社　　群馬県伊勢崎市
3. 資本金　　110億円
4. 従業員数　約9340名（連結）
5. 売上高　　2637億円（連結）

カーエアコン用コンプレッサー

自動販売機

自動車機器システム事業

住環境システム事業

流通システム事業

カーエアコンシステム

エコキュート

冷蔵・冷凍ショーケース

図2.7.1　会社概要（2008年3月末）

14001の認証取得を機に環境保全活動へとスタートを切った．さらに，2003年からはより明確に，エコノミーとエコロジーとの同時実現を目指す環境経営をグループ全体で推進している．

環境保全活動を推進する手法も積極的に導入してきた．1992年には国立環境研究所との共同研究で，自動販売機のLCAを実施し，その後もLCAは主要製品で実施している．LCA（CO_2環境負荷基準）の結果では，約90％を占める製品使用段階での改善（例えば省エネルギー，リサイクル，有害化学物質の削減など）を展開したが，製造段階での改善インセンティブを与えていなかった．

一方，製造段階では，TPM（Total Productive Maintenance）活動や生産性向上活動を進めている．また，廃棄物削減に関しては，コスト削減の視点で削減と分別を進め，2001年には，埋立て廃棄物の比率が0.5％以下になり，ゼロエミッションを達成した．しかし，TPM活動などの現場改善がどのような経営効果を与えるかを，明確にすることができなかった．また，製造工程個別のロスは，それぞれの活動で明確になっていたが，工程を連結した，工場全体としてのトータルなロスの把握には至っていなかった．

そこで，生産段階での環境ビジョンとエコファクトリーを実現するための新たな手法を模索していたが，製造段階での環境経営を目指す手法の一つとして，製造プロセス全体のロスの発見とその大きさを把握できるとのことで，MFCAの導入を試みた．

なお，導入に際しては，2005年度の経済産業省委託・日本能率協会コンサルティングにおける『大企業向けMFCA導入共同研究モデル事業』に導入企業として参画した．

2. MFCAの試行

2-1 試行モデル

MFCAの試行は，サンデン・赤城事業所のコンプレッサー部品工場で行っ

図 2.7.2　ＭＦＣＡ実施機種の生産工程

た．この工場は，自動車機器事業の主力工場である八斗島事業所（伊勢崎市）の一部を移設し，2004年1月より本格稼動を開始した，カーエアコン用スクロールコンプレッサーのスクロール（渦巻体）部品を一貫生産する工場である．スクロールコンプレッサーは，固定スクロールと可動スクロールの回転により吸入した冷媒を圧縮するため，スクロール部品の加工は高い精度が要求される．また，駆動源・容積の違いにより多品種が存在する．今回の試行は，可動スクロールの1機種を限定して行った．

2-2　スクロールの生産工程

対象としたスクロール部品の生産工程を，図 2.7.2 に示す．工程は，大きく鍛造工程と加工工程に分かれる．鍛造工程では，アルミ製の約 2.5m の連鋳棒を鋸刃にて切断した後，鍛造工程・熱処理工程をへて鍛造品とする．次の加工工程では，背面加工・マシニング加工で，スクロール部品の全体を切削する．その後，加工の済んだ部品を検査・洗浄し，完成品として出荷している．

2-3 物量センターの設定

MFCA を実施する上で，物量センターをどのように設定するかが問題となる．本事例では，対象とするスクロール部品を一貫加工する工場であることと，TPM 活動などでのデータの管理状況を事前調査した上で，図 2.7.2 に示した各工程をそのまま物量センターとして設定した．

2-4 データの収集

MFCA を実際に行う際には，設定した実施製品の物量センターごとに，マテリアルコスト・エネルギーコスト・システムコストを明確にする必要がある．今回の試行では，それぞれのコストを以下のように分類して収集した．

なお，収集期間は 2005 年度上期（4月～9月）のデータを用いた．

①マテリアルコスト

主材料として，アルミ素材だけを分析対象とした．各物量センターでの材料の移動量は，図 2.7.3 に示すフォーマットを活用し整理した．廃棄物として発生するアルミ屑の量は，加工前後の材料重量の実測差より算出した．

加工材料効率データ

工程	項目		内容	数値
素材切断	棒材外形(c			
	素材重量密			
	棒材長さ(c			
	棒材重量(g			
	切断個数(個			
	切断長さ(c			
	切断重量(g			
	製品使用重			
	端材，切粉			
	材料歩留計			
	投入棒材数			
	計算上の出			
	実際の出来			
	不良数量(個			

工程	項目		内容	数値
鍛造	鍛造前重量(g)		部品1個当りの切断重量	1,147.3
	鍛造後重量(g)		成型，バリ除去，ポン抜きした後の鍛造後の重量	1,000.0
	重量変化(g)		計算値（鍛造前重量－鍛造後重量）	147.3
		（参考値）	除去するバリの部分の重量(g)	100.0
		（参考値）	ポン抜き部分の重量(g)	47.3
	材料歩留計算		設計材料歩留率(%)	100.0%
			工程材料歩留率(%)	87.2%
			総合材料歩留率(%)	87.2%
	工程投入数量(個)			149,250
	出来高数量(個)			148,000
		（参考値）	使用不可能な数量（試験，不良，切り替え調整など）	1,250
		（参考値）	試験品数(個)（使用できなくなる試験に使用する数量）	250
		（参考値）	不良数(個)（寸法精度不良，欠肉，硬度不足など）	1,000
		（参考値）	材料投入量(kg) kgに変換	171,231.2
		（参考値）	生産重量(kg) kgに変換	148,000.0
背面切削	切削前重量(g)		部品1個当りの切削前重量	1,000.0
	切削後重量(g)		部品1個当りの切削後重量	870.0
	切削時の重量削減量			130.0
	材料歩留計算		設計材料歩留率(%)	87.0%
			工程材料歩留率(%)	100.0%
			総合材料歩留率(%)	87.0%
	工程投入数量(個)			148,000
	生産数量(個)			147,000
		（参考値）	使用不可能な数量	1,000
		（参考値）	試験品数(個)（破壊試験などの数量）	100
		（参考値）	不良数(個)（外径不良，加工不良など）	900
		（参考値）	材料投入量(kg) kgに変換	148,000.0
		（参考値）	生産重量(kg) kgに変換	127,890.0

図 2.7.3 マテリアルデータの整理フォーマット（仮想値）

また，アルミ屑は有価物として処理しているため，廃棄物の処理コストがマイナスとして計算され，全体のロスを薄めてしまう危険性があったため，MFCAの分析とは別に計算を行った．

②エネルギーコスト

エネルギーとして，電力とLPGを使用している．LPGは，鍛造・熱処理工程のみに使用しているので，配付処理は行わなかった．一方電力は，工作機ごとに供給しているので，一定時間での消費電力量を実測し，所定期間内での電力使用量を算出した．また，エアーを供給しているコンプレッサーや照明・空調での電力使用量は，対象製品への割付けが必要となる．割付けは，実施期間内での対象製品の生産数量で行った．

③システムコスト

システムコストには，労務費，設備償却費をはじめその他すべての経費（例えば，消耗工具費・準材料費・修繕費など）を含めた．労務費・設備償却費のように各工程内の特定の設備に割り振れる場合と，他の経費のように特定の設備への割り振りが困難な場合とがある．困難な場合には，照明・空調と同様の方法で，割付けを行った．

また，労務費などの稼動指標については，TPMのデータがそのまま使用できる場合が多かった．この点からも，物量センターを定義する場合は，各職場でのデータ管理単位も考慮することが望ましいことが確認できた．

2-5 MFCAの計算ツール

MFCAの実際の計算は，日本能率協会コンサルティングより提供していただいたマイクロソフトのエクセル（MS-EXCEL）を使用した簡易ツールで行った．エクセルは，社内でも使用頻度が高く計算構造も確認できたので，MFCAの計算原理をよりよく理解することを助けた．

なお，このツールは現在「MFCA簡易計算ツール」として，日本能率協会コンサルティングのホームページなどで，無償で配付されている．

図2.7.4 MFCA分析結果

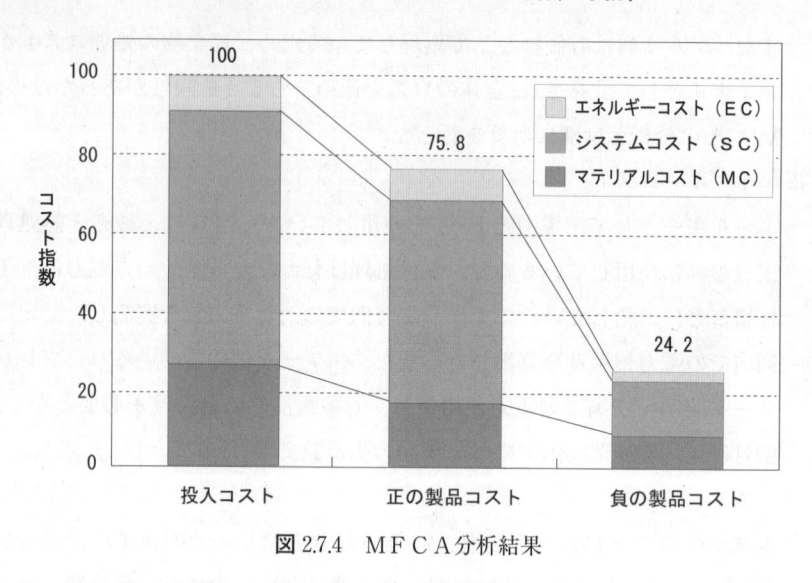

3. MFCA 実施結果

3-1 MFCA 計算結果

　MFCA の計算結果を，図2.7.4 に示す．またデータ付フローシート（仮想値）を，図2.7.5 に示す．

　製品全体としてみると，負の製品コストが投入コストの24％を占めている．また，コスト別にみてみると，投入コストの26％がマテリアル，65％がシステムで占められ，エネルギーは9％であった．システムコストでは，新規に立ち上げた工場であったため，設備の減価償却費が大きなウエイトを占めていた．

　エネルギーコストは9％と比較的小さいので，今回実施した個別機器の実測ではなく，工場全体の電力使用量を加工機の台数などで配分するなどの簡易的な方法でも，結果に大きな影響を与えないと考えられる．

　データ付フローチャート（仮想値）の結果により，同じ廃棄物（切粉）でも，工程の最初の部分で廃棄されるものと，後半で廃棄されるものでは，その経済価値に違いがあることも理解できた．つまり，後工程で廃棄されるものは，前

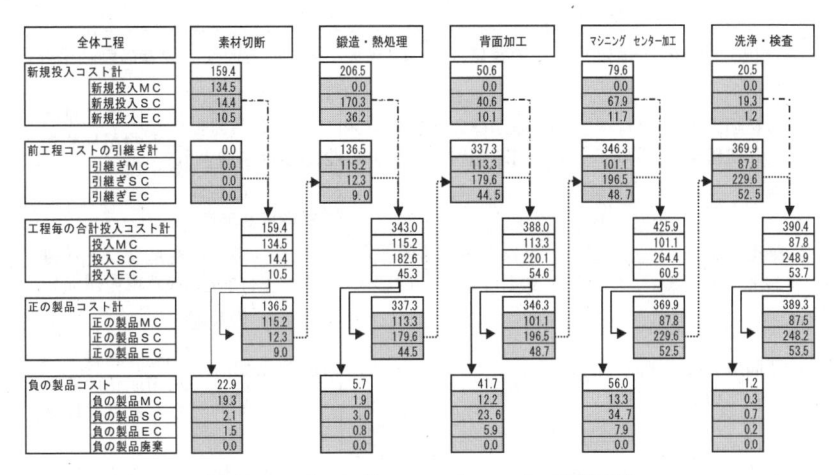

7章　サンデン：金属部品加工工場への適用

	全体工程	素材切断	鍛造・熱処理	背面加工	マシニングセンター加工	洗浄・検査
新規投入コスト計		159.4	206.5	50.6	79.6	20.5
新規投入MC		134.5	0.0	0.0	0.0	0.0
新規投入SC		14.4	170.3	40.6	67.9	19.3
新規投入EC		10.5	36.2	10.1	11.7	1.2
前工程コストの引継ぎ計		0.0	136.5	337.3	346.3	369.9
引継ぎMC		0.0	115.2	113.3	101.1	87.8
引継ぎSC		0.0	12.3	179.6	196.5	229.6
引継ぎEC		0.0	9.0	44.5	48.7	52.5
工程毎の合計投入コスト計		159.4	343.0	388.0	425.9	390.4
投入MC		134.5	115.2	113.3	101.1	87.8
投入SC		14.4	182.6	220.1	264.4	248.9
投入EC		10.5	45.3	54.6	60.5	53.7
正の製品コスト計		136.5	337.3	346.3	369.9	389.3
正の製品MC		115.2	113.3	101.1	87.8	87.5
正の製品SC		12.3	179.6	196.5	229.6	248.2
正の製品EC		9.0	44.5	48.7	52.5	53.5
負の製品コスト		22.9	5.7	41.7	56.0	1.2
負の製品MC		19.3	1.9	12.2	13.3	0.3
負の製品SC		2.1	3.0	23.6	34.7	0.7
負の製品EC		1.5	0.8	5.9	7.9	0.2
負の製品廃棄		0.0	0.0	0.0	0.0	0.0

図 2.7.5　データ付フローチャート（仮想値）

工程のシステムコスト・エネルギーコストを含んでいるため経済価値が高くなる．

　また，フローチャート上でコスト比率の高いところに，ロスが存在するとし，以下に示す工程とコスト分類で，その改善策の検討を実施した．

　①マテリアルコスト：素材切断・背面加工・マシニングセンター加工の負の製品コスト
　②システムコスト：鍛造熱処理・背面加工・マシニングセンター加工の新規投入コスト，背面加工・マシニングセンター加工の負の製品コスト
　③エネルギーコスト：鍛造熱処理工程の新規投入コスト

3-2　コスト改善方法の検討

　MFCA の計算結果より，コスト改善方法を検討した結果，表 2.7.1 に示すとおり，各工程での切粉の削減と鍛造機の運転管理改善が挙げられた．

　切粉の削減は，各工程で実施してきたが，MFCAで全工程を俯瞰したロスの見方から，切粉を減らして，いかに素材切断時にアルミ連鋳棒より材料を切り出すかということになる．切粉を削減する改善方法としては，連鋳棒の切断方法，現在切削している部分の切削が本当に必要なのかという問題が抽出され

コスト改善ターゲット	工程	分類	対象ロス	ロス現状	検討の方向性	改善の制約条件
1. 素材切断の切粉削減	素材切断	MC	連鋳棒の切断切粉	材料ロス○○%	①切断鋸刃の最薄化 ②センター深さの短縮	鋸刃剛性不足による曲がりや重量不良
2. 鍛造歩留り エネルギーコスト削減	鍛造	MC, SC EC	不良の廃棄 立上げ電力	不良率○○%	①設備停止時間の短縮 ②立ち上げ時間の短縮	生産シフトと復帰要員の確保
3. 背面加工の切粉削減	背面切削	MC	切削の切粉	歩留り○○%	①旋削面切削代の削減	渦巻き巻き終りの鍛造肌化に向けた設計変更提案
4. 渦巻加工の切粉削減	渦巻切削	MC	切削の切粉		①壁側面切削代の削減	一次旋削での渦巻き壁の切削代調整の短縮

表 2.7.1 コスト改善ターゲットと対応策

た．切削箇所の見直しにおいては，設計部門の協力が必要であり，製造部門からのVA/VE（Value Analysis/Value Engineering）提案を実施した．この際，MFCAの分析結果と計算ソフトによるシミュレーションを活用し，切削部分の見直しとコストダウンの関係を明確にした提案を実施できた．これもMFCAを実施して初めて可能となったことである．

鍛造熱処理工程では，その立ち上げ時間に不良品が発生することが確認できた．これらを改善するために設備停止時間の短縮，立ち上げ時間の短縮などが検討された．その中には，生産時間のシフトや，鍛造製品の安定領域での運転時間の継続など，システムコストとエネルギーコスト削減につながる改善が含まれた．

これらの改善については，従来から進めているTPM活動や個別改善活動などにテーマアップし，継続して実行中である．

4. 導入を通して感じたこと

MFCAは，内部管理目的の環境会計管理手法の一つとして紹介されている．会計と名前は付いているが，実施してみると原価計算・原価分析の一手法と考えられる．不良品や廃棄物・排出物などのロスの経済的価値を明らかにするものである．

導入を通して感じたこと，また，従来の活動では分からなかった新しい視点での発見を以下に列記する．

① 新しい手法であるが，使用するデータのほとんどは，従来から活動している"TPM活動（小集団活動）"で管理されていた．

② TPM活動での改善は，金額でみえないが，MFCAを実施することにより，個々のTPM活動の結果が，全工程としてどれくらいのコスト削減効果につながっているか，みえるようになった．

③ 材料の物量整理表とエクセルシートを使用して分析した結果，改善のシミュレーションができ，改善施策の抽出と期待効果が容易に算出できた．

④ MFCAを適用することで，モノづくりの段階でのコスト低減として，設計・生産技術へのVA/VE提案ができた．

⑤ アルミ廃棄物は有価物として処理していたため，分別に主眼が置かれていたが，マテリアルロスの低減が，よりコスト低減に効果があると認識できた．

⑥ 個々の工程管理項目である"歩留り""不良率""設備稼働率"などが，すべて金額で評価できるようになり，部門でのロスの共有化ができるようになった．

5. おわりに

今回の試行では，1工場の1部品でMFCAを実施した．その結果，従来ではみることができなかったロスを顕在化することができ，結果として新しい改

善の余地を発見することができた．実施した工場では，現在顕在化したロスの改善を実践するとともに，生産するすべての機種に MFCA を展開している．また，マテリアルコストを整理したフォーマットを改善し，管理項目のデータとリンクさせ，月次での MFCA の管理を進めている．

サンデンでは，MFCA を製造段階での"あらゆるムダの徹底排除"を実現する有効な手法であると位置付け，社内の他の加工部門とグループ会社へも展開している．これらのデータがまとまれば，サプライチューンマネジメントの中でのコスト削減の余地の明確化も可能になり，源流から最終組み立てまでの製品流通の中でのコスト削減にもつながると期待している．

〔斉藤好弘〕

8章　日立製作所：ミニディスク製造工程への適用

1. はじめに

　日立グループは，「地球温暖化の防止」「資源の循環的な利用」「生態系の保全」を特に重要な環境課題と考え，環境保全活動を推進している．2006年度から実行している第2期環境戦略では，「資源の循環的な利用」を図るべく，行動計画に廃棄物の発生量削減の目標を新設した．この背景には，資源の循環的な利用の推進に必要な「資源の再使用・再生利用」と「資源の消費抑制」の2側面のうち，ゼロエミッション化により進めてきた前者の取組みに比べ，後者の活動を強化する目的があった．

　廃棄物の発生量削減のためには，エンド・オブ・パイプ型の廃棄物管理ではなく，廃棄物の発生要因の把握と改善が必要になる．MFCAは生産プロセスにさかのぼり資源の使用と廃棄の流れを分析するツールであるため，廃棄物の発生量削減のための方策を見いだすには有用であると考えられた．また，資源消費の抑制をコスト面からも評価するという，環境活動の成果を経済的価値として示すことができる点で企業活動の志向と一致していたことが，MFCA導入の動機付けになった．

　日立マクセルのミニディスク製造工程にMFCAを適用した結果，資源の消費抑制とそれに伴うコスト削減の成果を得ることができた．一方，MFCA適用に必要なデータ収集などの作業負担に比し，効果の有無を事前に判断しにくいことなどの導入拡大に当たっての課題もあり，事例紹介に加え，今後のMFCA活用の展望について考察する．

2. MFCAの適用事例

2-1 対象の選定

資源の投入・排出の流れを捉えやすいよう，原材料を加工する業態に着眼した．かつ，必要データの収集負担を最小限に抑え，製造プロセスの分析・改善が容易に実施できるよう，1ライン完結型の製造工程を選択した．

結果，日立マクセル京都事業所で製造するミニディスクを対象として選定した．ミニディスクの製品及び製造工程の概略は表2.8.1，表2.8.2のとおりである．

表2.8.1 ミニディスク製品概略

1. 製品名	ミニディスク	
2. 生産量	約300万枚/月	
3. 部品点数	12点	
4. 材料点数	26点	
5. 種類	・ディスクカラー	7種類(無地+6色)
	・録音時間	74分・80分
	・包装	個包装・パック包装

表2.8.2 ミニディスク製造工程の概略

工程分類	工程概要
1. ディスク成形	・原材料樹脂を金型でディスクに成形 ・ディスクの記録膜を成膜及び保護膜塗布 ・ディスクの欠陥検査
2. 印刷	・ミニディスクのシェル(筐体)の絵柄印刷
3. 組み立て	・ディスクとシェル(筐体)の組立
4. 仕上げ	・完成したミニディスクの包装

注)仕上げ工程を除きすべて自動機械工程(リードタイムは4日).

2-2 分析データの収集

(1) 分析対象範囲の決定

工場における調達から出荷までを対象とした．工場出荷後に製品倉庫で保管

し，販売店へ出荷するプロセスは，製造プロセスとは質が異なり，分析の主眼が不明瞭になる可能性があるため対象外とした．

(2) データ収集項目の決定

　①データ収集期間

　　ミニディスクのリードタイム（4日）に照らし，データ精度を確保できる期間を考慮し1か月とした．

　②工程区分

　　材料の質量及び製造加工費（設備費・エネルギー費・労務費など）の測定を前提に，投入量・排出量の把握が可能な工程区分として，表2.8.2の4工程を設定した．

　③データ表の作成

　　設定した工程ごとに，資源の投入についての情報を上段に，排出についての情報を下段に記載する形式の一覧表を作成した（表2.8.3）．データ収集項目は，材料ごとの使用用途（投入の場合のみ），廃棄要因（排出の場合のみ），質量，材料コスト，加工コスト（設備費・エネルギー費・労務費など），廃棄物処理コスト（排出の場合のみ）とした．

(3) 質量データの収集

　材料ごとに投入・排出の質量データを収集した．本事例の場合は，質量デー

表2.8.3　MFCAデータ収集表（例）

投入	材料名	使用用途	質量(kg)	材料コスト(k¥)	加工コスト(k¥)	コスト計(k¥)

ディスク成形工程

排出	材料名	廃棄要因	質量(kg)	材料ロスコスト(k¥)	加工ロスコスト(k¥)	廃棄物処理費(k¥)	ロスコスト計(k¥)

タの多くが設計仕様と生産管理システムの中で把握されていたが，質量単位で管理されていないもの（個数や枚数で管理）及び消耗品などの生産管理システム対象外のものは，質量データの実測を行った．

収集データに，分析に影響を与えるような測定漏れがないことを確認するため，データバランス（＝［投入質量］／［排出質量］）を算出した結果，4工程すべてにおいて99.9%以上であり，投入量と排出量データの均衡が確認できた．

(4) コストデータの収集

①材料コストの算出

質量単価×投入質量（又は排出質量）により算出した．質量単位で購入していないものも，購入金額を質量単価に換算し，同式により算出した．

②加工コストの算出

工程単位で把握されている製造加工費は，各工程における材料の投入と排出の質量比で按分して加工コストと加工ロスコストを算出した．ただし，排出される梱包材（材料の包装材）は生産プロセスに投入せず，材料に付随して発生するものであるため，製造加工費を按分するための質量には加えなかった．

2-3 分析結果

製品にならずに廃棄される材料の排出量をロスと捉え，材料の投入質量総計に占めるロス質量の割合（マテリアルロス率）と，生産に投じた材料コストと加工コストの総計に占めるロス・コストの割合（マテリアルロス・コスト率）を算出した．

(1) 工程別ロス分析

工程ごとのロス分析の結果は表2.8.4のとおりであった．ディスク成形工程を除き，マテリアルロス率は1%以下であり，投入資源は有効に活用されていると判断した．

(2) 材料別ロス分析

ロス比率が顕著なディスク成形工程を対象に，材料ごとのロス率を算出して（図2.8.1），マテリアルロス率及びマテリアルロス・コスト率の高い材料の排

8章　日立製作所：ミニディスク製造工程への適用

表 2.8.4　ミニディスク 工程別ロス比率（単位：%）

工程	マテリアルロス率	マテリアルロス・コスト率
1. ディスク成形	33.3	18.0
2. 印刷	0.6	3.0
3. 組み立て	0.5	0.1
4. 仕上げ	0.7	0.3

マテリアルロス率の内訳

(1) 55%
(2) 28%
(3) 17%

(1) 樹脂 A
(2) 樹脂 B

マテリアルロス・コスト率の内訳

(1) 55%
(2) 17%
(3) 11%
(4) 9%
(5) 8%

(1) ターゲット材 A
(2) ターゲット材 B
(3) 樹脂 A
(4) ターゲット材 C
(5) その他

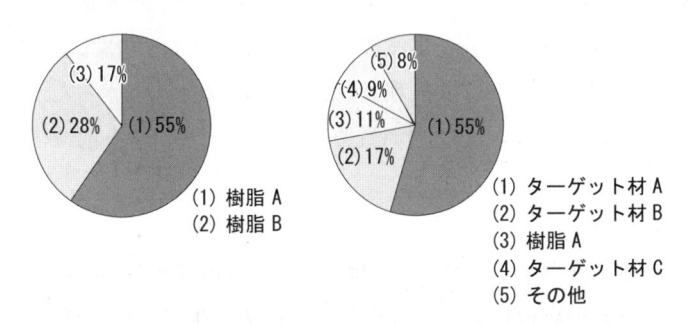

図 2.8.1　ディスク成形工程のロス内訳

表 2.8.5　ディスク成形工程の主要ロス発生要因

No	ロス内容	発生要因
1	樹脂　A	・ディスク成形のスプルー（金型に起因） 　［光学特性維持のため金型変更は困難］
2	樹脂　B	・スパッタ装置マスク交換による特性不良 ・機械の一時停止
3	ターゲット材　A	・ターゲット材の不均衡減りによる 　品質特性の変化
4	ターゲット材　B	
5	ターゲット材　C	

出要因について整理した（表 2.8.5）．

2-4　成果と課題

　MFCAによって抽出した主要ロスは，ミニディスク生産管理者の従前の課題認識とおおむね合致するものであった．ただし，既に試行中であった樹脂A（スプルー）をミニディスク筐体材へ再生利用するロス削減策を除き，即時

に具体的な改善実施には至らなかった．

(1) 成果

現場の小集団活動や製品設計仕様の再分析などにより，主要ロスの発生要因の改善を検討した結果，MFCA 適用後約半年の間に全体の 80% 以上を占める主要なマテリアルロス及びマテリアルロス・コストについて，表 2.8.6 に示すロス削減策を実施することができた．

材料のロス質量にして 3t/月の削減となり，ミニディスク製造工程全体の廃棄物発生量は半減した．また，削減対象となったロスは，すべて有価物として売却処理していたため，廃棄物処理費の削減にはつながらなかったが，資源投入量を削減できたことにより，材料費約 100 万円/月のコスト削減につながった．

(2) 課題

MFCA を拡大展開するに当たっては，次の 2 つの課題が挙げられる．一つは，必要データ抽出の効率化，もう一つは従来の生産性向上活動における MFCA の位置付けの明確化である．

日立マクセルの場合，MFCA に必要なデータが，現場や生産管理部門などで管理されていたため，収集可能ではあったが，それらを MFCA の分析に適した単位に換算したり，配賦したりするデータ整理に作業負担を要した．ミニディスクの場合，専任者 1 人で約 4～5 日かかった．部品・材料点数が多く，製造工程が複雑になると，データ収集・整理作業の負担はより重くなり，データなどを提供してもらう関係部門の理解と協力を得るのも難しくなることが予測される．

また，ミニディスクの MFCA 適用によって抽出された主要ロスは，従前の生産性向上活動における分析結果とほぼ合致しており，MFCA はロスを可視化する切り口に独自性はあるものの，既に現場で定着している活動と重複する可能性もあることが分かった．

これらのことから，MFCA 活用の拡大にはデータ収集の作業負担を軽減する工夫，及び作業負担に見合った MFCA 独自の有用性を示すことが重要

であると考えられる．

3. MFCA の適用効果

　MFCA は，資源のロスを物量と金額の両面で可視化することで，改善対象を明確にすると同時に，ロスの大きさに基づく改善の優先順位と定量的な改善効果を示すことにより，改善の着眼点と動機付けを与えることができる．ミニディスクで実施した3つの改善（表 2.8.6）もこの点において，MFCA の適用効果といえる．

① 樹脂 A（スプルー）をミニディスクの筐体材に再生利用した改善は，スプルーをペレット化して筐体材料に再生する処理費が，現状の筐体材料費を上回らないこと（＝コスト低減効果があること）が既に確認されており，MFCA 適用以前から全面的な切替に向けて試行中であった．MFCA により樹脂 A が材料ロス質量全体の 50％以上を占めると分かったことは，改善実施を後押しする判断材料になった．

② 樹脂 B の発生抑制は，現場の小集団活動により達成した．生産現場では常に質量生産性を高める改善を重ねているが，MFCA により樹脂 B が材料ロス質量全体の 30％近くを占めると改めて認識できたことで，重要な改善対象であるという気付きを与え，新たな改善を実施できた．

表 2.8.6　ディスク成形工程の主要ロスの改善策

No	ロス内容	ロス削減施策
1	樹脂　A	・ミニディスクの筐体材に再生利用
2	樹脂　B	・ターゲット材の薄膜化（寿命延命）による 　マスク交換回数の低減 ・自動機のハンドリングミス低減 ・ダミーディスク使用による 　プリスパッタディスク発生抑制
3	ターゲット材　A	・ターゲット材均衡減り条件の最適化 ・ターゲット材の薄膜化（寿命延命）
4	ターゲット材　B	
5	ターゲット材　C	

③ターゲット材，単価が高いため，コスト低減の面から使用最適化の改善を繰返し図っていた．この点では，MFCA 適用以前から，課題を把握し改善への動機付けもあったが，既に改善を尽くしているという認識が強かった．しかし，MFCA により，マテリアルロス・コストの 70％以上を占めることが分かったことで，ターゲット材の均衡減りを追求してきたこれまでの観点を変え，設計仕様に目を向けることで，ターゲット材の薄膜化という施策を導きだすことができた．

これらの改善事例から，MFCA はこれまで認識していなかった要改善課題を抽出するだけでなく，他の分析ツールなどにより既に認識はしているが改善に至っていない課題に対し，改善の優先順位や重要性を提示して改善策の立案や実施を促進し，成果を導き出すのに有用であると考えられる．

4. MFCA 活用の展望

MFCA 活用の拡大において課題となる，データ収集の効率化と MFCA の有用性の明確化について考察する．

4-1 データ収集の効率化

生産プロセスに投入する材料ごとの質量と単価データを収集するには，データベースを作成し自動集計化することがもっとも効率的である．それには新たなシステム構築ではなく社内の生産管理や財務管理システムで収集済みのデータを活用することがもっとも望ましい．ただし，データの粒度や集計範囲が MFCA に必要なデータを捕捉していない場合は，既存データの応用は難しいことが予測される．

一方，環境管理の側面からは，欧州の RoHS 指令や REACH 規則に代表されるように，製品含有化学物質の規制がグローバルに強化される潮流にある．その対応のために，サプライチェーンを通じた化学物質の投入・排出や工程の加工履歴を管理できるシステムを整備する必要性が強まっている．こうしたシステム整備の機会を生かし，将来的に全投入材料の質量フローを把握できるよ

うなシステムを構築しておくことは，大きな作業負担を伴わずに MFCA 活用を拡大できる一つの方法と考えられる．

4-2 MFCA の活用方法

ミニディスクの例でみたように，MFCA は資源消費の抑制とコスト削減を導く分析ツールとして機能するといえる．一方，MFCA で抽出される主要な材料ロスは，原価管理などの他の生産性向上指標により既に生産管理者にとっては自明の場合もあることが，MFCA の有用性を不確かなものにしている．

このことから，MFCA を材料ロス抽出のための分析ツールとしてではなく，当該工程の資源使用における改善余地を検証するツールとして活用するのであれば，MFCA の有用性を見いだすことができる．特に，ミニディスク事例の樹脂 B の発生抑制やターゲット材の薄膜化による寿命延命などは，MFCA の適用によって，「大きな効果は期待できない」又は「改善を尽くしている」などの従来認識を覆し，新たな改善を導き出した効果的実例として該当するのではないだろうか．

5. おわりに

国内での MFCA 導入事例が年々増加していることは，環境活動における一つの手法として期待が寄せられていることの表れともいえる．環境負荷の低減を経済的価値としても示すことができる点は，企業活動の志向にも即しており，MFCA の有用性を最大化させるような活用方法の確立まで，事例の積上げを通した検討が必要であると考える．

（田島京子）

9章　塩野義製薬：化学反応を伴う医薬品製造プロセスへの適用

1. はじめに

　塩野義製薬は，1878年（明治11年）に創業した医薬品や診断薬などの製造・販売を行っている製薬企業である．2008年3月期のシオノギグループの状況は，売上高2,142億円，従業員4,982名である．

　環境保全では，1971年に公害防止を目的に「排出物処理方針」を，1994年

図2.9.1　金ケ崎工場

に「シオノギ環境基本方針」を制定し，全社共通の行動目標として1995年に「第一次シオノギ環境行動目標」を，2000年に「第二次シオノギ環境行動目標」を策定し，活動を行ってきた．2005年に，対象範囲を塩野義製薬からシオノギグループ全体に拡大した，「シオノギグループ環境基本方針」と「第三次シオノギグループ環境行動目標」を設定して，医薬品などにかかわる事業活動を通じて，地球環境の保全，汚染の予防と人々の安全に配慮した企業活動に努めている．また，2002年3月に環境マネジメントシステム ISO14001 を，研究開発と生産に関係するシオノギの6事業所と2子会社において一括で認証取得した．

MFCAの導入実験は，原薬から製剤・包装工程までの一貫した製造設備を備えたシオノギの主力工場である金ケ崎工場で実施した（図2.9.1）．

2. MFCA の導入の目的

資源生産性の観点から，以下を目的として MFCA の導入実験を行った．
①新たなプロセスの改善点の抽出

MFCA において，インプットする原材料・エネルギーなどの物量及びコストを基本に，アウトプットの投入由来とコストを把握し，新たなプロセスの改善点を見いだすことを目的とした．

②化学反応を伴う製造プロセスにおける MFCA のコスト算出方法についての検討

従来のMFCAでは，良品とマテリアルロスの価格はその重量比に従っていたが，製薬の製造工程において化学反応を伴う場合の，価格の算出方法の検討及び改善も目的とした．

3. 導入の進め方とデータ収集

医薬品の製造工程は，主薬自体を合成する製薬工程，主薬を錠剤や顆粒など

に成型する製剤工程，そして，その成型された製品を包装する包装工程の3つからなっている．また，製造過程においては，付属設備として，原材料や製品を保管する倉庫・冷蔵庫，運搬に使用するトラック・フォークリフト，製造過程に発生する排水の処理場などがあり，その他に作業者・エネルギー・廃棄物処理などが製造工程において不可欠なものである．

今回のMFCAの導入実験は，この製造工程に不可欠なコストを考慮し，一つの医薬品における製薬・製剤・包装の一連の製造工程を対象とし，工場への原材料の搬入から工場外への製品の搬出，及び排水・廃棄物処理までを調査の対象として実施した（図2.9.2）．

MFCAに必要な基本的なデータは物量とコストであるが，医薬品製造工程において製品製造上の物質収支は以前から把握しており，今回の導入において，

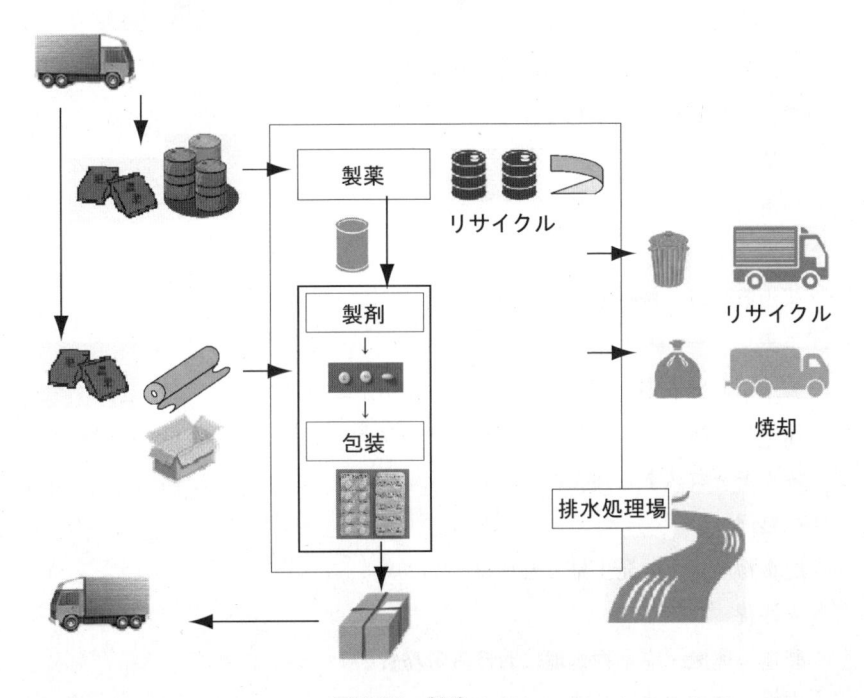

図 2.9.2 製造フロー

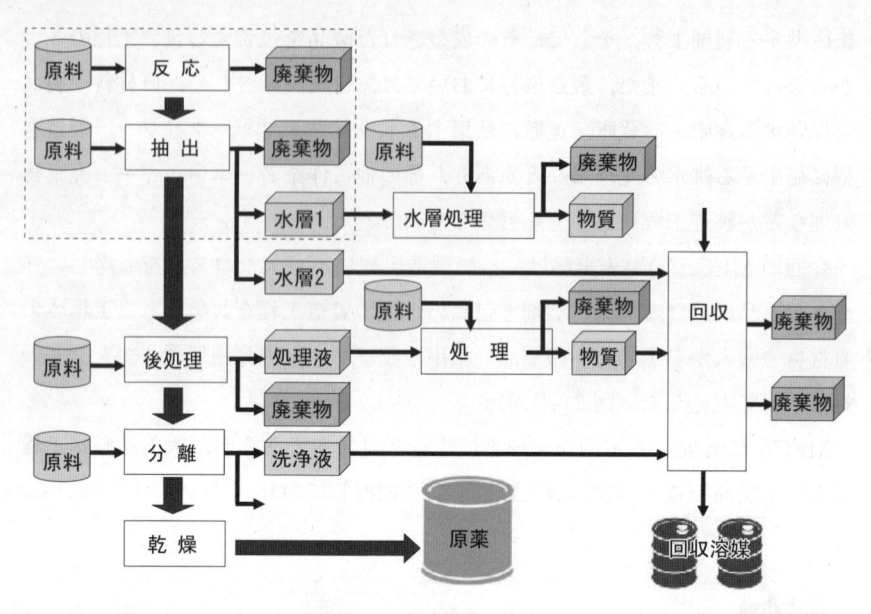

図 2.9.3 製薬製造フロー

次のデータを新たに測定した．

①製造

使用原材料のコスト及びその流れ

②設備など

減価償却費・修繕維持費・消耗品費

③エネルギー

製造における電気・水・蒸気などの使用量とコスト

保管時の冷蔵庫，運搬時のフォークリフト・トラック・エレベーターのエネルギーコスト

④後処理

廃棄物・排水の発生量と処理コスト

⑤人件費

製造・運搬・廃棄物処理における労務費

廃棄物処理委託労務費

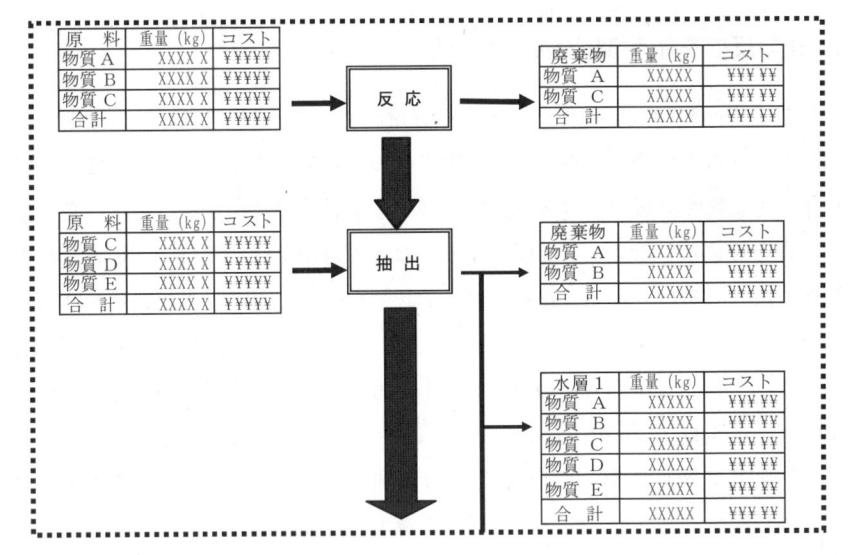

9章 塩野義製薬：化学反応を伴う医薬品製造プロセスへの適用　　189

原料	重量(kg)	コスト
物質A	XXXX X	¥¥¥¥¥
物質B	XXXX X	¥¥¥¥¥
物質C	XXXXX	¥¥¥¥¥
合計	XXXX X	¥¥¥¥¥

反応

廃棄物	重量(kg)	コスト
物質A	XXXXX	¥¥¥ ¥¥
物質C	XXXXX	¥¥¥ ¥¥
合計	XXXXX	¥¥¥ ¥¥

原料	重量(kg)	コスト
物質C	XXXX X	¥¥¥¥¥
物質D	XXXX X	¥¥¥¥¥
物質E	XXXX X	¥¥¥¥¥
合計	XXXX X	¥¥¥¥¥

抽出

廃棄物	重量(kg)	コスト
物質A	XXXXX	¥¥¥ ¥¥
物質B	XXXXX	¥¥¥ ¥¥
合計	XXXXX	¥¥¥ ¥¥

水層1	重量(kg)	コスト
物質A	XXXXX	¥¥¥ ¥¥
物質B	XXXXX	¥¥¥ ¥¥
物質C	XXXXX	¥¥¥ ¥¥
物質D	XXXXX	¥¥¥ ¥¥
物質E	XXXXX	¥¥¥ ¥¥
合計	XXXXX	¥¥¥ ¥¥

図 2.9.4　マテリアルフローチャート

　MFCA の集計には，製薬工程には反応・抽出・分離・乾燥（図 2.9.3，図 2.9.4）など，製剤工程には造粒・成型など，包装工程には充填・包装・箱詰めなどがあるため，各々に物量センターを設置した．

　なお，製薬の生産単位と製剤・包装の生産単位では製造量が異なるため，データ集計は，製薬の生産単位の製造量に，製剤・包装・ユーティリティーなどの物量及びコストを調整してMFCAの基礎データとすることとした．

　MFCA は，各々の物量センターの原材料の投入由来を算出していくものであり，製剤・包装においては，物量のデータ測定により，比較的容易にデータは収集できた．しかし，製薬においては化学反応が含まれるため，物量データだけではなく，投入原料のコストデータ，例えば，含有する保護基のコストへの考慮が必要であった．

4. 化学反応を伴う MFCA の計算方法の検討

製薬工程の化学反応に伴う生成物や分解物のコストは，MFCA の原則からは，由来物質の価格から重量比で算出するのが通常である．しかし，化学反応を伴う生成物や分解物のコスト評価を同様に重量比で算出することは，必要な化合物を対象としたコスト評価になっておらず適切とはいえない．購入原料の製造方法を考慮に入れて各物質のコスト評価を行うことが妥当であると結論できた．

例を示すと，従来の算出方法では，100 万円で購入した原料 X が良品 90kg とマテリアルロス 10kg に分かれた場合，100 万円を重量比で分けて良品 90 万円とマテリアルロス 10 万円と評価する（図 2.9.5）．しかし，一般的に化学産業では，原料のサプライヤーから原料を購入する場合に，その組成を考慮して原料購入価格を決定している．すなわち，図 2.9.5 にあるように「○」は，保護基（主要原料「●」が単独では勝手に反応するなど不安定なため，結合させておく物質）として「●」に付けられているだけのものであり，原料価格を 1,000 円/kg と仮定する．このような場合に，マテリアルロスとなる「○」を重量比で算出し 10 万円/10kg とすることは不適切であり，1 万円/10kg とすることが妥当である．したがって，今回のプロジェクトにおいても排出物は

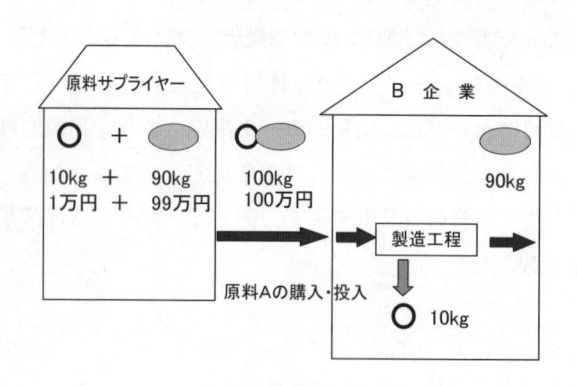

図 2.9.5　製造フロー

すべて投入マテリアルとして認識したが，コスト評価に関しては，重量比という原則ではなく，上記の考えを基にしてその組成とその組成に対する購入価格（推定値）で評価した．そのために，化学反応による物質（分子量）の変化を加味したマテリアルフローチャートを作成し，コストを算出した（図 2.9.3）．

このような場合は，MFCA の算出には物質の構成要素のコスト情報が必要となり，購入者側の要求とサプライヤー側の対応により価格は決まるため，サプライヤーの製造情報が必須となってくる．このようにサプライチェーンに MFCA を拡張することにより，資源生産性の向上を検討する機会は，ますます増えていく可能性がある．

5. MFCA 情報の結果

MFCA 情報の結果を，表 2.9.1 に示した．また，ロス率などは以下のようになった．

①総原価に占めるマテリアルロスコスト率：

24.3% = 3,552 千円／14,586 千円

表 2.9.1　マテリアルフローコスト会計情報

（単位：千円）

（コスト）		マテリアル	システム	エネルギー	廃棄物処理	合計
・製　品		8,867	1,967	200	—	11,034
・マテリアルロス		3,150③	373	—	29	3,552①
内訳	リサイクル	1,416	—	—	—	1,416
	原料ロス（廃棄）	1,711⑤	—	—	—	1,711
	包装ロス（廃棄）	23⑤	—	—	—	23
合　計		12,017④	2,340	200	29	14,586②

マテリアルロスコスト率		
24.3%（総原価に占めるマテリアルロスコスト率）	①／②
26.2%（マテリアルコストに占めるマテリアルロス率）	③／④
14.4%（マテリアルコストに占める最終廃棄物率）	⑤／④

②マテリアルコストに占めるマテリアルロス率：
  26.2% ＝ 3,150 千円／12,017 千円

③マテリアルコストに占める最終廃棄物率：
  14.4% ＝ 1,734 千円／12,017 千円

　これまでは，製造における製薬・製剤・包装工程のそれぞれの製品の標準収量と実際収量を管理してきた．しかし，この MFCA によって金額ベースでの歩留りが明確となり，またその内訳が各工程内の単位操作ごとに分けられているため，コスト情報に基づいた工程改善の箇所を見いだし，その効果を確認できた．

6. プロセス改善と製造プロセスからの CO_2 の発生の把握と評価

　今回の MFCA 導入により，廃棄物へのロスコストが明確になり，プロセス改善の優先順位を主薬のロスの多い製薬製造プロセスにおける，抽出ロスの削減及び遠心分離時の2晶回収などに決定し改善検討を行った．いずれの検討項目についても，実験室スケールの検討及び実機での検討と検証を経て，主薬のロスを削減でき，収率向上とコスト削減を達成できた．

　化学反応を伴う製造プロセスにおける MFCA では，製造工程から発生する CO_2 についても，その由来となる炭素（C）や酸素（O_2）の起源を認識でき，物量センター単位で，投入原料や生成物のコストから発生する CO_2 についても金額的評価が可能となる．化学反応により発生する CO_2 の物量は分子量から把握できるが，由来する投入原料コストや生成物コストにより金額的評価は異なり，CO_2 削減対策を経済的に効率よく検討する情報として有用となり得る可能性がある．

　また，化学反応以外の電気・蒸気などのエネルギーコストや，冷凍保管・運搬などのエネルギーコストを把握することにより，総合的に CO_2 削減を検討し意思決定できるツールと成り得ると期待できる．

7. おわりに

本MFCAの導入実験は，医薬品の製薬・製剤・包装の一連の製造工程を対象とした化学反応を含むものであり，また，サプライヤーから購入する原料は保護基を持つため，MFCAの原則である重量比によるコスト換算が適切とはいえない組成のものであった．なお，製造工程に限定せず，工場への原材料の搬入から工場外への製品の搬出，及び排水処理施設までを調査の対象として実施した．その結果，以下の知見を得ることができた．

① 得られたMFCA情報から，物量センター単位でコストロスを把握でき，改善を検討すべき優先順位付けが可能となり，対策の必要性について理論的な経営情報を提供できる．

② 化学反応を伴う製造プロセスにMFCAを適用する場合には，良品とロス（廃棄物）の金額を従来の重量比ではなく，価格比で按分することで，適正な金額評価ができることが判明した．また，価格比で按分するためには，投入原料の製造価格をより正確に把握するために上流側からの価格根拠情報の入手などのMFCAのサプライチェーンマネジメントへの拡大も今後課題になる．

③ 製造プロセス内のCO_2の発生を，MFCA情報に盛り込むことで，今後，厳しくなるCO_2削減などについての環境経営情報の提供が可能になり，効率的なCO_2削減対策の一つのツールと成り得ると思われる．

MFCAを，化学反応を伴う医薬品製造プロセスに適用することで，プロセス改善の優先順位の明確化，良品と廃棄物の金額算出方法の知見を得ることができた．

〈國領芳嗣〉

10章　日本ペイント：環境配慮型商品製造ラインにおける導入実験

1. はじめに

　日本ペイント株式会社は，わが国塗料工業の草分けとして，1881年創業以来1世紀余りにわたり，自動車・建築物・工業用品や船舶など様々な分野向けに塗料製品を開発し，製造販売を行っている．また海外との技術提携や，意欲的な海外進出を行うとともに，フォトケミカル，ファインケミカル，エレクトロニクスの分野などでも幅広く活躍し，「このかけがえのない美しい地球を子々孫々へ」をスローガンに，生産における環境配慮にとどまらず，2010年までに，私たちの提供するすべての商品を環境配慮型に置換していくことを宣言し，環境経営を行っている（http://www.nipponpaint.co.jp/）．

　当社のMFCA導入実験は，産業廃棄物などのマテリアルロスを削減することにより環境負荷を低減すると同時にコストダウンを図るという省資源化を目指す環境管理会計の一つのツールとして認識し，開始した．

　実験開始当初より製造工程現場と協力して取り組み，現場の負担を極力増やさずに導入を行ったこと，電力ロス改善の方策を見いだしたことの事例紹介をする．

2. MFCA導入概要

　当社では約30年前より環境保全コスト，設備投資と物量効果を把握していたが，2000年度以降環境会計ガイドラインに準拠して設備投資を含んだ環境保全コストと効果を環境報告書に公表している．

しかし，外部への情報開示に重点を置いて構築した環境会計であり，経営管理を重視する環境管理会計をいかに発展させていくかが課題であった．

この課題解決の手法の一つとしてMFCAの概要調査していたときに，(財)地球環境戦略研究機関関西センター（以下IGES）の「企業と環境プロジェクト」のMFCA実験実証研究協力企業として参加した．

IGES研究員が塗料製造方法を理解するため，当社工場を見学し，その後リサーチスケジュールを含めた詳細概要をプロジェクトの核となるメンバーに説明が行われ，導入対象工場を全国にある7工場の中でどこが適切か，どのような塗料製造ラインを対象にするのか，実験することによる現場への影響，つまりデータ収集や集計など通常業務以外の追加業務による作業時間増加度合いなどを論議した．

その結果，IGES研究員を含むプロジェクトチームが必要に応じて工場の工程担当者との密接なコミュニケーションをとおして，データ収集に関する問題などに対して迅速で的確な解決策を図ることができるよう，本社と隣接している大阪工場で実施することとした．

製造ラインは，今回のプロジェクトを通じてMFCAを理解し，ノウハウを蓄積することに重点を置いて，化学反応が絡まず，大気中に気化する溶剤を使用せず，廃棄物発生量が少なくマスバランス情報の容易な，水性塗料製造ラインを選定した．

本プロジェクトを実施するに当たり，プロジェクトの進捗状況などコーディネートするために，環境品質本部と経理部から3名，実際にデータ収集などを行う製造課・エンジニアリングセンター・安全防災課から14名の，計17名でプロジェクトチームが編成された（部門名は当時のもの）．はじめにMFCAとはどのような考えかを社内のプロジェクト参加者全員が理解しておくことが重要であり，最初のミーティングでは経済産業省委託プロジェクトで導入実験されている企業事例やドイツIMU（Institut fur Management und Umwelt：経営環境研究所）での取り組みの紹介がなされ，本プロジェクトの意義・目標などの共有化を図った．実施前に計測方法などの論点整理を目的に現場スタッ

フを含めたミーティングを月に数回開催し，実施中でも疑問点などが発生する都度，適時ミーティングを持ち，迅速に対応解決することができた．実施前の主な論点に以下の項目が挙げられた．

①測定する物量センターの場所

②計測期間

③時間概念…設備について製造するための時間と実際稼動している時間の把握方法と作業時間把握

④水性塗料製造ラインを対象としており，ユーティリーティとの区分方法

⑤原材料の計測方法…全品計測

⑥回収された粉じん量の扱い

⑦一つの製品製造ラインでないため減価償却費などの費用按分方法など

　実験するに当たり，物量センターを5箇所測定し，計測期間は実作業に支障をきたさないようトライアルテストを含めて4か月間，最低5バッチ（製造回数）のデータを収集，機械稼働時間と作業該当時間の両方を測定することとした．また，実験導入する製造ラインで使用する原材料は十数種類あり，毎回全品計測すると製造作業に支障をきたすおそれがあるため，初回と2回目は全品計測し，その結果をみて重量にばらつきがないものについては数袋のみを計測することとした．つまり，1回の製造である原材料10袋を使用する場合，すべてを計測した結果の平均とそれぞれの重量との差がわずかであれば，3回目以降は例えば5袋のみ計測し，残りは平均値を使用する．

　導入実験前作業は，選定した製造ラインのフローシートを作成することから開始した．工場現場の人たちは製造ラインを熟知しているが，どの物量センターでどのような原材料を投入し，どのような設備を使用しているかがひと目で分かるよう，図を作成した（図2.10.1-1，図2.10.1-2）．

　同時に，製造ラインのフローシートとともにデータ記録用紙も併せて作成した．記録用紙作成に当たり，計測する原材料のほとんどが粉体であり，パーソナルコンピューターを持ち込んでの使用ができず，すべて手作業となった現場での作業性・効率性を考え，また記録データの集計を容易にするため，トライ

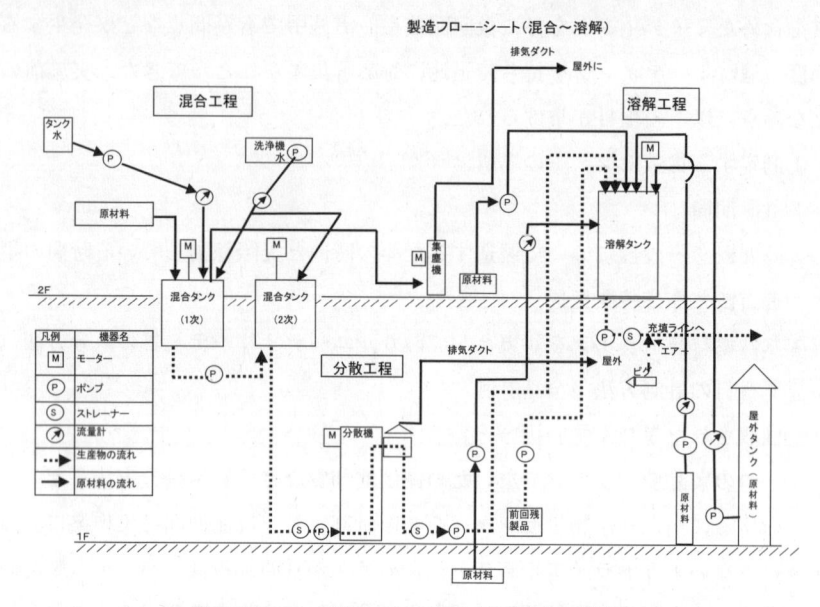

図 2.10.1-1　製造フローシート（混合〜溶解）

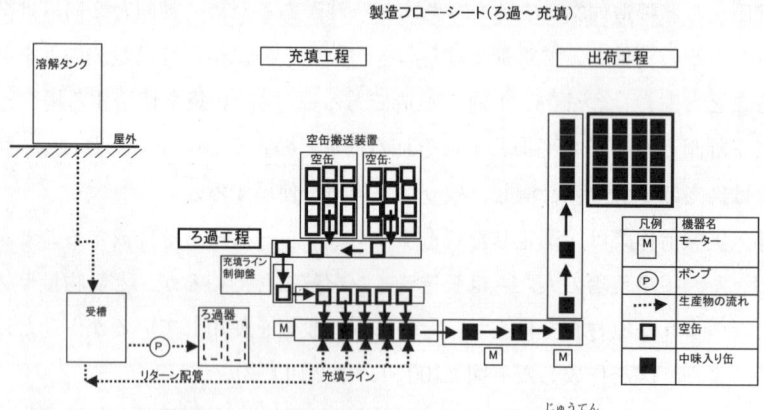

図 2.10.1-2　製造フローシート（ろ過〜充填(じゅうてん)）

アルテスト中に数回論議しながら改良を重ね，本導入に備えた．

MFCA のコスト範囲はマテリアルコスト・システムコスト・配送／廃棄物

処理コスト，さらにはエネルギーコストを含めたフルフローコストとした．測定する物量センターは，水・顔料・添加剤・樹脂を中心とする十数種類の原材料を攪拌(かくはん)する「混合工程」，粒度を均等にする「分散工程」，添加剤を加えて攪(かく)拌(はん)する「溶解工程」，でき上がった製品の不純物などを取り除く「ろ過工程」，製品を18L缶に詰める「充填(じゅうてん)工程」である．

　マテリアルフローコストのデータ収集に関して，マテリアルコストは製造指示書に示されているマテリアルの重量ではなく，各物量センターで使用している原材料を原則として実測計量し，各マテリアルの価格を掛けて算出することとした．

　システムコストは，労務費，減価償却費，その他の経費とし，財務データを使用して該当する費用額を算定した．労務費は，物量センター別の直接製造作業時間に時間当たり賃金を掛けて算出した．この製造ラインでは他の製品も製造しており，一定の基準により減価償却費と修繕費及びその他の経費を按分計算した．また，耐用年数が終了している設備については一定の基準により減価償却費を算出した．なお，労務費及びその他経費は直接製造作業に関する費用のみとして，間接部門（補助製造部門）の労務費及びその他経費は含んでいない．

　配送／廃棄物処理コストは，各物量センターで発生した購入原材料の包装材の袋，ドラム缶，石油缶の処理費用が主なものであり，Kg当たりの処理費用単価を掛けて算定した．なお，一般的な配送コストは対象外とした．

　エネルギーコスト（電力費）は，各物量センターの設備ごとの積算電力量に電力単価を掛けて算定した．物量センターの設備ごとに電力メーターは設置されていないが，電力測定器を使用し，電力量を測定記録した．

3. MFCA分析の結果

3-1　物量センターについて

　この製造ラインは他の製品も製造しており，各工程終了後設備は洗浄される．

物量センター「混合」はタンクに原材料と水を入れて混合する工程であるが，混合完了品が分散工程に移された後，そのタンク内は水によって洗浄される．このように洗浄によって生じた排出液（水と材料の混合液）は，廃棄せずに同じ製品を次に製造するときまで保管し，リサイクルしている．

さらに，製造工程の始点である混合工程から終点の充填工程まで配管でつながっており，工程完了品は次工程に流れていくことから，製造工程の途中で漏洩することはない．また，充填後にこの配管内に付着する塗料も押出し冶具（ピグ）によって配管内に残さず押し出され，リサイクルするようにしている．

したがって，この製造工程において，製品である水性塗料の最終廃棄物となるマテリアルロスはわずかである．つまり，主要原材料が粉体であるので，混合工程でわずかに粉じんが発生するが，集じん機によってその粉じんは回収され，回収された粉じんは原料としてリサイクルされ，集じんされなかった部分やフィルターに付着して再投入できなかった部分などほんのわずかなものだけが廃棄物となっている．このように，工程改善と工夫により廃棄物として排出されるマテリアルロスがほとんどないことは導入実施当初から認識されていたが，数量・コストでどのくらいかは検証されていなかった．今回の導入により，マテリアルロスが数値として明らかになった．

3-2　MFCAによって得られた情報・結果

図2.10.2に示されているマテリアルコストは，前述の各工程で投入された原材料の額である．各工程で発生したマテリアルロスはわずかであることが分かる．このマテリアルロスの中身は石油缶・ドラム缶・紙袋に付着した原材料や，ろ過フィルターに付着した製品である．

図2.10.3に示されているシステムコストは，各物量センターで発生したシステムコストである．このコストに含まれている項目は各工程での作業時間を個別に記録して算出した労務費，一定の配賦基準によって当該対象製造にかかわる減価償却費などである．

図2.10.4に示されているのは，上がエネルギーコストであり，下は廃棄物処

10章　日本ペイント：環境配慮型商品製造ラインにおける導入実験　201

(単位：円)

```
原材料¥2,469,749    ¥74        ¥1,002,299                小計¥3,472,122
水、顔料、         水          添加剤
樹脂、添加剤
    ↓              ↓           ↓
  [混合] → [分散] → [溶解] → [ろ過] → [充填]
    ↓              ↓           ↓        ↓         ↓
 マテリアルロス  マテリアルロス マテリアルロス マテリアルロス マテリアルロス
   ¥4,609         ¥156         ¥124       ¥28
                                          小計¥4,917
```

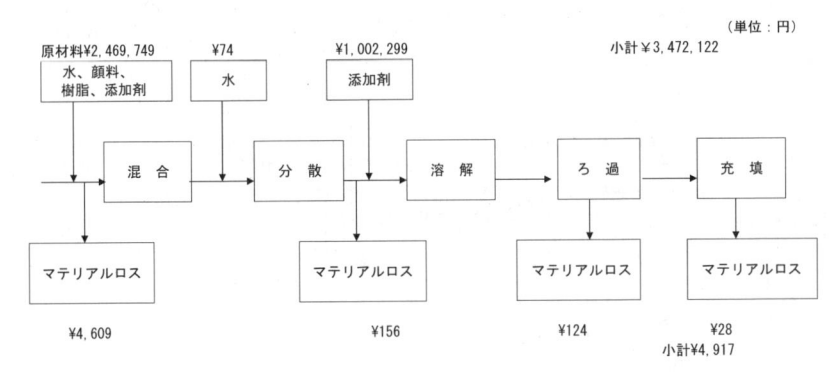

図 2.10.2　マテリアルフローコストのフローチャート

(単位：円)

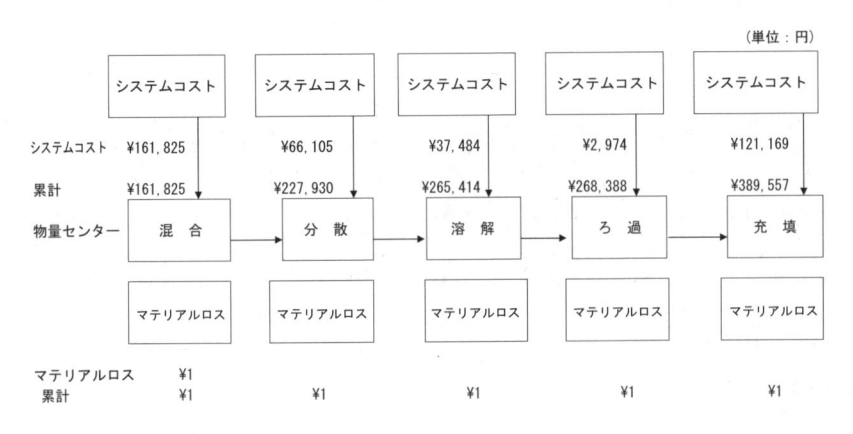

```
          システムコスト  システムコスト  システムコスト  システムコスト  システムコスト
システムコスト ¥161,825    ¥66,105      ¥37,484      ¥2,974       ¥121,169
累計         ¥161,825    ¥227,930     ¥265,414     ¥268,388     ¥389,557
物量センター   [混合] → [分散] → [溶解] → [ろ過] → [充填]
            マテリアルロス マテリアルロス マテリアルロス マテリアルロス マテリアルロス
マテリアルロス  ¥1         ¥1          ¥1          ¥1           ¥1
累計           ¥1         ¥1          ¥1          ¥1           ¥1
```

図 2.10.3　システムコストのフローチャート

理コストである．

　図 2.10.2 から図 2.10.4 までをまとめることによって，図 2.10.5 のフローコストマトリックスが作成される．表 2.10.1 はマテリアルコスト会計情報で，次のような比率を計算することができる．

　マテリアルロスコスト率は 0.127 %（総原価に占めるマテリアルロスコスト率：4,918 円 ÷ 3,876,501 円 × 100 = 0.127）

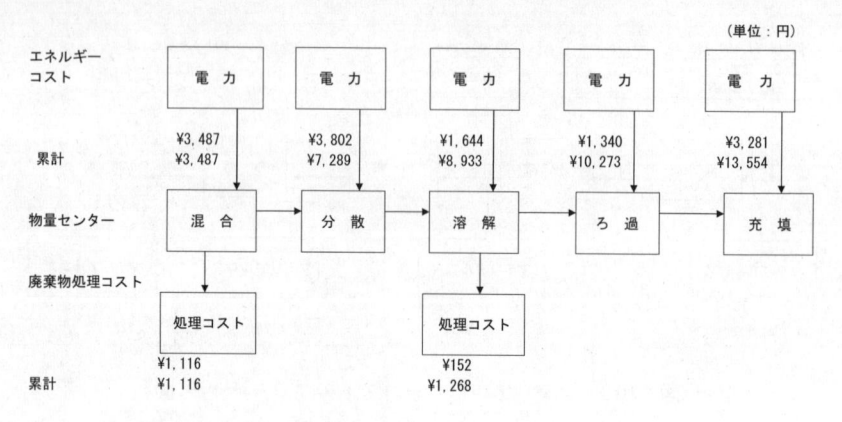

```
                                                                        (単位：円)
エネルギー
コスト      ┌─電力─┐    ┌─電力─┐    ┌─電力─┐    ┌─電力─┐    ┌─電力─┐
            ¥3,487      ¥3,802      ¥1,644      ¥1,340      ¥3,281
累計        ¥3,487      ¥7,289      ¥8,933      ¥10,273     ¥13,554

物量センター [混 合] → [分 散] → [溶 解] → [ろ 過] → [充 填]

廃棄物処理コスト
              ↓                     ↓
          [処理コスト]           [処理コスト]
            ¥1,116                ¥152
累計        ¥1,116                ¥1,268
```

図 2.10.4　配送/廃棄物処理・エネルギーコストのフローチャート

(単位：円)

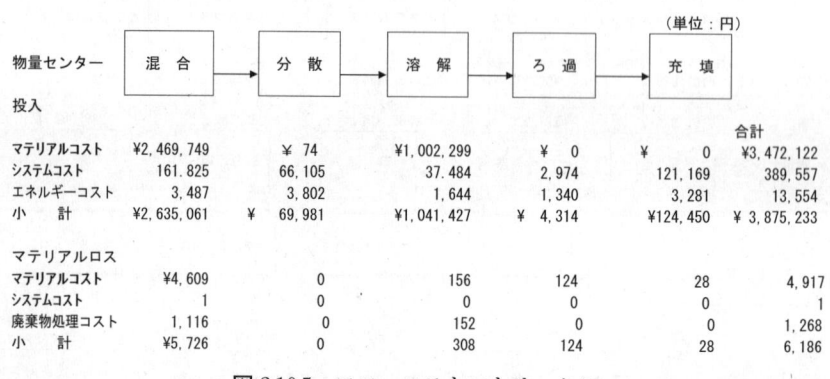

物量センター	混合	分散	溶解	ろ過	充填	合計
投入						
マテリアルコスト	¥2,469,749	¥74	¥1,002,299	¥0	¥0	¥3,472,122
システムコスト	161,825	66,105	37,484	2,974	121,169	389,557
エネルギーコスト	3,487	3,802	1,644	1,340	3,281	13,554
小　計	¥2,635,061	¥69,981	¥1,041,427	¥4,314	¥124,450	¥3,875,233
マテリアルロス						
マテリアルコスト	¥4,609	0	156	124	28	4,917
システムコスト	1	0	0	0	0	1
廃棄物処理コスト	1,116	0	152	0	0	1,268
小　計	¥5,726	0	308	124	28	6,186

図 2.10.5　フローコストマトリックス

最終廃棄物コスト率は 0.137 ％（マテリアルコストに占める最終廃棄物率：4,763 円 ÷ 3,472,122 円 × 100 = 0.137）

原材料のロスは 0.14％程度で金額的にも 1 バッチ当たり 5,000 円程度であることが分かった．マテリアルのロスをなくす改善が物量的・コスト的にも達成されていることが，今回の MFCA 導入実験によって，社内で認識しているとおりのロスが出ていないことが数量化・金額化によって検証できた．また，全体でわずかながらロスが発生していることは分かっていたが，どの物量センタ

表 2.10.1　MFCA 情報

(単位：円)

	マテリアルコスト	システムコスト	電気代	廃棄物処理コスト	合　計
製　　品	3,467,205	389,556	13,554	-	3,870,315
マテリアルロス	4,917	1	-	-	4,918
うちリサイクル	154	-	-	-	154
うち廃棄	4,763	1	-	-	4,764
包装（購入材）	-	-	-	1,268	1,268
合　　計	3,472,122	389,557	13,554	1,268	3,876,501

マテリアルロスコスト率　　　0.127%（総原価に占めるマテリアルロスコスト率）
　　　　　　　　　　　　　　0.137%（マテリアルコストに占める最終廃棄物率）

ーでどれだけロスが発生しているかは，把握されていなかった．今回初めてわずかであるが物量及び金額を明らかにすることができた．その結果，どの物量センターにおいて改善する必要があるかを明確にできるツールであることが認識できた．

3-3　MFCA によって見いだされた手法

環境負荷の低減を模索する上で，設備ごとのエネルギーコストを算出するために電力消費量の測定を行った．サンプリング法ではあるが複数バッチを測定し，当該製造工程に関連する設備全体をカバーし，各設備の 1 バッチあたりの電力消費量を収集した．このデータを基に，測定された電力消費量を MFCA 分析に活用する方法として力率を援用する手法を見いだした．これまでは，測定した結果と，何を基準値としてエネルギーロス量を算定することが適切であるかが問題であった．力率とは次の式にあるように，ある電気設備に投入された電力のうち，どの程度有効に電力設備の機能に使用されたかを示すものである．

$$力率（\%） = \frac{有効電力（W）}{電圧（V）\times 電流（A）} \times 100$$

この力率を測定器によって機械設備ごとに算出した．その結果，一般に力率

85％が標準とされるにもかかわらず，それを下回る結果が複数見つけ出された．

理論的には，皮相電力×（1－力率）＝電力ロスとして，電力ロスの電力量とコストを機械設備・物量センターごとに算出・集計して，今後のロス改善に役立てる方策の一つとして考えられた（皮相電力＝電圧（V）×電流（A））．

4. MFCAプロジェクトの意義と評価

4-1 MFCAプロジェクトの総括

日本の塗料会社でのMFCA導入の前例がなく，実施する上での論点整理や実測方法など，当初から現場スタッフを含めたプロジェクトメンバー全員がミーティングをその都度開催することで，情報共有化し，問題点を迅速に解決することができた．これは現場を含めて密接な双方向のコミュニュケーションによる成果である．また，環境保全活動に積極的な風土があり，環境保全は手間ばかりかかるという先入観がなかったため，現場と一致協力して導入実験を行うことができた．

当初から，原材料の廃棄物をほとんど出していない工程を導入対象にしたことで，物量的・コスト的にも認識されているとおりのロスがほとんど出ていないことを数値化することにより検証し得た．また，電力消費量から力率を援用し，MFCAとして具体的に展開する方法を見いだすことができた．

電力ロス改善はコスト削減につながり，契約電力と使用電力量を削減することが可能となると考えられる．また，具体的な投資を検討するために，力率改善の余地がある設備ごとに，改善のために必要な投資額とそれによって得られるコスト削減見込額を算定して，投資効率を算定する方法が考えられる．そして，投資効率のよいものから順次，力率を改善することにより，コスト削減を効率的に実現していくことができる．

どの設備の力率を改善するのが一番望ましいかを検討するためには，電力使用量の削減に伴う電力量料金の削減と，契約電力削減に伴う基本料金の削減の

両方を加味して,もっとも削減できる設備から力率を改善することが重要である.

力率改善を行うためには,コンデンサを付けたり,既存のモーターを高効率モーターに替えたりなど様々な方法があるが,それぞれ改善の効果も違えばそれに対する投資額も異なる.力率改善余地のある設備についてそれぞれの投資効率を明らかにし,投資効率の大きい案件から順次進めていくことが重要である.

力率改善のための方策により投資額もそれによってもたらされる削減額も異なると考えられるが,設備ごとに実際の力率を測定し,改善により達成可能な力率との差額から具体的な削減額を推定することは,環境経営の意思決定に有用な情報を与えると考えられる.さらには,力率の高い設備を導入することによってもたらされる設備稼働時間の短縮は地球温暖化防止のためのCO_2の削減に対しても有効と考えられる.

また,いままで考えられていなかった電力ロス改善をしていく場合,標準力率と実際力率との定義を以下とした.

① 「1－実際力率」＝改善余地とする.
② 標準力率（85％）は内部管理基準とする.
③ 標準力率（85％）－実際力率＝絶対的改善余地

この絶対的改善余地はMFCA上では基準とはしない.「1－実際力率」をMFCA上の「電力ロス」とする.すなわち,力率100％は技術的に現実不可能かもしれないが,85％を当該機械設備の限界として使用者が認識することは意味がなく,改善余地として「1－実際力率」のデータを基準とするのが適切であると考えられる.

ただ,実験データ分析のため,力率85％以下の機械設備をターゲットとするということで,一時的に力率85％基準を適用した.

4-2 プロジェクトの評価

実験途中,MFCA開発者アウグスブルク大学のワーグナー博士（Dr. B. Wagner）,IMUのM.ストローベル博士（Dr. M. Strobel）,S.エンツラー博士

(Dr. S. Enzler), 神戸大学大学院國部克彦教授, 関西大学中嶌道靖教授, IGES関西研究センター梨岡英理子主任研究員（当時）, 斎尾浩一朗客員研究員（当時）に, 進捗状況を報告した. 電力エネルギーに着目し力率に注目したことについて非常に革新的なかつ有効な手法であるとの高い評価を受けた.

ロスが少ないと分かっているものの, どこでロスが発生し, 金額ではどれくらいかが分からなかったが, MFCA導入によって明確になった. 特にいままで考えられていなかった電力ロスを発生している設備があることが分かり, 改善することによってエネルギー低減が可能となることが明らかとなった. また, 混合工程においてマテリアルロスのほとんどが発生しているのが分かった. 空袋や空缶に付着している原材料をいかにして使い切るかが改善活動のきっかけになった.

製造業において, MFCAは環境負荷削減と利益を両立できる環境経営ツールとして, 生産におけるエコイノベーションをもたらす手法として評価し得る.

4-3 実験後

本実験後, 電力消費量低減に向けた力率改善を主として, 製造設備の一部更新を行った. 更新した設備で電力消費量を計測し, 前回のデータと比較したところ, 理論的改善数値に到達していないことが判明した. 原因分析し, 設備性能は向上しているにもかかわらず稼動時間を従来のままにして, 過剰稼動をさせたことなどが明らかとなった. そのため製造時間などの見直しを行いながら数回にわたり計測した結果, 消費電力削減効果がみられた. また, 設備更新に伴い, 従来稼動していた一部の設備が不要となり, その電力消費をも削減することができた. このように, MFCA実験導入によって新たに見いだされた手法によって現場の改善活動に連携した取り組みがなされることができた.

5. おわりに

マテリアルコストに関して, 投入した材料のロスとして把握するものについて, 材料の入っていた容器に残っているものまでをマテリアルロスとして測定

することや，粉じんとなって工場一括で回収されている材料を工程別にどこまで把握するのか，実測するマテリアルの範囲について課題があった．また，材料として投入される水と洗浄用として使用される水を分けて把握するなど，コスト把握の観点から同じ物質でも目的や由来が異なるものは別々に把握することも今後の課題である．

　エネルギーやシステムコストについて，時間概念の考えで，「時間」は，当該設備が「実際に稼動／対象製品の製造に貢献している時間」のみを把握するのか，「電源の入っている状態を含む時間（待機時間）」をも把握するのかが課題である．運搬にかかるコストや労務費についても同様にどのように把握するかが課題である．

　一方で，エネルギーのうち電力については，設備ごとの消費電力を測定することが情報として有意であると結論し，これを行うこととした．この結果，電力の実測と力率との比較が可能となり，設備投資の意思決定に有用な情報を提供できることが分かった．

　今回対象となった製品の製造ラインでは，もともとロスの少ないことが分かっていたが，MFCAの導入によりそれが数値的に検証されることになった．また，設備ごとの消費電力の把握など，より詳細な実測データを採取することによって理論値と比較分析することが可能となり新たな改善点の発見することができた．これらのノウハウは別の製造ラインにも適用することができるが，化学反応が絡む製造ラインでのマテリアル，エネルギーロスの定義，計測方法の確立や計測などの追加作業時間吸収方法などの解決が必要である．

　さらに，償却終了設備の減価償却費の取り扱い定義を確立させることが必要である．今回実験導入した設備ラインは償却が終了しているものがあり，一定の基準で計算を行ったが，より理論的な方法を検討する必要がある．

（岡島　純）

11章　ウシオ電機：環境生産性向上への適用

1. はじめに

　ウシオ電機株式会社（以下，ウシオという）は1964年設立の産業用光源メーカーで，新光源や光学技術の開発を核に独自の応用技術を拡げ，光のユニット，光の装置，光のシステム，さらには光のソリューションを提供する「光創造企業」へと発展してきた．これらの光技術は「あかり」の領域にとどまらず，「エネルギー」として利用・応用される新しい領域を拓き，世界の様々な産業分野で活用されている．技術革新のボトルネックを解決する有効な手段として，「光」への期待はますます大きくなりつつあり，ウシオは「光のイノベーション」を通じて，豊かな社会・生活の発展への貢献を目指している．

　環境活動にも積極的に取り組んでおり，1997年には主力生産拠点である播磨事業所でISO14001の認証を取得した．2004年には本社や事務系サイトを含めた全サイトで認証取得し，国内外のグループ各社にも範囲を拡大している．

　この環境マネジメントシステムを核として，ウシオは，経済・社会・環境のトリプルボトムラインを基盤に，サステナブル経営を強化している．今般さらに，「環境生産性」向上に向けた取り組みとして，MFCAの導入により環境負荷低減とコスト削減の同時実現を目指そうとするものである．

2. 導入の背景と目的

　MFCAについては，2004年度中頃から環境経営の視点で導入の検討を開始した．一方TPMも既に検討段階をへて，2005年に入って導入・スタートしていた．MFCAはTPMと連携・融合することによってロスコストがより明

確に把握でき，環境負荷低減とコスト低減の大きな力になり，「環境生産性」向上につながるとの判断から，TPM との連携を前提に導入することとなった．

MFCA を TPM の活動に組み込み，「改善効果の大きい課題設定」と「ロスコスト削減活動」を進めていくことで，「資源効率の向上」及び「コスト競争力の高いモノづくり」の実現をねらいとしている．

3. MFCA の試行

3-1 導入キックオフ

MFCA の導入に当たっては，取り組みへの意識を高める目的で，社長以下製造部門の部署長を中心とした幹部社員の出席の下，2006 年 9 月にキックオフミーティングを実施した．その中で，MFCA 研究第一人者の神戸大学大学院，國部教授に講演していただいた．MFCA におけるロスコストの概念や MFCA と TPM とのかかわりなどについて，参加者との間で活発な質疑応答があり，MFCA への関心を高めるキックオフとなった．

3-2 試行工程の決定

キックオフで MFCA の有用性を理解してもらった．試行に当たっては環境部門が全面支援する．製造部門にとってはロスを削減できる良い機会であるため，一つや二つは「ウチのラインでやってみよう」という声があがるものと思っていた．ところがそういう声が聞こえてこない．そこでもう一度部署長に集まってもらい，話を聞いてみた．「有用なことは分かるが，いまは導入する余裕がない」「ロスコストの削減は重要課題だが，現場作業者に負担がかかりそうだ」など，導入の意義は理解しているものの，ラインへの負担増を懸念した意見が出てきたのである．推進部署としての準備不足を反省する事態になってしまった．そこで全体に呼びかけるのではなく，ターゲットを絞って，「廃棄物発生量が多い」工程にねらいを定めた．こうして候補にあがってきたのが，UV（紫外線）ランプ（図 2.11.1）の電極切削工程と，同じくバルブの加工工程である．

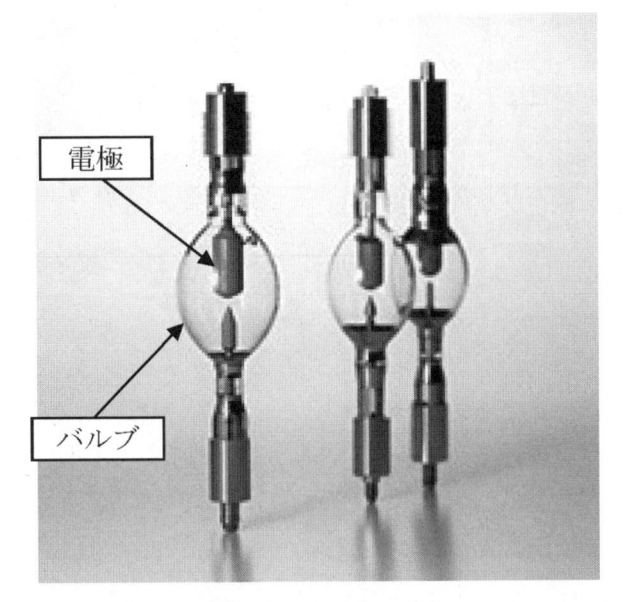

図 2.11.1　UV ランプ

　もともと部署長も工程の流れやロスがみえにくいことに問題意識を持っており，そういった課題が解決できるならと話に乗ってくれた．早速，試行導入する工程について打ち合わせたが，バルブの加工工程は材料の流れが複雑で，モデルとして試行するには適当ではないだろうとの判断から，電極切削の工程で導入・試行することに決めた．このときすでに，キックオフから 1 か月余りが経過していた．

3-3　試行実施

　UV ランプは，2 つの電極間で放電させることにより発光する．電極はタングステンの素材を図 2.11.2 のように切削して形をつくるので，相当量の切削くずが発生している．ただこの工程の良品率は 100％に近いため，切削くずはあまりロスとしては認識されてこなかった．MFCA を行うことで，このロスを数字として明らかにしようというのである．
　まずは物量センターを決定するため，工程のフローチャートづくりに取りか

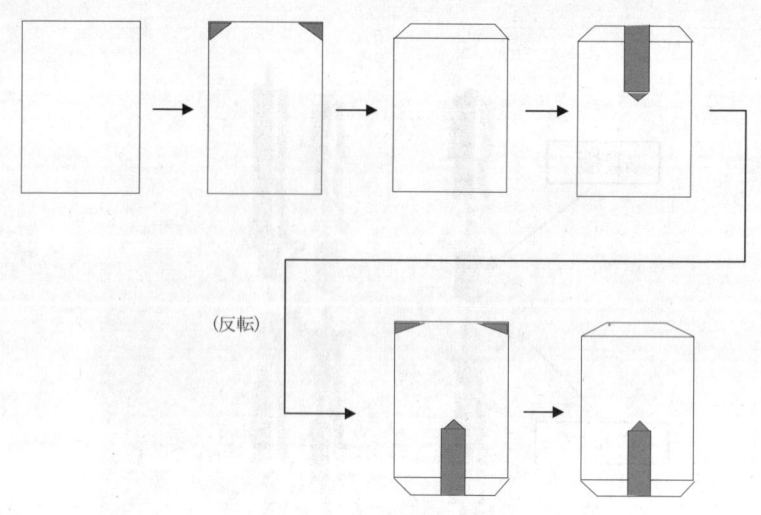

図 2.11.2 電極切削の流れ

かった．切削の流れとしては図 2.11.2 の順番であるが，現場では各工程の手順や品質の基準は定めてあるものの，工程のフローチャートとしては模式図程度のものしかなかった．材料を加工していく流れは追っているが，物量のインプット・アウトプットまでを詳細に表しているわけではない．これに対しMFCAでは，各工程でエネルギーなども含めたすべての物量のインプットとアウトプットを，詳細に把握することが求められる．現場の作業者と打合せをしながら，つくってはまた書き直すということを約 1 か月間繰り返し，フローチャート図 2.11.3 が完成した．

試行段階では製造の作業者に負担をかけたくなかったので，できるだけ環境部門が動くつもりだったが，ラインの責任者や作業者も積極的にセミナーを受講したり，フローチャートの作成や物量の計測などを進んでやってくれた．

このため，ここから先は比較的順調に推移した．1 次切削，2 次切削の各工程を物量センターと定め，まずは 1 か月間のデータをとることにして計測を行っていった．電極の材料は必要寸法に切断したものを購入しているが，公差によるばらつきがあるため，1 個当たりの重量は 5 個平均値とした．これを品種

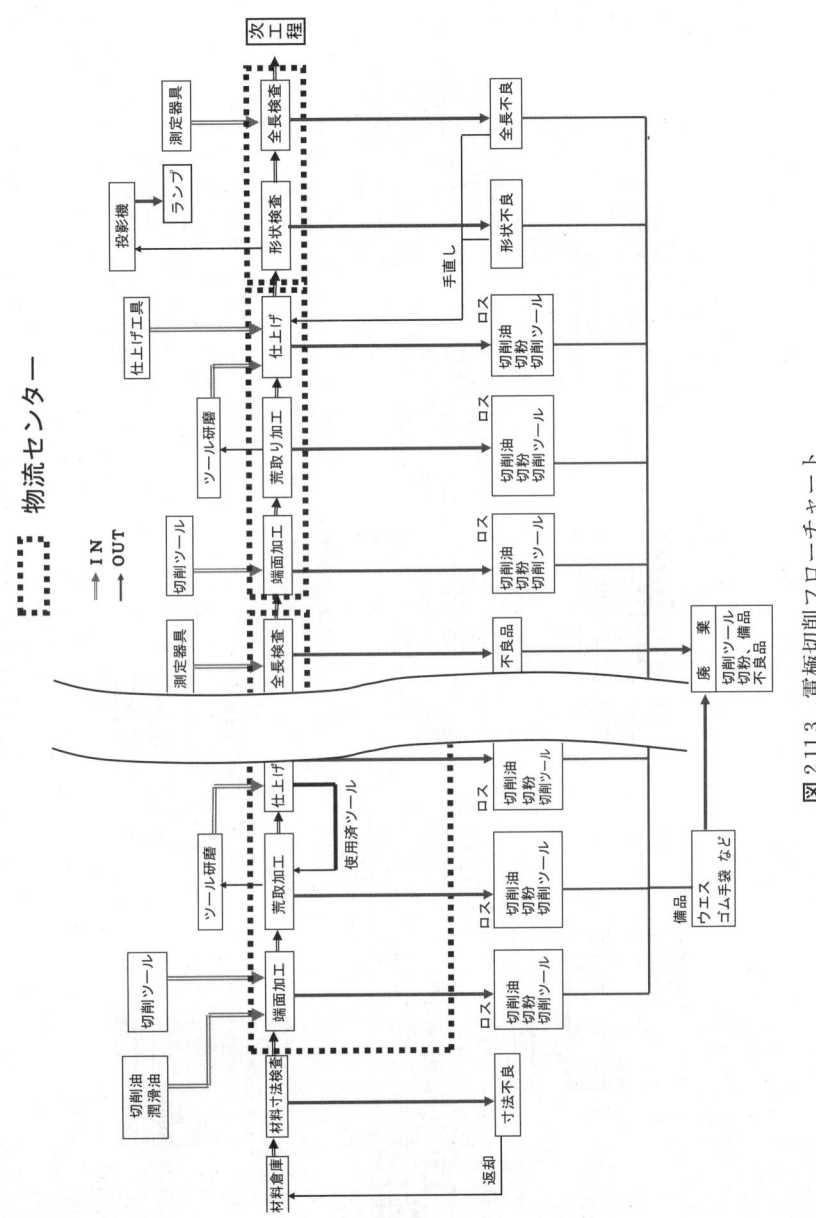

11章 ウシオ電機：環境生産性向上への適用

図 2.11.3 電極切削フローチャート

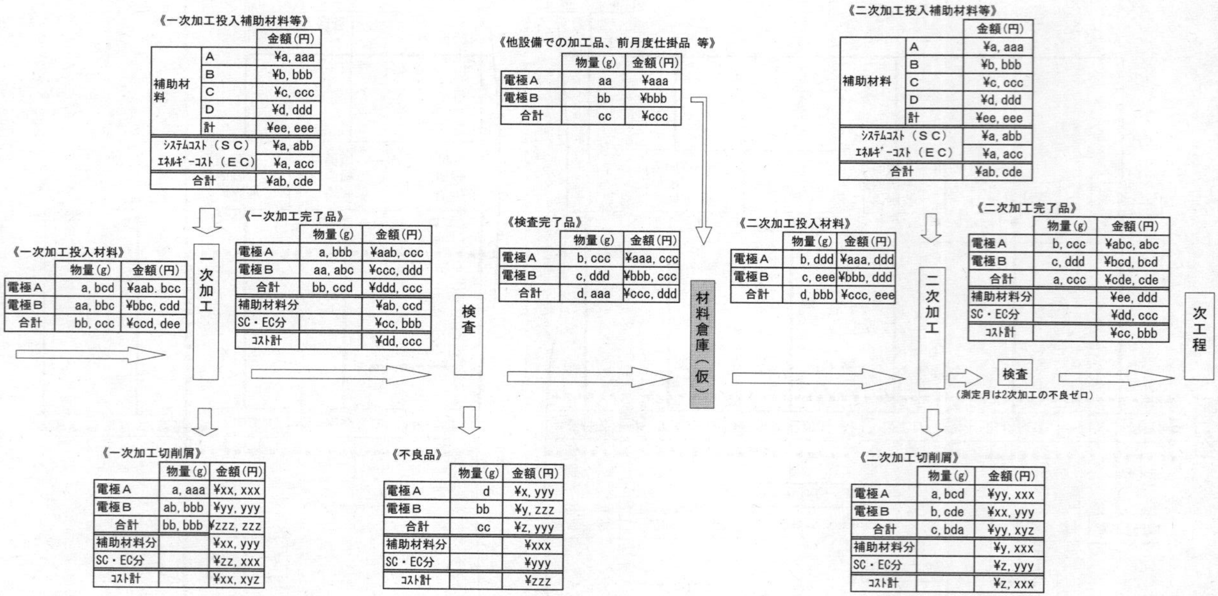

第Ⅱ部　マテリアルフローコスト会計の実践

図 2.11.4　電極切削工程データ付フローチャート

11章 ウシオ電機：環境生産性向上への適用

ごとに加工前・加工後それぞれ重量を測り，生産数から1か月間のマスバランスを計算した．さらに副資材（補助材料）として，切削用のツールやドリルといった工具類はもとより，切削油や洗浄用の溶剤，手袋，ウェスに至るまで，物量センターに投入される全ての資材を拾い出し，1か月間の使用量を計測しコストを割り出した．これにエネルギーコストと人件費や廃棄物処理費用などのシステムコストを加え，それぞれ主要材料の重量比率に応じて按分した．こうして物量データ及びコストデータをフローチャートに貼り付けてつくったのが，図 2.11.4 に示すデータ付フローチャートである．

3-4 試行の結果

電極切削工程での MFCA 分析は，図 2.11.5 に示すように，正の製品約 80％に対して負の製品を約 20％生み出しているという，実にモデル的な結果となった．目論見どおり，大きな廃棄ロスが顕在化できたわけである．「これが改善できれば成果になり，MFCA の展開にはずみがつく」と勢い込んで，第 1 回目の「MFCA 進捗報告会」を事業所内で開催し，「MFCA はロスの顕在化に効果あり」と結果をお披露目することで，他部署への展開を図ろうとした．

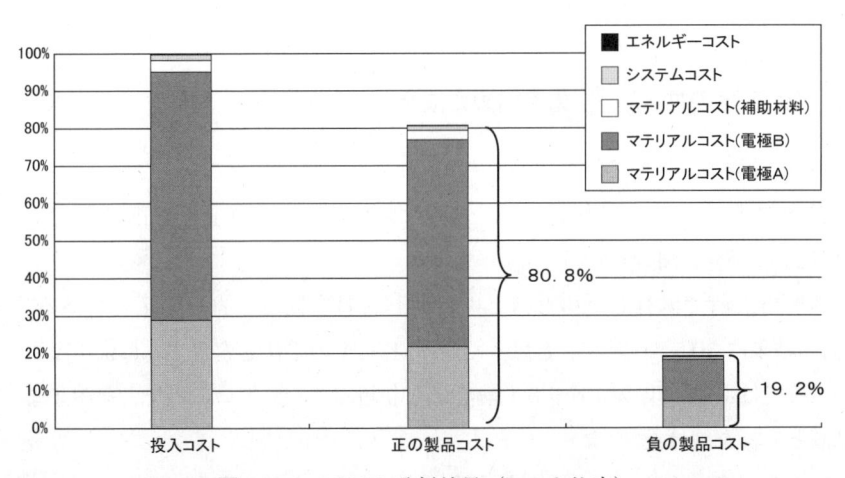

図 2.11.5　MFCA 分析結果（コスト比率）

3-5 改善への課題

　切削くずを削減する手っ取り早い方法は，「① 形状を統一して素材からの削り代を一定にし，切削量を減らす」か，「② 最初から荒削りした素材を購入する」ことだと考えられた．①を実現するには技術部門の，②では購買部門の協力が不可欠になる．当然品質にもかかわってくるため，品質保証部門の了解も取り付けないといけない．そこで，これら関係部門の人たちに集まってもらい，改善策を協議することにした．しかし，そこでもまた厳しい意見に出会う．「ウシオの場合 OEM 製品が多く，お客様の要求で品種ごとに仕様が決められているので，簡単には変更できない」，「形状を含む仕様はお客様の要求仕様を満たすように最適値としているため，特性に影響が出る」．それならば荒削りした素材の購入はどうだと水を向けたが，「購入コストのアップで削減効果がかなり相殺される可能性があり，スムーズに行きそうもないだろう」という答えが返ってきた．目論んだ方策は「相当に難しい」ようなのである．

　といって，ここで足踏みはできない．電極での改善は時間をかけながら進めていくことにし，色んな工程で試行すればまた違った結果が出るだろうと，導入工程を増やしていくことにした．こうして，バルブ加工工程，御殿場事業所の電極切削工程へと対象を拡大していくことになる．

4. 導入工程の拡大 ──見え始めた成果──

4-1 御殿場事業所での試行

　播磨事業所が改善で悩んでいた頃，御殿場事業所の電極切削工程でも MFCA の試行を開始した．

　播磨事業所で試行したのとほとんど同じ材料，同じフローの工程である．「同じ結果になりそうだな」と思ったが，MFCA の手法を習得するには丁度よい工程ではある．現場の担当者も熱心に取り組んでくれているので，そのまま計測と分析を続けた．

　ところが案に相違して，播磨事業所とは少し違った結果が出てきた．マスバ

ランスを計算すると，負の製品の割合が播磨事業所での結果より大きい．電極にはドリルで穴をあけるが，削る相手がタングステンのため，何回かに1回は研磨しないといけない．ところが，こうやって使っているうちにドリルが折れ込んでしまい，その電極材料は不良品となってしまう．MFCAを実施して情報の共有化を行った結果，こういった違いが明らかになったのである．

調べてみると，ドリルを再研磨した際の仕上がりが微妙に違う．研磨機を更新し調整することで，不良の発生を2か月間で6分の1に減らすことができ，金額面でもかなりの削減効果をあげることができた．この結果に勢いを得て，さらに次の加工工程へとMFCAの適用範囲が広がっていくことになる．

また，この過程でもう一つ成果があった．御殿場事業所でMFCAの導入を担当したのは，製造部の中でもPM係という，直接ラインで製造に携わるよりはスタッフとしての意味合いが強い部署である．このまま続けても，ラインの中にMFCAが根付かなければ意味がない．ラインの作業者にあまり負担をかけず，彼ら自身が簡単にMFCAを実施できる方法はないだろうか．試行錯誤の結果，環境部門スタッフと協力し，簡易計算シートを作成した．各材料の重量など基礎データをあらかじめ入れておき，現場で生産数を記入すれば，その期間のマテリアルデータが集計できるシートである．場面に応じて改良は必要だが，今後多くのラインにMFCAを展開していくとき，強い味方になってくれそうである．

4-2 播磨事業所での展開

一方，播磨事業所である．切削くずの削減方策については先送りした形の電極切削工程であったが，製造現場ではしっかりと改善活動が続いていた．電極表面を切削するツールに特殊なコーティングを施すことで，ツールの寿命が従来の約4倍に延びるという．もともとは「モノづくり開発室」という部署で実験的に取り組んでいたものだが，MFCAの結果を受けて「何とか改善に生かそう」と，製造と共同で実用化を急いだ．これにより，ツールのコスト削減に加え，交換の手間も4分の1に減らせるという効果が得られた．ロスを「見える化」したことによるコスト削減への意識の高まりが，「自分たちの手ででき

ることは確実にやっていく」という行動へと結びついた結果であろう．

バルブ加工工程では，まず取り組みやすいところから実施しようと，ランプの発光部である球形部分を成型する工程に絞って MFCA を実施することにした．こちらは電極加工とは違い，ガラス管を加熱成型する工程である．普通のガラスよりはるかに加工しにくい「石英ガラス」の管を，バーナーで焼いて軟化点を超える温度まで上げ，球形に形づくっていく．マテリアルコストもさることながら，エネルギー源である燃焼ガスのコスト比率も無視できない．事実 MFCA 分析の結果は，エネルギーコストがマテリアルコストに匹敵するというものになった．さらにこれまでよくみえていなかった事実が明らかになる．

材料のインプットとアウトプットの重量を測定すると，想定外のロスが存在することが分かった．どうもガラスが思っている以上に「蒸発」しているらしい．確かに，前述のようにガラス管は非常な高温の炎で焼かれるため，ガラス表面の成分が蒸発することは分かっていた．実際，排気ダクトの内面に「シリカ」と呼ばれる酸化ケイ素の結晶がこびりつくことは，以前からよく知られている事実でもあった．しかし，投入重量の数％というのは結構大きな数字である．現場では加熱条件の見直しなどに早速取り組んだ．蒸発によるロスの削減とともに，エネルギーの削減効果も期待できる状況である．まさに MFCA によって，よくみえていなかったものがはっきり姿を現す，という好事例となった．

5. おわりに

2007 年 10 月 30 日，導入から 1 年が経過したのを機に，第 2 回目の MFCA 進捗報告会を開催した．その中で，播磨事業所のバルブ加工工程と御殿場事業所での取り組み報告とともに 1 年間の総括を行い，「隠れたロスを顕在化し，改善ポイントを明確にできた」ことは「今後 MFCA の導入を拡大していくことで成果の拡大が見込める」，さらに「材料のインプット・アウトプットを明確に把握することは内部統制に沿った動きであり，この面での効果も期待でき

る」と評価した．所期の目的である環境生産性の向上につなげるため，他部門との連携を強化し，MFCA の継続・拡大を図ろうと考えている．

　上述の報告会では再び國部先生に講演をお願いした．そこで述べられた，「MFCA の継続的導入の鍵」としてのロス概念の調整の問題，既存の管理原則におけるロス概念との相違にどう対処するか，さらに「MFCA は，生産管理の手段であると同時に，環境管理の手段である」といった内容は，これからの MFCA 展開活動にとって，大変に示唆に富んだものであり，方向付けの指針となるものであった．ウシオの MFCA 活動に課せられた使命だと捉え，この道筋を着実に歩んでいきたい．

　「経済活動と環境活動の両立」「環境負荷低減とコスト削減の同時実現」という目的に向かい，TPM と MFCA を活用して，「資源効率」を高め「コスト競争力の高いモノづくり」を目指す．

　導入時のキックオフで語られた言葉を，いま改めて噛みしめている．

（藤田利和）

12章 富士通：グリーンプロセス活動による環境影響とコスト指標の統合

1. はじめに

富士通グループは，工場における環境負荷の主たる発生原因を持つ，モノづくりの現場から環境負荷の削減を図るため，2002年から"グリーンプロセス"活動を推進している．

この手法は，製造ライン単位における主に IN 側のマテリアル情報に対し，環境負荷情報とコスト情報を加味して独自の CG（Cost Green）指標に換算，その指標を下げる取り組みを継続的に行うことにより，環境負荷とコストダウンを同時に達成させようというものである．

MFCA と"グリーンプロセス"は，マテリアルやコストの測定・評価方法が異なる．しかし，製造ラインを対象とした無駄取り＝環境改善活動を行うことにより，環境パフォーマンスの向上と経済性の両立を目指し，事業に貢献する環境活動を図ろうとする思想は同一である．

2. "グリーンプロセス"活動とは

2-1 きっかけ

環境関連法規の整備もあり，工場の環境活動は古くから行われている．ただし，その活動はインフラ管理部門のみになりがちであり，工場の環境活動に閉塞感が生じつつあった．また，工場の環境負荷の原因となる要素の多くは製造プロセスに由来しているが，製造部門のミッションに環境活動はないため，環境活動に本気で取り組むことは稀であった．

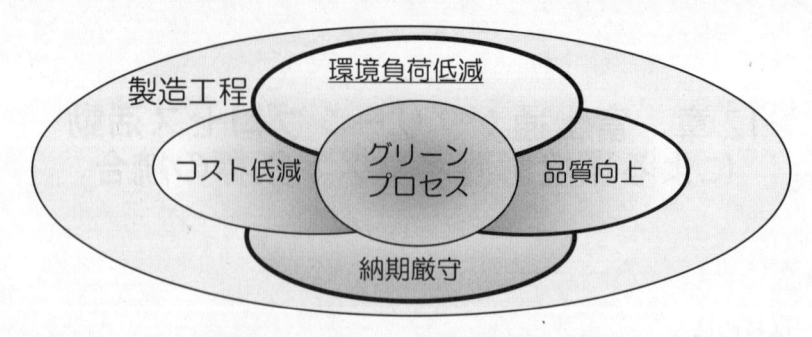

図 2.12.1　グリーンプロセス活動の概念

逆に，製造部門本来の業務遂行と環境活動が相反することなく同軸であるならば，自ずと環境活動が活性化するはずである．そこで，製造部門の重要な要素の一つである"コスト"と環境活動を結び付ける手法として"グリーンプロセス"の枠組みを構築し，導入に踏み切った．

2-2　概要

当社が展開しているグリーンプロセス活動とは，製造ライン単位で資源（電力を含む）投入量のムダを省き，結果として製造にかかわる環境負荷改善とコストダウンを図るものである（つまり，製造プロセスからの負の OUTPUT の削減よりも，INPUT の最適化を重要視している）．具体的には，次式で表す独自指標＝CG 指標の高いものから改善に取り組むという，いたってシンプルなものである．

　　CG 指標＝部材の投入量／製品当たりの部材単価×環境影響度

　　　　　（　←　コスト指標　→　）（環境指標）

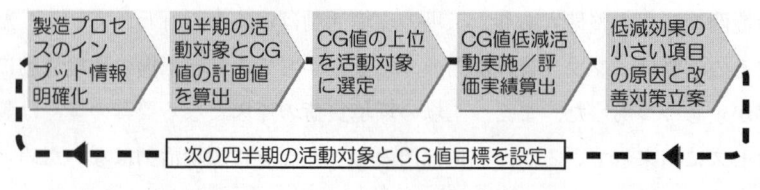

図 2.12.2　グリーンプロセス活動フロー

12章 富士通：グリーンプロセス活動による環境影響とコスト指標の統合

表 2.12.1 デバイス型製造プロセス用 工程別コストテーブル（例）

製造工程 名称	小工程 名称	ガスA	ガスB	薬品A	薬品B	電力
A	a1					
	a2					
	a3					
B	b1					
	b2					
	b3					

表 2.12.2 デバイス型製造プロセス用 投入資材（薬品・電力）別コストテーブル（例）

ガス、薬品名	単位当たりの使用量	材料単価	環境影響度	CG指標	順位
ガスA					
ガスB					
薬品A					
薬品B					
電力			合計金額		

※ 全使用量は、表2.12.1 より求める。
※ 電力はCO_2に換算する。

表 2.12.3 デバイス型製造プロセス用 投入資材（部品）別コストテーブル（例）

品名	単価	単位当たりの使用量	単位重量	環境影響度	CG指標	順位

※ 使用量の単位はkgやgなどの重量単位を用いる。ただし、電力はCO_2に換算する。

その活動のステップを図 2.12.1，図 2.12.2 に表す．

当社では，グリーンプロセス活動の手順書案をトライアルにて検証し，結果的に①デバイス型製造プロセス版（比較的，環境負荷の重い製造プロセス用），②組立型製造プロセス版（比較的，環境負荷の軽い製造プロセス用）の2つの

表 2.12.4 組立型製造プロセス用 投入資材表（例）

直接資材・間接資材	単価	単位重量	単位当たりの使用量	環境影響度	CG指標	優先順位
直接資材A						
直接資材B						
間接資材A						
間接資材B						
電力						
水						

※ 使用量の単位はkgやgなどを用いる．ただし，電力はCO₂換算する．

手順書として制定した．その内容は以下のとおりである．

なお，この手順書はガイドライン的な性質のものとして策定し，導入する組織によって柔軟な変更を可能としている．

手順1：環境負荷の高い製品の選定

製造部門は，経験的に環境負荷が高いと思われる製品を選定する．次に，その製品の工程フロー図を作成する．

手順2：コストテーブルの作成

製品単位当たりの投入資材量の設計値を使用し，表1～4を参考としてコストテーブル（あるいは投入資材表）を作成する．

手順3：対象の抽出，施策の立案

次の（1）の評価項目（例）を参考として施策を立案する．その環境負荷の改善状況は，CG指標を用いて達成状況を確認する．ただし，その際に使用する環境影響度は，次の（2）で定めた富士通グループ共通のものを適用する．

(1) 評価項目（例）

①環境関連法規の遵守状況（法令，地方条例・協定などの遵守の達成状況）

②グリーンプロセス設計状況（環境負荷：CG値の削減，技術革新などの取り組みの達成状況）

③グリーンプロセス実績（効果の検証・展開などの達成状況）

④当社グループ環境行動計画（製品対策，地球温暖化防止，製品リサイクル，

グリーンファクトリの推進などの達成状況）
⑤環境意識向上（教育・節電・分別回収，現場の提案活動・気付きなどの達成状況）
⑥環境リスク低減（環境リスク低減につながる取り組みの達成状況）

(2) 環境影響度
　①化学物質
　　「人体及び生態影響」の影響度を1〜9に区分（評価項目として，当社グループ削減対象物質，作業環境測定対象物質，毒物・劇物などを選出し，総合的に評価）．
　　「地球温暖化」の影響度を0〜9に区分（地球温暖化係数 GWP を根拠として，便宜的に化学物質に区分けしている）．
　②部材
　　「リサイクル性」の影響度を1〜10に区分（埋立処分・単純焼却，熱資源回収，再資源，再使用などを総合的に評価）．

(3) 導入・定着に向けた工夫
　①インセンティブの考慮
　　製造部門のミッションの重要な要素に，品質向上・納期短縮・歩留り向上，コストダウンなどが挙げられる．本活動は，これらに「環境」を同軸に加えるために，CG 指標の改善に取り組むものである．
　　前述のとおり，CG 指標はコスト指標と環境指標を乗じたもので，製造ラインごとに算出する．つまり，CG 指標の順列の高い製造ラインからその要因をピンポイントで抽出し改善に取り組むことによって，事業のミッションと環境改善の効率的な実現をねらっている．
　　本活動を継続的に推進するため，財務会計と同期して四半期ごとに目標の達成状況を検証・見直すプロセスとしている（図 2.12.2）．また，レビュー会議には事業責任者の同席を義務付けており，本活動の推進・達成状況を掌握した上で判断することを可能としている（図 2.12.3）．

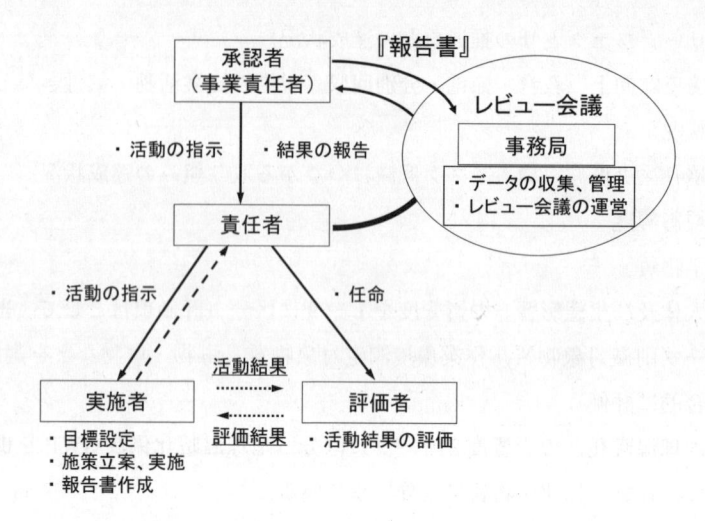

図 2.12.3　グリーンプロセス各担当の役割

②簡素な仕組みを志向

　いわゆる環境管理会計の手法は，MFCA・ライフサイクルコスティング（LCC）など，コストと環境活動を結び付ける手法として既に数多く紹介されている．しかし，半導体製造プロセスのような数百工程ある複雑なラインに適用した例はほとんど聞かない．これは MFCA など，評価プロセスがある程度標準として示され，その定義に即して運用しようとすると，製造プロセスの状況把握や素材の環境負荷データベースの調査に多大な工数・手番が必要となるためと考えられる．

　そこでグリーンプロセス活動では，専門委員会での協議・合意形成を通じ，製造部門が直感的に理解できる CG 指標を用いた簡素な仕組みで運用するよう，工夫している．

③既存システムとの連携

　製造部門は，当然ながら品質向上・納期短縮・歩留り向上・コストダウンなどを図るため，自らの業態に適した生産革新ツールを導入し，業務改善を推進している．製造部門にグリーンプロセス活動を導入するに当たり，その

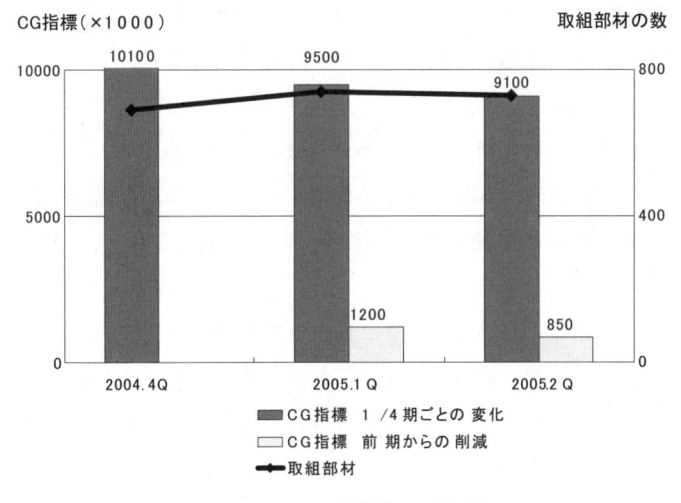

図 2.12.4　CG 改善効果（全体）

効果を最大化するために適用するツールの選択は，各部門の判断によっている．可能な限り当該部門が既に導入しているマネジメントツールに組み込むことを念頭において推進している．

例えば，ISO14001 の活用がある．製造部門はこのシステムの要求事項である，目的・目標及び実施計画で，"グリーンプロセス"の具体的な活動内容を明確化し，進捗管理し，その達成状況のチェックを受け，確実なパフォーマンスの向上を図っている．

3. 成果

3-1　CG 指標

本活動の 2005 年度上期の成果を図 2.12.4 に示す．なお，成果は 2004 年度 4/4 期から 2005 年度 2/4 期までの変化とする．また，コスト効果として，トータルで約 4.6 億円の費用削減が図れている．

3-2 改善事例

① デジタル家電向けの半導体製造工程を評価したところ，ウエハーに回路パターンを転写する工程のうち，洗浄工程でCG値が高いことが分かった．この工程改善に取り組み，ウエハーをまとめて洗浄するバッチ方式から1枚ごとに逐時洗浄する枚葉処理に変更することにより，洗浄品質の改善とともに感光剤除去に使用する剥離剤が大幅に削減され，CG値を83％改善した．

② パソコンの鉛はんだフリーのプリント基板製造工程を評価したところ，鉛フリーはんだ工程のCG値が高いことが分かった．その主原因である鉛フリーはんだの削減を目的として工程改善を取り組み，その使用量の適正化と設計変更による不必要な部分へのはんだを中止することにより，当該工程のCG値は11％改善され，かつ鉛フリーはんだの購入コストを10％改善した．

③ パソコンの品質管理工程を評価したところ，テープ類や作業用手袋などの補助材料の使用にCG値が高いことが分かった．自社部品の梱包材に使用していたテープに代わり熱による溶着固定への変更，手袋の洗濯推進による延命化と交換時期の使用見本の明示により，CG値は7％改善され，かつコストを50％以上削減した．

④ プリンタの印字ヘッド製造工程を評価したところ，洗浄工程のCG値が高いことが分かった．その主原因はパーフルオロエタン（地球温暖化物質）の使用にあったため，その削減を目的とした工程改善に取り組み，より有害性の低くリサイクルが可能な第三石油類の溶剤に代替するプロセスに改善した．その結果，当該工程のCG値は92％改善され，かつ薬品購入コストを84％削減した．

4. 新たな展開

組立型製造プロセスは電子デバイス型製造プロセスに比べて，ムダの発生が

少ない．しかし，組立型製造プロセスの特徴として注目されるのは，納品物に付随する梱包材の発生である．梱包材は，そのほとんどが再資源化されるとはいえ，当社グループにおける全組立型工場の廃棄物排出量の80％以上を占め，約10,000t排出されている．

また，梱包材の削減を図るため，各サプライヤーに対する調達品梱包材の要望事項をまとめたガイドラインを策定した．さらに各サプライヤーの包装材質の環境配慮性・分別容易性・過剰性・収納性などを調査しており，当社から改善可能な要素があればWin-Winとなるべく，改善提案を開始した．

このことは，MFCAとして考えると，管理対象のバウンダリを社外まで拡大することであり，環境側面からのサプライチェーンマネジメント（SCM）として発展する可能性を秘めている．

また，冒頭に述べたように，グリーンプロセス活動は主に製造ラインのINPUT側を削減することで，負のOUTPUT側の削減とコストダウンの同時達成を図るものである．前述のように，サプライチェーンまで対象にすることに加え，OUTPUT側のデータ把握にも着手し，廃棄物量の削減とコストダウンが図れるよう，トライアルを開始している．

5. おわりに

グリーンプロセス活動はMFCA的な観点に当社独自の考え方を反映させた，製造プロセスにおける環境改善の手法である．この手法には種々の欠点がある．その一つは"グリーンプロセス活動はCG指標を改善する"というロジックそのものに存在する．すなわち，前述の計算式で明らかなとおり，CG指標は部材の投入量と単価と環境影響度の単純な積である．したがって，部材の購入単価を下げる，つまりコストダウンそのものがCG指標を改善する手っ取り早い手段となり得る．このような欠点を持つグリーンプロセス活動だが，「理解しやすいシンプルな仕組み」で「事業のメリットに貢献する」ことを最大の特徴とした環境改善活動であり，欠点を補って余りある利点を持つと考え

ている．今後ともこの特徴を忘れることなく，製造プロセスの特徴を生かすようにカスタマイズしたグリーンプロセスの手順を策定・普及させ，さらなる定着を図り，成果創出を図る．

（功刀昭志）

13章　中小企業への導入と効果

1. はじめに

　MFCAは，企業規模にかかわらずエネルギー消費の効率化や廃棄物削減のための分析手法として有効なツールである．環境経営に先進的な大企業では，MFCAの試験的な導入から本格的な取り組みへ移行し始めている．一方，中小企業では，ほとんど取り組まれていないのが実情だ．

　財団法人社会経済生産性本部は，中小企業へのMFCAの普及を目的とした「マテリアルフローコスト会計（MFCA）導入共同研究モデル事業（中小企業向け）」を独立行政法人中小企業基盤整備機構から委託され，平成16年度に実施した．事業は，全国15社の様々な業種業態で実施している．平成17年度においても，新たな2社と，平成16年度からの継続2社との間で共同研究事業を実施した．

　本章では，中小企業の特性に適合したMFCA導入方法と実施効果について述べる．

2. MFCAと中小企業

　MFCAは，2002年に公表された「環境管理会計手法ワークブック」で，先駆的な導入企業事例として日東電工，田辺製薬，タキロン，キヤノンが紹介された．その後，他の大企業でも導入が検討されているが，中小企業では同様の状況にはなっていない．MFCAを実施する上で必要となる原価データの整備状況，環境専門部門の有無，プロジェクトチームによる活動を可能にする人的資源余力の有無などが要因となっている．ワークブックでは，手法のさらなる

発展普及に関して以下のように言及している．「環境管理会計は制度化したり強制したりするものではないので，導入側企業にとってハードルが低く，導入のインセンティブが高くなければならない．導入のハードルを下げるためにはより分かりやすいマニュアルや教材などの開発，安価なコンサルティングなどの導入支援体制の構築などが考えられる．導入のインセンティブは手法の有効性にかかっているが，ケーススタディを積み重ね，成功事例を蓄積することが説得力を増すことになる」

2004年から，中小企業向けのMFCA導入共同研究モデル事業が実施されている．独立行政法人中小企業基盤整備機構が，モデル事業の対象となる中小企業を公募により15社を選定し，実施は財団法人社会経済生産性本部が委託された．予想されたことであるが，実施プロセスにおいて，原価データの整備状況の不足，業務繁忙による人的資源の余力のなさなどが見受けられた．環境部門が整備されている企業も皆無であったが，この点に関してはモデル事業に選定された企業であり，経営トップの環境意識が高く，実施上で問題となることはなかった．

3. 中小企業におけるMFCA導入ステップ

3-1 MFCA導入実施手順

図2.13.1は，15社でのモデル事業実施過程で用いた実施手順である．詳細内容については，独立行政法人中小企業基盤整備機構の平成16年度中小企業者環境配慮型経営システム構築事業「マテリアルフローコスト会計（MFCA）導入共同研究モデル事業（中小企業向け）」報告書を参照いただきたい．

3-2 導入の流れ

(1) MFCA適用対象の明確化

全社適用か部分的適用かを明確にする．部分的適用を採用する場合は，対象製品・生産プロセスの範囲を確定する．

MFCA適用対象の明確化 → マテリアルフローモデル構築 → データ測定 → マテリアル物量データ一覧表作成 → コストフローチャートの作成 → フローコストマトリックスの作成 → 改善策策定・実施・効果確認

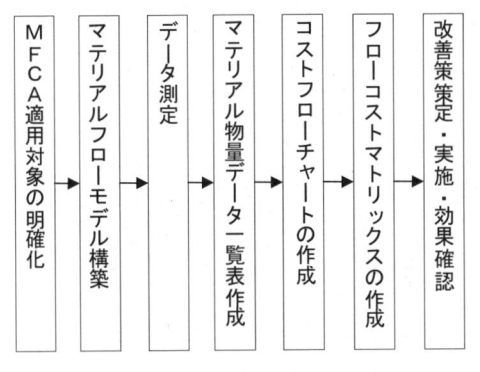

図 2.13.1　MFCA 導入実施手順

(2) マテリアルフローモデル構築

　MFCA は，マテリアルの物量に着目する手法である．導入する際には，適用対象範囲を特定した上で生産工程に投入されるマテリアルの移動を明確にする．すべてのマテリアルについて，どの段階で投入され，どこでロスとなっているのかを示す．マテリアルの移動を一覧化したものが，マテリアルフローモデルである．図 2.13.2 は，金属製品加工工程をモデル化した事例である．

(3) データ測定

　マテリアルフローモデルの完成後，物量センターごとに物量測定の仕組みが現場にあるかどうかを確認する．現場で日常活用している帳票が利用できるのであれば，それを使う．使える帳票がなければ，データ採取方法をあらかじめ検討する．中小企業のケースでは，管理の特性からデータを整備するよりもスタッフ各人の能力で工程管理を行うことが多いため，MFCA で必要とするデータが整備されている状況にないことが多い．よって，データをどのように採取するのかが導入する上で課題となる．

(4) マテリアル物量データ一覧表作成

　測定期間が経過した後，物量センターごとの測定データ集計表から，マテリアル物量データ一覧表を作成する．一覧化によって，物量センターごとの対比が可能となる．この段階で，物量センターごとの良品率とロス率を計算してお

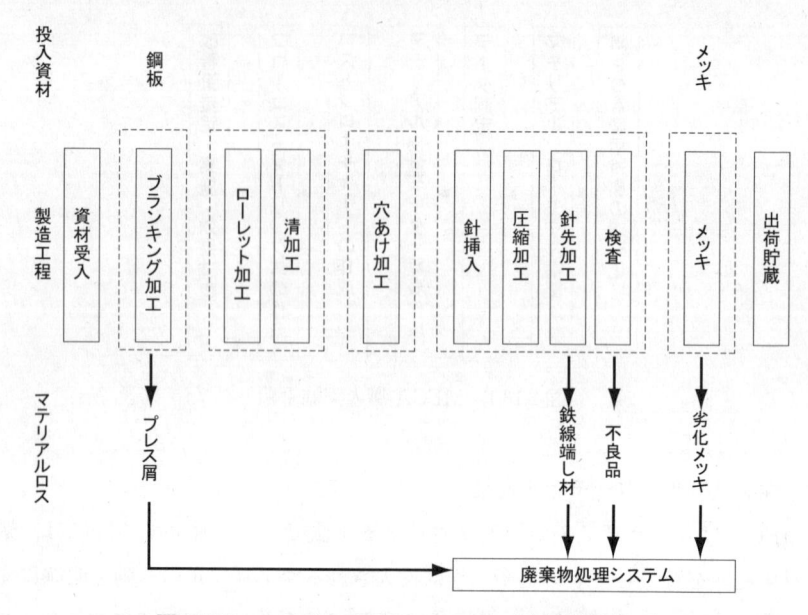

図 2.13.2　マテリアルフローモデル（金属製品加工）

く．良品率及びロス率は，後述するシステムコスト及び用役関連コストを計算するときに，良品コストとロスコストの配賦基準として用いる．

(5) コストフローチャートの作成

①マテリアルコストフローチャート

　物量センターごとの測定データ集計表から，マテリアルコストフローチャートを作成する．様式は，マテリアル物量データ一覧表と同様で物量が貨幣価値として金額で示される．集計により物量センターごとの投入金額・良品金額・ロス金額が明確になる．

②システムコストフローチャート

　生産にかかわる労務費・設備費・その他管理費を投入システムコストとして算定する．システムコストを算定する理由は，物量ロスにより費やした金額を把握し，経営に与える損失の大きさを明確にすることにある．投入・システムコストは，良品・システムコストとロス・システムコストに

配賦する．配賦基準は，原則として物量データ表で算定した良品率とロス率とする．

③用役関連コストフローチャート

生産活動で用いた電気・用水・ガスなどの料金を，用役関連コストとして算定する．良品・用役関連コストとロス・用役関連コストへの配賦基準は，システムコストと同様である．

(6) フローコストマトリックスの作成

コスト算定の結果はフローコストマトリックスに集計する．廃棄物処理コストは，別途調査し計上する．廃棄物処理コストは，処理を委託した業者に実際に支払った費用である．月極契約の場合は契約金額とする．社内で汚泥処理するなどの場合は，廃棄物処理コストではなくシステムコストに含める．

3-3 導入上の留意点

(1) 導入意思決定の段階

経営資源の充足度が不十分な中小企業において，何らかのシステム導入検討を行う場合には，導入リスク（この場合，導入するために費やす労力のわりに得られる効果が少なかったといったような状況）を考慮する必要がある．そのためには，実際に導入した場合にどの程度の効果が得られるかを事前に想定できることが望ましい．

(2) 導入範囲決定の段階

MFCAの適用範囲をどのレベルにするのかを決める段階であるが，適用区分としては生産ライン・製品・工程の3方向が考えられる．生産ラインに関しては，社の全生産ラインを対象とするのか一部の生産ラインを対象とするのかが検討対象となる．製品に関しては，どの製品を対象にするのかである．工程に関しては，対象生産ラインと対象製品が決まった時点で，マテリアルフローモデルを作成してロスの出方などを確認した上で，すべての工程を対象とするか一部の工程を対象とするかを見極める．

いずれにしても，MFCA導入のねらいと企業能力を考慮して適切な範囲を設定することが望ましい．

(3) データ測定実施の段階

データ測定においては，すでに管理しているデータが活用できるか，実測する必要があるか，あるいは理論値を使うかなど，企業の管理レベルによっても様々である．また，システムコストや用役関連コストなどは，どの程度細かく分析するかについても，企業の原価システムの整備状況によって異なってくる．一例として，一度目は緻密にデータ測定し，2回目からは簡易的な方法で測定するといった方法も実践場面では妥当な展開である．より効率的かつ効果的にデータ測定を実施するには，実際の活動をとおして見いだすことになる．

(4) データ集計の段階

モデル事業では，データ集計用の標準フォーマットを作成して実施した．データ集計用に使用したフォーマットは，マテリアル物量データ・マテリアルコストフローチャート・システムコストフローチャート・用役関連コストフローチャート・フローコストマトリックスの5種類である．他社の比較評価のためには，標準的なフォーマットがあることが望ましい．だが，企業形態によっては使いにくい場合もあり得る．実践場面においては，定形の標準的なフォーマットがあったとしてもカスタマイズするなど，生産特性に合わせた整理が必要となる．

4. 中小企業におけるMFCA導入の効果

4-1 産業用機器部品製造業A社の事例

(1) 概況

A社は，電力測定器の制御基盤の組立製作を行っている企業である．工程に投入する資材のうち，クリームはんだを除く基盤やICなどの電子部品は支給品だ．その上，部品のロスが少ないので，マテリアルロスに着目するMFCAを適用し改善をするには，焦点を絞りにくい生産形態となっていた．A社のマテリアルフローモデルは図2.13.3のとおりである．

(2) データ測定結果

データ測定結果は，マテリアルコストのロス率が 0.1 %，システムコストのロス率が 13.1 %，用役関連コスト 1.2 % となっている．マテリアルコストロスは少ないが，工程内不良の処理に伴うシステムコストロスが高くなっている．

A 社改善前のフローコストマトリックスは表 2.13.1 のとおりである．

(3) 改善の取り組み

当初の予想どおり，マテリアルロスを観点とした改善余地はほとんどないことがデータで明らかになった．一方で，システムコストに着目するという新たな改善着眼点が得られた．生産プロセスでは，IC 部品のピンが曲がるなど工程内不具合が発生しているが，ほとんどの要因は不具合部位を修正することで再投入が可能である．最終的に使用不可能で外部へ廃棄物として排出されるマテリアルは，ほとんどない．必然的に改善の着眼点は，マテリアルロス以外になる．

A 社は，製品の納品先から品質面での強い要請があり，不具合が社外に流

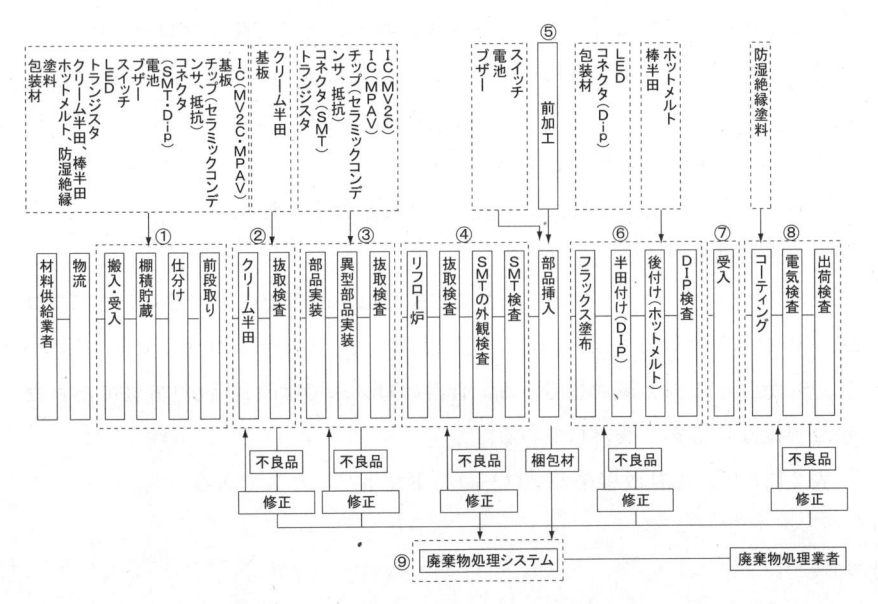

図 2.13.3　A 社のマテリアルフローモデル

表 2.13.1　A社のフローコストマトリックス（改善前）

	搬入/仕分け前投入①	クリーム半田印刷②	部品実装③	リフロー炉/検査④	部品挿入・前工程⑤	Dip⑥	受入⑦	コーティング検査⑧	合計
投入									
マテリアルコスト	108,648,071	3,412,000	101,242,199	0	3,743,870	211,502	0	38,500	108,648,071
システムコスト	603,928	414,712	695,745	696,071	504,816	699,898	382,819	262,969	4,260,958
用役関連コスト	16,378	96,378	95,378	95,378	16,378	95,378	16,378	16,378	447,024
小計	620,306	3,922,090	102,033,322	791,449	4,265,064	1,006,778	399,197	317,847	113,356,053
ロス									
マテリアルコスト	0	59,328	18,029	0	14,000	870	0	0	92,227
システムコスト	0	16,341	243	195,745	32,415	58,695	0	256,630	560,070
用役関連コスト	0	1,632	21	0	3,807	41	0	0	5,500
廃棄物処理コスト									20,000
小計	0	77,301	18,292	195,745	50,222	59,606	0	256,630	677,796

	マテリアル	システム	用役関連	廃棄物処理	計
良品コスト	108,555,844	3,700,888	441,524	0	112,698,256
ロスコスト	92,227	560,070	5,500	20,000	677,796
計	108,648,071	4,260,953	447,024	20,000	113,376,053
ロス率	0.1%	13.1%	1.2%	100.0%	0.6%

出すことは，競合に対して不利な立場になる．そこで生産プロセス内では，多くの検査要員及び不具合修正のための人員を配置している．MFCAは，生産プロセスにおけるマテリアルロスに着目する手法であるが，A社事例ではシステムコストを対象として改善策を検討した．

A社改善前が検討した対策は，表 2.13.2 のとおりである．

(4) 改善実施後の結果

改善後のフローコストマトリックスの結果は，改善前に比べてマテリアルコストのロス率が 0.1% から 0.33% に上昇し，システムコストのロス率が 13.1% から 0.51% と減少している．合計のロス率では改善前が 0.6% であったが改善後は 0.35% と改善している．

表 2.13.3 は，A社改善後のフローコストマトリックスである．

表2.13.2 A社の改善検討結果

不具合項目	原 因	対 策	評価 効果	評価 容易性	評価 費用	合計	着手優先順位	実施日程	担当	備考
滞れ不良	タクトバランスの不均一化による、基板の滞留時間の長期化	マウンタ各機器のタクトバランスの最適化を実施	5	3	5	13	●			人的対応
位置づれ	機械での部品認識の不備	該当部品の部品認識プログラムの再検討	4	5	5	14	●			発生時実施
半田タッチ	印刷機設定不備及び、クリーム半田補充時及び半田切れ時のメタルマスク清掃後の確認不備	半田切れ清掃後の確認徹底	3	5	5	13	●			人的対応
足浮き	バラ支給部品の手置き作業の際に誤ってリード部を曲げてしまう	工程内検査に対しての手置き部品の明確化（黄色マーキング）	2	5	5	12				
異物混入	SMT中間バッファの手作業時での髪の毛付着	作業時の帽子の徹底化	1	5	5	11				
未実装	カセット不備の為の部品とび	外観検査機等の結果を踏まえ、早急に不具合カセットの交換	1	5	4	10	●			
未半田	印刷機メタルマスクの目まり	半田切れ清掃後の印刷状態の確認徹底及び外観検査機の結果を踏まえ、該当箇所の確認	1	5	5	11	すでに実施済			
返り	カセット不具合の為の部品裏返り	外観検査機での発見後、早急に不具合カセットの交換	1	5	4	10	すでに実施済			
部品破損	収納用ラックへの入れ替え時における基板接触	同じ段に複数の基板を挿入する際には、マスキングテープなどで基板接触を回避する。	1	2	3	6	●			
半田不足	印刷機の設定不備	半田切れ清掃時の半田量確認とその時点での最適の印刷機調整	1	3	5	9	すでに実施済			
部品浮き	実装位置ズレの部品のリフロー内での表面張力によるもの	外観検査機での発見後、該当箇所の実装位置確認	1	1	5	7				
逆実装	方向確認の不備	前段作業より、方向確認の徹底	1	1	5	7	すでに実施済			

4-2 その他中小企業での参考実施例

(1) 製造工程でのロス材を有効的に活用した事例（菓子製造及び販売業 B 社のケース）

① MFCA によるデータ測定結果

B 社は，和菓子と洋菓子を製造し自社店舗で販売している．製造過程において材料のロスが発生していた．洋菓子の主力商品であるイチゴショートケーキを対象として MFCA を実施した．図 2.13.4 がマテリアルフローモデルで，表 2.13.4 がデータ測定集計後のフローコストマトリックスである．

②改善の取り組み

材料のロスが発生していることを踏まえて，改善の検討を行った．下記の

改善対象	改善の方向性
ロスとなった材料	他の商品として転用し商品化する． その際には，販売店との連携と顧客へロス資材を活用した商品であることを開示する．
システムコスト 用益関連コスト	生産方法の見直しによるロス発生防止を検討する． 製造工程の編成見直しを検討し効率的な生産体制への移行を目指す．

2 点は改善の方向性として打ち出された内容である．

③改善活動後の状況

同社ではロスが発生している認識はあったが，それをデータで把握されていなかった．日々の作業を進めながら現場担当者に MFCA データの記録を実施してもらう試みは，負担を増やすだけではないかとの危惧もあった．しかし，数値データとして物量とコストが明確になったことで，現場担当者の中に無駄を出してはいけないという意識が芽生え始めた．それが，ロス材料を新たな商品として生かしていこうとする行動となって表れた．これは改善活動を継続させるために重要である．現場担当者の意識が成果をあげるための要因となるからだ．食品製造の現場において，味を追求することに重点を置くと，ロスという認識を持つことを忘れがちである．しかし，よりよい商品を市場に投入しようとするならば，原材料の余剰をロスと認識することが重要であることが，経営幹部から第一線の担当者までの

13章 中小企業への導入と効果

表 2.13.3 A社のフローコストマトリックス（改善後）

	搬入/仕分け前段取り①	クリーム半田印刷②	部品実装③	リフロー炉/検査④	部品挿入・前工程⑤	Dip⑥	受入⑦	コーティング検査⑧	合計
投入									
マテリアルコスト	45,620,474	1,331,500	39,904,586	0	4,265,362	80,526	0	38,500	45,620,474
システムコスト	289,400	365,240	682,209	464,175	464,935	464,935	209,884	166,211	3,106,990
用役関連コスト	15,629	78,146	78,146	78,146	15,629	78,146	15,629	15,629	375,100
小計	45,925,503	1,774,886	40,664,941	542,321	4,745,926	623,607	225,513	220,340	49,102,564
ロス									
マテリアルコスト	0	34,822	28,666	8,500	4,680	11,845	0	63,000	151,513
システムコスト	0	7,136	208	0	8,520	85	0	0	5,948
用役関連コスト	0	1,022	31	0	928	9	0	0	1,991
廃棄物処理コスト									未計上
小計	0	42,980	28,906	8,500	14,128	11,940	0	63,000	169,452

	マテリアルコスト	システムコスト	用役関連コスト	廃棄物処理コスト	計
良品コスト	45,468,961	3,091,042	373,109		48,933,112
ロスコスト	151,513	15,948	1,991	未計上	169,452
計	45,620,474	3,106,990	375,100		49,102,564
ロス率	0.33%	0.51%	0.53%		0.35%

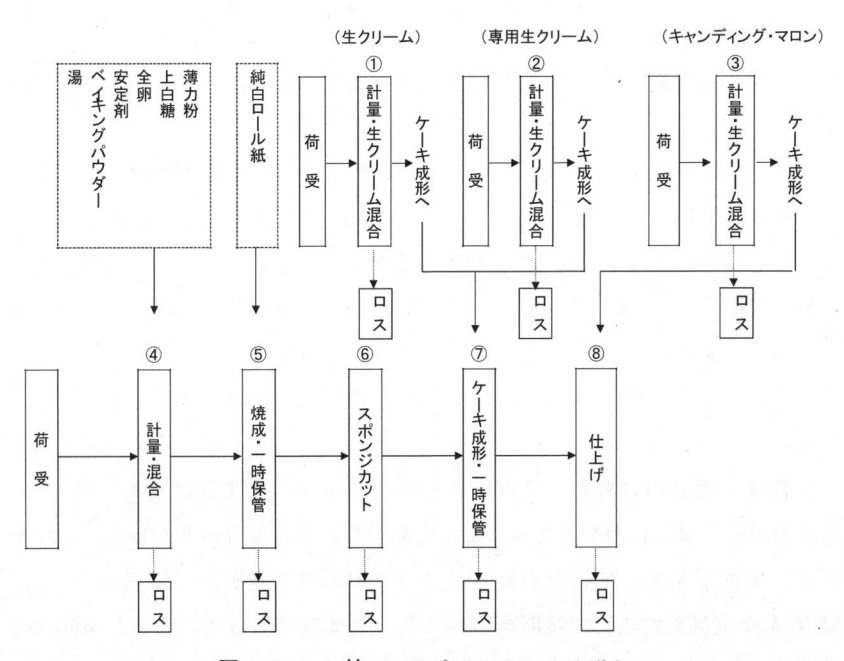

図 2.13.4 A社のマテリアルフローモデル

（生クリーム）　（専用生クリーム）　（キャンディング・マロン）

原料：薄力粉、上白糖、全卵、安定剤、ベイキングパウダー、湯 → 純白ロール紙

① 荷受 → 計量・生クリーム混合 → ケーキ成形へ（ロス）
② 荷受 → 計量・生クリーム混合 → ケーキ成形へ（ロス）
③ 荷受 → 計量・生クリーム混合 → ケーキ成形へ（ロス）

④ 荷受 → 計量・混合（ロス）
⑤ 焼成・一時保管（ロス）
⑥ スポンジカット（ロス）
⑦ ケーキ成形・一時保管（ロス）
⑧ 仕上げ（ロス）

表 2.13.4　A社のフローコストマトリックス

	計量・混合④	焼成・一時保管⑤	スポンジカット⑥	ケーキ成形・一時保管⑦	カット・仕上げ⑧	集計
投入						
マテリアルコスト			37,552	485,135	221,558	744,244
システムコスト	3,038	45,570	7,656	46,519	82,206	184,989
用役関連コスト	740	2,903		494		4,137
小計	3,778	48,473	45,208	532,147	303,764	933,371
ロス						
マテリアルコスト			14,170	52,617	78,947	145,733
システムコスト	26	21	21,213	12,379	16,932	50,571
用役関連コスト	6	2	1,372	419	262	2,060
廃棄物処理コスト						
小計	32	22	36,755	65,414	96,141	198,364

	マテリアル	システム	用役関連	廃棄物処理	計	
良品コスト	598,511	134,418	2,077		735,006	
ロスコスト	145,733	50,571	2,060		198,364	
計	744,244	184,989	4,137		933,371	
ロス率	19.6%	27.3%	49.8%		21.3%	

共通認識となった．

(2) 社内改善活動に MFCA 分析結果を効果的に活用した事例（包装資材製造業 C 社）

　C 社は，MFCA の事業以前から工程内ロスについて改善の必要性を認識しており検討を行っていた．しかし，現状の問題点を明らかにする過程で停滞感を感じていた．改善を展開する前提となる分析データの不足感や，具体的な目標値の設定方法に苦慮していた．そこで，現状を打破するために，従来から進めていた改善活動に MFCA を活用した．

(3) 仕入業者と連携し Win–Win の関係を構築した事例（電子パネル製造業 D 社）

　D 社は，製品の材料としてガラスや樹脂フィルムを工程に投入している．顧客の製品仕様に合わせるために資材を裁断し捨てる部分が多かった．これまでは，工程で発生していた不良品についてのみロス資材として考えていた．MFCA を実施したことで裁断後の残り余白もロスであるということが社内の共通認識となり，改善活動への意欲が高まった．

以前は，業者が提供する標準資材を購入していたので，ロスになる余白が多かった．業者と商談を重ね，D社の特殊仕様で納品してもらえるように粘り強く交渉した．業者側もメリットが享受できるように，特殊仕様品は必ずすべて買い取ること及び事前の発注内示を6か月前から提示することを契約条件とした．D社はロスが少なくなり，業者も全数買取りなのでロスは発生せず，先行内示によって生産計画立案が容易になるというWin-Winの関係が実現できた．

5. おわりに

　MFCAのねらいは環境保全と経済性の両立であるが，中小企業で導入する場合は経済性への期待が大きくなる．経営課題として収益性の改善が最重要となっている企業が大多数を占めるからだ．また，取引先との関係からコストダウンの要請を受けやすい体質であるため，測定データの取り扱いに関しては慎重に対応する必要がある．

　実施に際しては，プロジェクトチームを編成して取り組むことが望ましい．経営トップの環境保全に対する理解が，導入プロジェクトメンバーの動機付けや，他の社員の協力を得るためにも重要となる．メンバー選定は，関係各部署から第一線の担当者を選定する．MFCAで必要となる情報は，経理・生産・品質・設計など各部門が保有している情報であるからだ．

　最大効果を考えるのであれば，全社への適用が理想ではあるが，まずは効果が見込める工程や製品に限定し，適用する．成果が出た段階で本格的に全社導入を検討することが現実的な対応である．

　測定したデータからは，マテリアルロスの定量的な把握に加え，管理面の不備も発見できる．具体的には，在庫の無駄，工場スペースの無駄，段取りの無駄，運搬の無駄，検査の無駄などがある．作成したすべてのフォーマットを網羅的に見ることで，多様な改善着眼点を見いだすことを心掛ける．

　MFCAを限定的手法として活用するだけでなく，他の経営管理手法と連携させることで，より導入効用が高まる．ISO14000やLCA，中小企業であれば

エコアクション 21 と連携して相乗効果をねらう．経営資源に制限のある中小企業では，MFCA を単独で活用するのではなく，すでに導入しているマネジメントシステムに連動させることが，効果をあげる上でも重要であり，導入の促進にもなる．

（伴　竜二）

14章　経済産業省の取り組みと今後の展開

1. はじめに

経済産業省では，環境保全活動を経済活動と結びつける手法として，平成11年度に環境管理会計プロジェクトを開始し，欧米における環境管理会計動向の把握に努めるとともに，平成12年度から経営意志決定の目的ごとの環境管理会計手法の開発に着手し，その成果を「環境管理会計手法ワークブック」（平成14年6月）などに取りまとめた．

さらに，平成16年度及び平成17年度は，MFCAの普及活動と計31社・36事業所の導入実証事業を実施し，平成17年度末からは，それらのMFCA導入実証事業における導入事例を，MFCAホームページ（http://www.meti.go.jp/policy/eco_business/sonota/policy1-01.html）で公開している．

		平成11年度	平成12年度	平成13年度	平成14年度	平成15年度	平成16年度	平成17年度
	MFCA新規導入企業（日本・公開）		JEMAI事業・日東電工	JEMAI事業・キヤノン・田辺製薬・タキロン	IGES参加企業・塩野義製薬・日本ペイント	JEMAI事業・東芝・リード工業・古林紙工・清水印刷紙工・富士通(GP)	JMAC事業（8社12工場）JPC事業（15社）	JMAC事業（7工場）1社は継続参加 JPC事業（4社）2社は継続参加
	新規導入企業数／累積（日本・公開）		1社	3社／4社	2社／6社	5社／11社	23社／34社	8社／42社
経済産業省（中小企業基盤整備機構）	研究ステージ	環境管理会計の調査		MFCAの基礎研究		環境管理会計の普及研究	MFCA普及活動と活用手法研究	
	JEMAI委託事業「環境管理会計の調査研究」		「環境ビジネス発展促進等調査研究：内部管理のための環境管理会計手法の構築」委員長:國部教授		MFCAワーキング	「環境ビジネス発展促進等調査研究：環境管理会計」 環境管理会計手法ワークブック(6月)	報告書　報告書　報告書	報告書　報告書 ホームページ
	JMAC委託事業						大企業向けMFCAモデル事業	
	JPC委託事業						中小企業向けMFCAモデル事業	
	IGESプロジェクト				企業と環境プロジェクトMFCA導入調査		報告書	報告書 ホームページ

図 2.14.1　日本における環境管理会計MFCAの導入・普及の経緯

○

　本章では，平成17年度までの成果を踏まえつつ実施した直近2年（平成18年度及び平成19年度）における経済産業省のMFCAに関する取り組みの主体である「マテリアルフローコスト会計開発・普及調査事業（以下「本事業」と呼ぶ）」について紹介することとしたい．

2. 平成18年度の経済産業省における取り組みの概要

　平成18年度の本事業は，それまでの成果を踏まえつつ，MFCAを大企業及び中小企業へ普及促進させると同時に，その手法を拡張させ，総合的な環境経営促進手法へ進化させることを目指して，①普及促進活動と②高度化研究活動の2本の柱を据えて実施した．

　なお，本事業は，経済産業省からの委託事業として，(株)日本能率協会コンサルティングへ委託して実施した．

2-1 MFCA普及促進活動

　本事業では，次の活動をとおして，全国的なMFCAの普及促進活動を行った．

(1) MFCAのパンフレット類の作成

　MFCAの普及やその導入のためには，企業の経営者層の理解や後押しが不可欠であり，その観点で，経営者層に向けた啓蒙ツールが必要である．

　企業の経営者層（企業トップ・生産部門長・工場長など）に，MFCAをPRし，その意義やメリットを理解してもらうために，MFCA事業委員会（本事業全体を統括する有識者から構成される委員会）においてMFCAの経営者層向けのパンフレットを検討し，制作した．

　制作したMFCAパンフレットは，MFCAセミナー・シンポジウム・公開研修・企業内研修などで配布した．また，それらの案内を企業に送付する際，同封することも行なった．これは，MFCAの認知度向上，意義やメリットの認識につながっているものと思われる．

14章　経済産業省の取り組みと今後の展開

(2) MFCA導入手順に関するガイダンス文書の作成

MFCAを初めて学習する方のために,「マテリアルフローコスト会計導入ガイド」を制作した．これは,初めてMFCAを導入する企業が,スムーズなMFCAの導入や展開が図れるように,その基本的な考え方と,取り組みの進め方及びその進化の方向性を整理したものである．

制作したMFCA導入ガイドの試作版は,MFCAセミナー・シンポジウム・公開研修・企業内研修などで配布した．公開研修・企業内研修においては,その講義の中でテキストの一部として活用している．

(3) マニュアル・計算プログラムの試作

MFCAの普及拡大の課題の一つに,計算モデルの構築に手間がかかると思われていることがある．MFCA導入のため,「MFCA簡易計算ツール」を開発・頒布し,入手しやすくすることで普及拡大に弾みをかけることをねらいとした．

今回開発した「MFCA簡易計算ツール」は,MFCA計算モデルを簡便に構築するために,表計算ソフトのMS-Excelに,MFCA計算ロジックと,基本的な入出力の書式(入出力のフォーマット)を組み込んだものである．同時に,その使用マニュアルも制作し,計算ツールの使い方を説明すると同時に,MFCA計算モデル構築時のデータ整理方法のマニュアルも兼ねることができるものとした．

また,「MFCA簡易計算ツール」とその使用マニュアルは,MFCA公開研修・企業内研修の教材としても用いた．

(4) MFCA計算ツールを使用したMFCA研修プログラムの開発

MFCA導入を志す実務者向けに,その手法を学ぶMFCAの公開研修と企業内研修を行った．MFCAの研修プログラムの開発と,MFCA導入を準備・計画している企業に対するMFCAのデータ収集整理及びその計算手法の習得を目的とした研修を企画・実施した．

公開研修は全国9都市(東京,札幌,仙台,名古屋,広島,高松,大阪,福岡,那覇:開催順)で開催した．この研修プログラムは,パソコンを使用して

演習し,実際にMFCAで行うマテリアルの物量データの整理及び「MFCA簡易計算ツール」を使ったMFCAの計算方法を学ぶというものである.

企業内研修は,企業・企業グループ・及びその社員を対象として,集中的に研修を受講してもらうもので,公募により実施企業を募り,計6社延べ9日間実施した.

なお,公開研修及び企業内研修のいずれの場合も,「MFCA簡易計算ツール」及びそれに基づくMFCA研修プログラムと教材を使用し,その実用試験を兼ねている.

(5)セミナー・シンポジウムの開催

MFCAの普及促進を目的としたセミナーを,日本全国9箇所(東京,仙台,名古屋,札幌,広島,高松,北九州,大阪,那覇:開催順)で企画・実施した.また,平成18年12月14日(木),エコプロダクツ展2006において,「経営に生かすマテリアルフローコスト会計」と題して,MFCAのシンポジウムを企画・実施した.主に経営者の視点での発表と討議を実施.

(6)MFCA相談窓口の設置

MFCAに関する各種の相談を随時実施した.

(7)MFCAホームページの改良と更新

平成17年度の事業で制作したMFCAホームページを,引き続いて管理・運営した.MFCAセミナーなどのイベントの情報を発信するとともに,「MFCA簡易計算ツール」などのデータを登録し,無償でダウンロードして,利用できるようにした.

(8)MFCA普及促進事業全体の評価と課題

日本全国各9箇所で行ったセミナーや公開研修などの取り組みは,MFCAの認知度向上にかなり効果があり,今後ともMFCA普及のためには必要と思われる.また,東京や大阪でのセミナーは,会場が早い段階で満席になり,これらの地域での開催は,会場をより大きなものにすることについても検討が必要である.また,セミナーや公開研修などの参加者からは,「MFCA導入時の補助・支援」,「MFCAの導入や適用,効果の事例の充実」,「セミナー・研修

の継続」などの要望が多かった．

2-2 MFCA 高度化研究

本事業の2本目の柱として，MFCA手法の高度化研究WG（ワーキンググループ）を設置し，以下の4つのテーマを設定の上，調査・研究活動を実施した．

① MFCA と LCA との連携
② MFCA のサプライチェーン企業への展開
③ MFCA のシステム化
④ 外部環境経営指標としての MFCA の活用

MFCA は，これまでのプロジェクトで，環境と経済を両立させる数少ないツールの一つであることが分かっていたが，この高度化研究事業によって，さらに，MFCA をベースとしたいろいろな場面での展開が可能であることが分かり，様々な場面での今後の活用が期待される．

3. 平成19年度の経済産業省における取り組みの概要

平成19年度の本事業は，全国各地でのセミナー・研修会などの活動を継続しつつ，前年度に作成した「マテリアルフローコスト会計導入ガイド」，「MFCA 簡易計算ツール」の改善・公開，MFCA の導入事例集の作成・公開を実施することなどにより，引き続き MFCA の普及促進を行う一方，これまでのセミナー開催時の参加者アンケートで要望の多かった MFCA の適用事例をさらに充実させるため，新たに5社が導入実証事業を実施した．

なお，本事業は，経済産業省からの委託事業として，入札を実施した結果，前年度に引き続き日本能率協会コンサルティングへ委託して行った．

3-1 アドバイザリーボードの設置と運営

個別の MFCA 導入に関する問い合わせ・相談などに対応するため，主に以下のメンバーから構成されるアドバイザリーボードを設置した．

① MFCA の有識者

②従前の導入実証事業に参加した各企業におけるMFCA導入責任者
③次項で述べるインターンシップを経験し，本事業内に設置されている事業委員会の認定を受けた者

3-2　各地域の事業者団体などと協力した普及促進の実施

以下の活動を実施する事業者団体などを，公募の上採択し，普及促進を実施した（開催地／カッコ内は事業実施事業者団体）．

①MFCA普及セミナーの実施　4箇所（開催順）
　　福井県　　（テクノポート福井企業協議会）
　　大阪府　　（特定非営利活動法人資源リサイクルシステムセンター）
　　神奈川県　（有限責任中間法人エコステージ協会，川崎市役所）
　　静岡県　　（浜松商工会議所）

②MFCA実務者向け研修会の実施　5箇所
　　福井県　　（テクノポート福井企業協議会）
　　大阪府　　（特定非営利活動法人資源リサイクルシステムセンター）
　　神奈川県　（有限責任中間法人エコステージ協会，川崎市役所）
　　静岡県　　（浜松商工会議所）
　　沖縄県　　（OKINAWA型産業振興プロジェクト推進ネットワーク）

③MFCA導入実証事業の実施　5箇所
　　三重県　　（特定非営利活動法人資源リサイクルシステムセンター）
　　栃木県　　（有限責任中間法人エコステージ協会）
　　神奈川県　（川崎市役所）
　　静岡県　　（浜松商工会議所）
　　群馬県　　（日本BPM協会）

④インターンへの教育の実施　5箇所（③に同じ）

⑤参加者アンケートの実施

3-3　情報提供事業

①MFCAホームページによるMFCAに関する情報提供
　下記のような平成19年度の活動内容などをMFCAホームページ上で公

開し，その内容を適宜更新した．
- アドバイザリーボードの設置とその登録者の情報など
- MFCA セミナー，MFCA 実務者向け研修会などに関する開催情報など
- MFCA 導入事例集や「マテリアルフローコスト会計導入ガイド」のドキュメント及び「MFCA 簡易計算ツール」やその使用マニュアル，MFCA 導入に関する各種ノウハウに関する情報など

② MFCA 導入事例集の作成

従前の導入実証事業時に作成済みのレポートなどを基に，事例集を作成した．

③ MFCA 導入ガイドなどの見直し

前年度までに開発した以下のコンテンツの見直し・拡充・改善を実施した．
- 「マテリアルフローコスト会計導入ガイド」
- 「MFCA 簡易計算ツール」（Excel ベース）
- 「MFCA 簡易計算ツール」の使用マニュアル

④ エコプロダクツ展での MFCA 普及セミナーの実施

平成 19 年 12 月 13 日（木），エコプロダクツ 2007（平成 19 年 12 月 13 日（木）〜15 日（土）／会場：東京ビックサイト［東展示場］／主催：（社）産業環境管理協会，日本経済新聞社）において，MFCA 普及セミナー「マテリアルフローコスト会計（MFCA）によるモノづくりの資源生産性革新と日本発国際標準化の戦略」を実施した．

4. MFCA の国際標準化への取り組み

経済産業省は，環境マネジメントシステムなどの ISO14000 ファミリーの一つとして，MFCA の国際標準化について，平成 19 年 11 月 16 日，国際標準化機構（ISO）の TC207（環境マネジメント）に対し，正式に新業務項目提案

(New Work Item Proposal) を行った．この提案は，「環境管理会計」分野として世界初であるとともに，環境マネジメント分野における日本からの初めてのもので，これにより以下のような効果が期待される．

①わが国として，環境経営の側面から，環境と経済が両立した社会を形成する上でのリーダーシップを発揮し，国際的プレゼンスが向上すること．

②国際的ガイドラインの明確化により，わが国企業が海外拠点や国際提携先に対しMFCA導入を促すことが容易になり，その国際競争力が向上すること．

4-1 検討経緯

平成19年4月，MFCAの国際標準化提案に向けて，神戸大学大学院経営学研究科の國部克彦教授，関西大学商学部の中嶌道靖教授，高崎経済大学経済学部の水口剛准教授という学識経験者及びMFCAを先進的に取り入れている企業などをメンバーとして準備委員会を立ち上げ検討を開始し，さらに同年6月には，「環境管理会計国際標準化対応委員会」を設置し，国内の業界団体などとの意見調整と国外の対応の検討を開始した．

当該検討を踏まえ，同年6月24日から29日まで北京で開催されたISO／TC207（環境マネジメント）総会において，上記メンバーを中心とするわが国の代表団が提案内容を紹介するワークショップを開催するとともに，多くの参加国に対し個別に提案内容の説明を行い，多くの国から好意的な感触が得られた．

北京総会後も，カナダ，ブラジル，ドイツ，チェコなどの主要関係国と調整を進め，わが国からの提案に対する理解と支持が強まっている．さらに，9月25日にタイで開催された環境管理会計セミナーでわが国の専門家がMFCAについて講演を行い，タイの行政機関・産業界などのセミナー参加者における理解が広まり，また，10月2日には大阪で，韓国・インドネシア・フィリピン・ベトナム・オーストラリアの有識者・実務者を対象に，「アジア環境管理会計ワークショップ」を開催し，その結果，当該参加国出席者からはわが国の提案内容を支持する旨の表明があった．

このような各国との調整を経て，同年11月16日，我が国から正式に提案（New Work Item Proposal）を行った結果，平成20年3月19日付けでISO加盟国にて合意され，TC207において新たにWG8を設置し，マテリアルフローコスト会計の国際標準化作業を進めることとなった．

今後は，同年6月下旬に開催される予定のISO/TC207総会（ボゴダ）において，WG8第1回会合を開催するのを皮切りに標準化作業を順次進め，概ね3年後を目途にISO規格として発行されることを目指すこととしている．

4-2 主な検討経緯及び今後のスケジュール

【平成19年】
4月　環境管理会計国際標準化準備委員会立ち上げ・検討開始
5月29日　環境管理規格国内委員会開催
6月15日　第1回環境管理会計国際標準化対応委員会開催
6月24〜29日　ISO/TC207総会（北京）への参加（提案内容の説明）
8月27日　第2回環境管理会計国際標準化対応委員会開催
10月2日　アジア環境管理会計ワークショップ開催
11月16日　TC207に対し提案（New Work Item Proposal）

【平成20年】
3月19日　提案に対しISO加盟国にて合意(WG8の設置)
6月21〜28日　ISO/TC207総会（ボゴダ）でWG8第1回会合を開催
　　　　　［3年後を目処にISOの発行の実現］

5. おわりに

経済産業省は，平成19年5月，「エコイノベーション」という新たな統一コンセプトの下，高度なモノづくり技術や優れた環境・エネルギー技術といったわが国の強みを生かし，生産システム・社会インフラ・国民生活のあらゆる局面の変革を目指すことを発表した．

MFCAは，そのコンセプトの中で，環境価値を「見える化」する有力な手法として位置付けられ，「環境戦略を企業経営戦略の重要な要素とするため」

「環境管理会計などの環境経営ツールの標準化・普及を図る」としたほか，「わが国で開発をした環境経営ツール（MFCAなど）のISO国際標準化を図る」とされている．

また，このコンセプトは，その後閣議決定された「21世紀環境立国戦略」や「イノベーション25」にも組み込まれ，政府全体として強力に推進することとしている．

これらを反映し，経済産業省としてはMFCAについて，上記の平成19年度までの取り組みの成果をさらに拡大するため，平成20年度以降においても引き続き積極的な普及促進活動を続けていくとともに，提案したMFCAの国際標準化の3年後の発行に向けて精力的に取り組んで行く所存である．

（星野　篤）

主要参考文献

天野輝芳(2003)「環境マネジメントシステム ISO14001 の環境影響評価指標と活動基準原価計算(ABC)の手法を応用した新しい環境コストの識別法の考察―(株)島津製作所(モノ作りセンター)の事例研究―」神戸大学大学院経営学研究科修士論文.

天野輝芳(2006)「企業における環境コミュニケーションの展開―(株)島津製作所とそれを取りまく組織の事例分析―」見田洋子・右間敬子編『環境コミュニケーションのダイナミズム』白桃書房, 所収.

池田猛(2006)「経営指標にマテリアルフローコスト会計を使用した実例」『環境管理』42(6), 77-84.

伊坪徳宏・稲葉敦(2005)『ライフサイクル環境影響評価手法 LIME-LCA, 環境会計, 環境効率のための評価手法・データベース』(社)産業環境管理協会.

圓川隆夫(2004)「TPM とその最近の動向」『クオリティマネジメント』55(6), 64-71.

大西靖(2006)「マテリアルフロー指向のコストマネジメント―アメリカにおける環境管理会計の展開―」『原価計算研究』30(1), 54-64.

加藤孝義(2005)『環境管理会計手法の導入研究のための新たな分析枠組みの試案―(株)島津製作所におけるマテリアルフローコスト会計導入・実施を事例として―』京都大学大学院地球環境学舎修士論文.

河合隆治・乙政佐吉(2007)「バランス・スコアカードによる業績連動型報酬制度の運用」『企業会計』59(4), 108-113.

河野裕司(2006)「田辺製薬におけるマテリアルフローコスト会計の全社展開」『環境管理』42(3), 58-64.

経済産業省(2002)『環境管理会計手法ワークブック』経済産業省.

経済産業省(2007)『MFCA 手法導入ガイド』経済産業省.

古賀剛志(2004)「グリーンプロセス活動」『環境管理』40(6), 59-63.

國部克彦(2000)『環境会計(改訂増補版)』新世社.

國部克彦編著(2004)『環境管理会計入門』(社)産業環境管理協会.
國部克彦(2005)「日本におけるマテリアルフローコスト会計の展開」『環境管理』41(10), 58-63.
國部克彦(2007)「マテリアルフローコスト会計の継続的導入に向けての課題と対応」『国民経済雑誌』196(5), 47-61.
國部克彦・下垣彰(2007)「MFCAとLCAの統合の手順と実践―キヤノンを事例として―」『環境管理』43(9), 63-70.
國部克彦・中嶌道靖(2003)「環境管理会計におけるマテリアルフローコスト会計の位置づけ―環境管理会計の体系化に向けて―」『會計』164(2), 267-280.
國部克彦・伊坪德宏・中嶌道靖(2006)「マテリアルフローコスト会計とLIMEの統合可能性」『国民経済雑誌』194(3), 1-11.
國部克彦・伊坪德宏・水口剛(2007)『環境経営・会計』有斐閣.
産業環境管理協会(2004)『平成15年度 経済産業省委託 環境ビジネス発展促進等調査研究(環境管理会計)報告書』(社)産業環境管理協会.
柴田英樹・梨岡英理子(2007)『進化する環境会計』中央経済社.
下垣彰(2007)「MFCA活用入門」『工場管理』12月号, 74-79.
谷武幸編著(2004)『成功する管理会計システム―その導入と進化―』中央経済社.
地球環境戦略研究機関関西研究センター(2003)『環境会計国際シンポジウム2003 企業経営と環境保全に貢献する環境会計の最前線―日本型環境会計とマテリアルフローコスト会計の可能性―』(財)地球環境戦略研究機関.
中小企業整備基盤機構(2005)『マテリアルフローコスト会計(MFCA)導入共研究モデル事業報告書』(独)中小企業整備基盤機構.
中小企業整備基盤機構(2006)『中小企業者環境配慮型経営システム構築事業(MFCA導入共同研究モデル事業)(中小企業向け)』(独)中小企業整備基盤機構.

中嶌道靖(2003)「マテリアルフローコスト会計と伝統的原価計算との相違―マテリアルフローコスト会計への疑問と誤解に答えて―」『関西大学商学論集』48(1), 63-83.

中嶌道靖(2005)「日本における環境会計の企業内部管理面での有効活用について」『企業情報と社会の制度転換 I』関西大学経済・政治研究所.

中嶌道靖・國部克彦(2002)『マテリアルフローコスト会計』日本経済新聞社.

新見友紀子(2004)『ロジャースの普及理論―環境配慮行動への適用について―』三井情報開発(株).

日刊工業新聞社(2002)『企業のためのLCAガイドブック』(株)富士総合環境・資源エネルギー研究部.

日本会計研究学会特別委員会(2001)『管理会計システムの導入研究・中間報告書』日本会計学研究会.

日本能率協会コンサルティング(2005)『平成16年度 経済産業省委託:エネルギー使用合理化環境経営管理システムの構築事業(大企業向けMFCA導入共同研究モデル事業)調査報告書』(株)日本能率協会コンサルティング.

日本能率協会コンサルティング(2006)『平成17年度 経済産業省委託:エネルギー使用合理化環境経営管理システムの構築事業(大企業向けMFCA導入共同研究モデル事業)調査報告書』(株)日本能率協会コンサルティング.

日本能率協会コンサルティング(2007)『平成18年度 経済産業省委託:エネルギー使用合理化環境経営管理システムの構築事業:マテリアルフローコスト会計開発・普及調査事業報告書』(株)日本能率協会コンサルティング.

日本プラントメンテナンス協会編(2005)『設備・人・企業を変革するTPM入門』JIPMソリューション.

沼田雅史(2001)「積水化学グループのゼロエミッション取り組みについて」『ゼロエミッション型産業をめざして―産業における廃棄物再資源化の動向―』シーエムシー出版.

沼田雅史(2007)「積水化学工業のマテリアルフローコスト会計導入の取り組み」『クオリティマネジメント』58(6), 68-73.

沼田雅史(2007)「マテリアルフローコスト会計の理論と実践—積水化学グループにおけるマテリアルフローコスト会計導入の取り組み—」『企業会計』59(11), 56-62.

東田明(2006)「マテリアルフローコスト会計とサプライチェーン」『環境管理』42(8), 80-85.

東田明(2008)「マテリアルフローコスト会計のサプライチェーンへの拡張」『企業会計』60(1), 122-129.

伴竜二(2005)『マテリアルフローコスト会計導入方法確立による資源生産性向上』(社)全日本能率連盟論文発表大会.

吉田敬史(2007)「ISO/TC207 北京総会報告」『環境管理』43(8), 58-64.

Anjo, Y. (2006) *"Deployment of Material Flow Cost Accounting in Supply Chain Management in Canon"*, Proceedings of The 7th International Conference on EcoBalance, Nov.14th-16th, Tsukuba, Japan.

Anthony R. N. and Govindarajan V. (2003) *Management Control System* (11th Edition), McGraw Hill.

FEM/FEA (2003) *Guide to Corporate Environmental Cost Management*, Germany Federal Environmental Ministry and Federal Environmental Agency.

Gikatis, G. and Enkawa, T. (2001) "Hidden Quality Cost and the Distinction Between Quality Cost and Quality Loss", *Total Quality Management*, 12(2): 179-190.

IFAC (2005) *International Guidance Document : Environmental Management Accounting*, International Federation of Accountants.

Min, H. and Galle, W. P. (1997) "Green Purchasing Strategies : Trends and Implications", *International Journal of Purchasing and Materials Management*, Summer, 10-17.

Pojasek, R. (1996) "Understanding Process with Process Mapping", *Pollution Prevention Review*, Summer, 91-101.

Rooney, C (1993) "Economics of Pollution Prevention : How Waste Reduction Pays", *Pollution Prevention Review*, Summer, 261–276.

Shields, M. D. (1995) "An Empirical Analysis of Firms' Implementation Experiences with Activity-Based Costing", *Journal of Management Accounting Research*, Fall, pp. 148–166.

Simons R. (1995) *Levers of Control*, Harvard Business School Press, 中村元一・黒田哲彦・浦島史恵訳(1998)『ハーバード流「21世紀経営」4つのコントロール・レバー』産業能率大学出版部.

Stoughton, M. and Votta, T. (2003) "Implementing Service-Based Chemical Procurement : Lessons and Results", *Journal of Cleaner Production*, 11(8), 839–849.

USEPA (1998) *Waste Minimization Opportunity Assessment Manual*, EPA 625-7-88-003.

USEPA (2000) *The Lean and Green Supply Chain : A Practical Guide for Materials Managers and Supply Chain Managers to Reduce Costs and Improve Environmental Performance*, EPA742-R-00-001;日本公認会計士訳(2000)『無駄なくグリーンなサプライチェーン:資材管理者及びサプライチェーン管理者がコストを削減し,環境パフォーマンスを改善するための実践的ガイド』日本公認会計士協会 所収.

USEPA (2000) *The Lean and Green Supply Chain : A Practical Guide for Materials Managers and Supply Chain Managers to Reduce Costs and Improve Environmental Performance*, EPA 742-R-00-001;日本公認会計士協会訳(2000)『企業経営のための環境会計』日経BP社,64–103.

USEPA (2001) *An Organizational Guide to Pollution Prevention*, EPA 625-R-01-003.

Wagner, B. and Enzler, S. (eds.) (2006) *Material Flow Management : Improving Cost Efficiency and Environmental Performance*, Physica-Verlag.

Walton, S. V., Handfield, R. B. and Melnyk, S. A. (1998) "The Green Supply Chain : Integrating Suppliers into Environmental Management Processes", *International Journal of Purchasing and Materials Management*, Spring, 2 – 11.

Zhu, Q. and Geng, Y. (2001) "Integrating Environmental Issues into Supplier Selection and Management : A Study of Large and Medium-Sized State-Owned Enterprises in China", *Greener Management International*, 35, Autumn, 27 – 40.

略　語

略語	正式名	日本語訳
ABC	Activity Based Costing	活動基準原価計算
BM	Breakdown Maintenance	事後保全
CBM	Condition Based Maintenance	状態基準保全
CM	Corrective Maintenance	改良保全
CMS	Chemical Management Services	化学物質マネジメントサービス
DfE	Design for Environment	環境対応設計
DFM	Design for Maunfacturability	製造容易性設計
DR	Desing Review	設計審査
EMS	Environmental Management System	環境マネジメントシステム
ERP	Enterprise Resource Planning	ERP
IE	Industrial Engineering	IE
IFAC	International Federation of Accountants	国際会計士連盟
IMU	Institut fur Management und Umwelt	経営環境研究所
LCA	Life Cycle Assessment	ライフサイクルアセスメント
LCC	Life Cycle Costing	ライフサイクルコスティング
LCIA	Life Cycle Impact Assessment	環境影響評価
LIME	Life-cycle Impact assessment Method based on Endpoint modeling	LIME
MFCA	Material Flow Cost Accounting	マテリアルフローコスト会計
MRP	Manufacturing Resource Planning	資材所要量計画
PM	Preventive Maintenance	予防保全
PM	Predictive Maintenance	予知保全
PPA	Pollution Prevention Act	汚染予防法
QA	Quality Assuarance	品質保証
QC	Quality Control	品質管理

QM	Quality Maitenance	品質維持
SCM	Supply Chain Management	サプライチェーンマネジメント
TBM	Time Based Maintenance	時間基準保全
TPM	Total Productive Maintenance	TPM
TQC	Total Quality Control	TQC
TRI	Toxic Release Inventory	有害物質排出登録
USEPA	United States Environmental Protection Agency	アメリカ環境保護庁
VE	Value Engineering	バリューエンジニアリング

索　引

【あ】

アメリカ環境保護庁（USEPA）　58, 94
意思決定支援ツール　53
イノベーションの普及理論　161
インセンティブ　225
インパクト分析　82
インプロセス型　8
インベントリ分析　82
エコアクション21　244
エコファンド　125
エンドオブパイプ型　8, 108
汚染防止法　58
汚染予防活動　59

【か】

外部影響　88
加工歩留りロス　24
活動基準原価計算　60
簡易計算ツール　17
環境管理会計　3
環境影響評価（LCIA）　101
環境生産性　209
環境配慮型原価企画　10
完全システム化　122
機会コスト　73
切換えロス　25

業務管理　57
グリーン・サプライチェーン・マネジメント　93
グリーンプロセス　221
経営管理　57
月次管理手法　152
国際標準化　251

【さ】

在庫処分ロス　26
サプライ・チェーンマネジメント（SCM）　229
サプライチェーン　10, 30, 53, 93
産業連関表　89
時間概念　207
資源生産性　18, 45, 51, 109, 191
自主保全の7ステップ　67
システムズ・アプローチ　59
質量保存の法則　118
スーパーファンド法　96
生産性指標　29
正の製品　5, 28, 46, 139
正の製品比率　112
積算電力量　199
設備稼働率　149, 173
設備の6大ロス　72

ゼロエミッション　18

【た】

代替案の選定　94
段取・調整ロス　76
地球温暖化係数　225
データ付フローチャート　120
テラス研究所　95
電力ロス　204
導入プロセス　62
特殊要因図（フイッシュボーンチャート）
　　　　　　　　　　　　　　　61

【な】

内部影響　88
なぜなぜ分析　77

【は】

廃棄物コスト　59
パレート図　61
非度外視法　6
評価項目　224
標準原価計算　53, 64, 74
品質管理　59
品質コスト　75
物量センター　21, 46, 168
歩留り管理　27
負の製品　5, 28, 46, 139

不良によるロス　24
フローコストマトリックス　235
フローシート　197
プロセスマップ　60
ベネフイットの計算　94
補助材料のロス　27

【ま】

マシンアワー　119
マスバランス（物質収支）　48, 215
マテリアルフローコスト会計
（MFCA）　3
マテリアルフローコスト会計開発・普及調査事業　246
マテリアルフロー図　46
マテリアルフローモデル　233
マテリアルロス・コスト率　178
マテリアルロス率　178
マンアワー（直接作業時間）　118
見える化　18, 67, 75, 155, 217

【ら】

ライフサイクル・コスティング（LCC）
　　　　　　　　　　　　　　226
力率　203
力率改善　205
ロス・コストツリー　73

【わ】

ワグナー，B　4

【英数字】

4M条件　77
5S　68
ABC(活動基準原価計算)　47,60
BM(事後保全)　68,77
CBM(状態基準保全)　68
CG(Cost Green)指標　221
CM(改良保全)　68
CMS(化学物質マネジメントサービス)　95
DfE(環境対応設計)　78
DFM(製造容易性設計)　78
DR(設計審査)　78
Ecoinvent　84
EMS(環境マネジメントシステム)　107
EQCD思想　105
ERP　95
IE　107
IFAC(国際会計士連盟)　4
IMU(経営環境研究所)　4,196,205
ISO14001　227
LCA(ライフサイクルアセスメント)　31,81
LCIA(環境影響評価)　101
LIME　82

MFCA(マテリアルフローコスト会計)　3
MFCA導入ガイド　17
MRP(資材所要量計画)　95
PM(予防保全)　67
PM(予知保全)　68
PM分析　77
PRTR物質　121
QA(品質保証)　77
QAマトリックス　77
QC(品質管理)　107
QM(品質維持)　78
QMマトリックス　77
REACH規制　182
ROHS指令　96,182
SAP　R／3　122
SCM(サプライチェーンマネジメント)　229
SRIファンド　125
TBM(時間基準保全)　68
TPM　10,67,107,166,173,209
TPM優秀賞　70
TQC　10,75
TRI(有害物質排出登録)　58
USEPA(アメリカ環境保護庁)　58,94
VA／VE提案　172
VE(バリューエンジニアリング)　107,172

〈略歴〉

國部克彦 神戸大学大学院経営学研究科教授

大阪市立大学大学院経営学研究科後期博士課程修了．博士（経営学）．大阪市立大学助教授，神戸大学助教授を経て，2001年より現職．ISO/TC207/ WG8 (MFCA) Convenor，ISO/TC207/WG8国内対応委員会委員長，経済産業省委託「MFCA開発・普及事業委員会」委員長，環境管理会計研究所取締役，日本原価計算研究学会常任理事，日本社会関連会計学会理事，環境経済・政策学会理事，環境経営学会理事などを務める．主著に，『環境経営・会計』（共著・有斐閣），『環境経営のイノベーション』（編著・生産性出版），『環境管理会計入門』（編著・産業環境管理協会），『マテリアルフローコスト会計』（共著・日本経済新聞社）などがある．

実践マテリアルフローコスト会計

2008 　（社）産業環境管理協会

2008年7月15日　第1刷発行	
編著者	國部克彦
発行所	社団法人 産業環境管理協会
	〒101-0044　東京都千代田区鍛冶町2-2-1
	電話　03(5209)7710
印刷所	日本印刷株式会社
表紙デザイン	Jacket Design：河合隆裕
発売所	丸善株式会社出版事業部
	TEL 03(3272)0521　FAX 03(3272)0693

ISBN978-4-86240-039-0　　　　　　　　　　Printed in Japan